普通高等教育物流管理与工程类专业教材

物流系统建模与仿真

彭勇 刘松 傅志妍 主编

人民交通出版社股份有限公司
北京

内 容 提 要

本书将物流系统建模与仿真理论同生产、配送等环节相结合,探讨用物流系统仿真软件进行计算机系统建模与仿真的途径与方法。全书共分为8章,包括绪论、物流系统建模与仿真基础、典型物流系统建模与仿真方法、Flexsim仿真建模入门、仿真数据分析与优化、Flexsim仿真进阶、模型校核与验证、基于Flexsim的物流系统仿真应用。

本书可作为物流管理、物流工程、交通运输、管理科学与工程、工业工程、系统工程等相关专业本科生或研究生的教材或参考书,也可作为相关领域科技工作者的参考书。

图书在版编目(CIP)数据

物流系统建模与仿真/彭勇,刘松,傅志妍主编. —北京:人民交通出版社股份有限公司,2023.9
ISBN 978-7-114-18939-5

Ⅰ.①物… Ⅱ.①彭… ②刘… ③傅… Ⅲ.①物流—系统建模②物流—系统仿真 Ⅳ.①F253.9

中国国家版本馆CIP数据核字(2023)第152592号

书　　名：	物流系统建模与仿真
著 作 者：	彭　勇　刘　松　傅志妍
责任编辑：	时　旭
责任校对：	赵媛媛　龙　雪
责任印制：	张　凯
出版发行：	人民交通出版社股份有限公司
地　　址：	(100011)北京市朝阳区安定门外外馆斜街3号
网　　址：	http://www.ccpcl.com.cn
销售电话：	(010)59757973
总 经 销：	人民交通出版社股份有限公司发行部
经　　销：	各地新华书店
印　　刷：	北京虎彩文化传播有限公司
开　　本：	787×1092　1/16
印　　张：	16.5
字　　数：	385千
版　　次：	2023年9月　第1版
印　　次：	2023年9月　第1次印刷
书　　号：	ISBN 978-7-114-18939-5
定　　价：	49.00元

(有印刷、装订质量问题的图书,由本公司负责调换)

PREFACE 前　　言

2022年,国务院办公厅发布了我国物流领域第一个五年规划《"十四五"现代物流发展规划》(以下简称《规划》),标志着我国物流业已进入到系统整合、转型发展、功能提升的新阶段。同时,《规划》中指出物流降本增效仍需深化是一大突出问题。而据国内外实践经验,应用建模与仿真分析方法改进物流系统方案后,可使总投资减少30%左右。

本书将系统仿真的基本理论与现代仿真软件包的操作相结合,理论联系实际,图文并茂,使读者能够在基本仿真理论知识的武装下,利用现代仿真软件包进行实际仿真建模。全书基于Flexsim仿真软件,先系统介绍了仿真的理论基础,再通过案例逐步引入Flexsim中的实体对象,力求让读者能掌握建模方法、模型参数设置以及模型控制技巧,学习不同类型物流系统的建模内涵及方法,最终能利用Flexsim软件进行实际系统建模与仿真分析。

本书由重庆交通大学彭勇、刘松和重庆第二师范学院傅志妍担任主编;重庆交通大学马先婷、高舒晗、任志、张雅丽、蔺雅芝、周思徽,中机中联工程有限公司王晓峰,重庆市勘测院陈柳,林同棪国际工程咨询(中国)有限公司王岩参与编写。全书共分8章,其中,第1章由彭勇、任志、刘松编写;第2章由马先婷、王岩编写;第3章由刘松、陈柳、傅志妍编写;第4章由王晓峰、傅志妍编写;第5章由傅志妍编写;第6章由傅志妍、张雅丽、高舒晗编写;第7章由马先婷、周思徽编写;第8章由傅志妍、蔺雅芝编写。重庆交通大学李洋洋、施燕、黄静、阳晓军、周君陶、高新华、冯诗媛、刘狄、林文婷、戴佳文、谢德济、张宏博、李梓贤、周淮等同学做了大量的资料收集及文字整理工作,在此表示衷心的感谢。

本书的编写得到教育部产学合作协同育人项目"应急物资多式联运路径优化虚拟仿真实验"和"大件运输虚拟仿真实验"、重庆市博士直通车项目"考虑碳排放的多式联运鲁棒优化模型与人工智能方法"(CSTB2022BSXM-JCX0099)、重庆市社会科学规划基金"利益共享视域下成渝地区双城经济圈物流枢纽协同联动机制研究(2020QNGL43)""通道战略下内陆国际物流枢纽转运效率评估及提升策略研究（2019YBGL049）"、山地城市交通系统与安全重点实验室开放基金"大数据环境下基于动态路径诱导的山地城市交通拥堵疏导研究（2018TSSMC04）"、重庆交通大学项目"考虑班期限制的多式联运动态路径优化研究（20JDKJC-B051）""面向超大规模公交网络的智能优化算法研究（F1220072）""基于虚拟仿真的应急物资多式联运实践教学改革研究""集装箱堆场与多式联运路径优化虚拟仿真实验"和重庆交通大学市级研究生导师团队项目"综合运输网络协同优化"（JDDSTD2022004）等的支持,在此表示由衷的感谢！

在本书编写过程中,编者参阅了大量国内外教材、专著和期刊等资料,并在参考文献中尽可能逐一列出,在此,特向这些作者表示深深的感谢。

由于编者水平所限,书中难免存在不妥之处,恳请读者批评指正。

编 者
2023年7月

CONTENTS 目 录

第1章 绪论	1
1.1 物流系统	1
1.2 建模与仿真	4
1.3 常见物流仿真软件	7
思考题	19
第2章 物流系统建模与仿真基础	20
2.1 物流系统模型的概念与分类	20
2.2 物流系统建模步骤	21
2.3 物流系统仿真的应用领域	22
2.4 离散事件系统仿真	24
2.5 离散事件系统仿真算法	28
2.6 随机变数及其生成方法	42
思考题	45
第3章 典型物流系统建模与仿真方法	46
3.1 排队系统建模与仿真	46
3.2 库存系统建模与仿真	58
3.3 生产物流系统建模与仿真	74
思考题	91
第4章 Flexsim 仿真建模入门	92
4.1 基本界面	92
4.2 基本术语	101
4.3 交互控制	102
4.4 入门案例	104
思考题	110
第5章 仿真数据分析与优化	111
5.1 仿真输入数据分析	111
5.2 仿真输出数据分析	126
5.3 仿真优化	133
思考题	138
第6章 Flexsim 仿真进阶	139
6.1 脚本编辑基础及消息编程	139

6.2 任务序列及实训 ··· 155
6.3 建模辅助工具 ··· 173
6.4 其他内容 ··· 191
思考题 ·· 203

第 7 章 模型校核与验证 ··· 204
7.1 模型校核 ··· 204
7.2 模型验证 ··· 204
7.3 Flexsim 调试工具和技术 ·· 205
思考题 ·· 206

第 8 章 基于 Flexsim 的物流系统仿真应用 ························· 207
8.1 生产物流建模与仿真 ·· 207
8.2 配送中心建模与仿真 ·· 214
8.3 生产物流自动化立体仓库综合案例 ······························ 229
思考题 ·· 255

参考文献 ··· 256

第1章 绪 论

1.1 物流系统

1.1.1 系统概述

半个多世纪以来,"系统"作为一个研究对象,在国际上引起了很多学者的关注,众多领域的专家对其进行了研究和应用。

1) 系统的来源

系统这一概念来源于人类长期的社会实践。人类认识现实世界的过程,是一个不断深化的过程。客观世界中一切事物的发生和发展,都是矛盾的对立和统一,科学的发展也不例外。在古代,自然科学界往往把世界看成一个整体,寻求共性和统一,但由于缺乏观测和实验手段,科学技术理论又很贫乏,所以对很多事物只能看到一些轮廓及表面现象,往往是只见森林,不见树木。随着科学技术的发展,理论丰富了,工具更先进了,认识逐步深化了,但仍受到当时科学技术水平的限制和世界观的局限,往往又只看到一些局部现象而不能综观整体,以致只见树木而不见森林。只有认识不断深化,在对个体、对局部都有更多、更深的了解以后,再把这些分散的认识联系起来,才看到了事物的整体,以及构成整体的各个部分之间的相互联系,从而形成了科学的系统观。

2) 系统的定义

系统(system)一词源于拉丁文的"sytema",表示群体、集合等。人们对于系统的定义有很多,其中具有代表性的是我国著名系统工程学家钱学森给出的定义:"把极其复杂的研究对象称为系统,即由内部相互作用和相互依赖的若干组成部分(称为子系统)结合而成的,具有特定功能的有机整体集合,而这个整体又是它所从属的更大的系统的组成部分。"

在美国的韦氏(Webster)大辞典中,"系统"一词被解释为"有组织的或被组织化的整体;结合着的整体所形成的各种概念和原理的综合;由有规则的相互作用、相互依存的形式组成的诸要素集合等"。在日本工业标准中,"系统"被定义为"许多组成要素保持有机的秩序,向同一目的的行动的集合体"。一般系统论的创始人 L. V. 贝塔朗菲(L. V. Bertalanffy)把"系统"定义为"相互作用的诸要素的综合体"。美国著名学者阿科夫(R. L. Ackoff)认为:系统是由两个或两个以上相互联系的许多种类要素所构成的集合。

一般地,可采用如下定义:系统是具有特定功能的、相互间具有有机联系的要素(element)所构成的一个整体。

3) 系统的特性

无论什么样的系统,从系统的定义中可以看出其共同拥有的特性。

(1) 集合性。系统的集合性表明,系统是由两个或两个以上的可以相互区别的要素或子系统组成的,而要素是构成系统的最基础部分。例如,一个计算机系统,一般都是由中央处理器(Central Processing Unit,CPU)、存储器、输入与输出设备等硬件所组成的,同时,还包含有操作系统、程序与数据库等软件,这是一个由要素组合而成的完整系统;而物流系统则可以由运输系统、装卸搬运系统、仓库系统、配送系统、物流信息管理系统等各个子系统组成。

(2) 相关性。组成系统的要素是相互联系、相互作用的,相关性说明这些联系之间的特定关系。

(3) 层次性。系统作为一个相互作用的诸要素的总体,可以分解为一系列的子系统并存在一定的层次结构,这是系统空间结构的特定形式。系统的层次性主要表现在它是其构成要素的上级,同时它也是其上级系统的子系统,在系统层次结构中表述了不同层次子系统之间的从属关系或相互作用关系,在不同的层次结构中存在着动态的信息流和物质流,构成了系统的运动特性,为深入研究系统层次之间的控制与调节功能提供了条件。

(4) 整体性。系统要素之间的联系与相互作用,使系统作为一个整体具有特定的功能或效能,这是各要素个体所不具备的。系统整体性说明,具有独立功能的系统要素以及要素间的相互关系(相关性、层次性)根据逻辑统一性的要求,协调存在于系统整体之中。就是说,任何一个要素不能离开整体去研究,要素间的联系和作用也不能脱离整体的协调去考虑。系统不是各个要素的简单集合而是具有一种非加和性关系的整体,否则,它就不会具有作为整体的特定功能。脱离了整体性,要素的机能和要素间的作用便失去了原有的意义,研究任何事物的单独部分不能得出有关整体的结论。系统的构成要素和要素的机能、要素的相互联系要服从系统整体的目的和功能,在整体功能的基础之上展开各要素及相互之间的活动,这种活动的总和形成了系统整体的有机行为。

(5) 目的性。通常系统都具有某种目的,要到达既定目的,系统都具有一定的功能,而这正是区别这一系统和其他系统的标志。系统的目的一般用更具体的目标来体现。一般来说,比较复杂的系统都具有不止一个目标,因此,需要一个指标体系来描述系统的目标。为了实现系统的目的,系统必须具有控制、调节和管理功能,管理的过程也就是系统的有序化过程,使它进入与系统目的相适应的状态。

(6) 环境适应性。任何一个系统都存在于一定的物质环境之中,因此,它必然也要与外界环境产生物质的、能量的和信息的交换,外界环境的变化必然会引起系统内部各要素之间的变化。系统必须适应外部环境的变化,否则系统是没有生命力的,而能够经常与外部环境保持最优适应状态的系统,才是理想的系统。

4) 系统的分类

(1) 根据变化特性,系统可分为离散系统和连续系统。离散系统是指变量值只在某个离散时间点集合上发生变化的系统。连续系统是指状态变量随时间连续改变的系统。实际上,很少有系统是完全离散的或完全连续的,但对于大多数系统来说,由于某一类型的变化占据主导地位,就把系统类型归为该类型。

(2) 根据物理特征,系统可分为工程系统和非工程系统两大类。工程系统是指航空、航天、核能、电气、机械、热工、水利等工程技术系统,它们通常是用微分方程描述的连续系统。虽然从原则上来讲这类系统是允许在实际系统上进行试验的,但是利用仿真技术对它们进行分析研究,既可以保证安全,又能节省大量费用。非工程系统是指社会、经济、交通、管理、农业、生态环境等系统,它们属于离散系统。这类系统就更离不开仿真技术的帮助,因为这类系统往往不允许在实际系统上进行试验,如经济系统中一般不允许随意改变销售和供给关系,以避免对市场的冲击。

(3)根据形成方式,系统可分为自然系统和人工系统。自然系统形成的主体是自然界,而人工系统主体是人类自身对自然界的改造形成的系统或者是人类创造的系统。

(4)根据实体性质,系统可分为实体系统和概念系统。实体系统是可见的,而概念系统是不可见的,它需要借助一定的实体才能体现出来,如虚拟的网络系统。

(5)根据开放程度,系统可分为孤立系统、封闭系统和开放系统。孤立系统与环境之间既无物质交换也无能量交换,封闭系统与环境之间仅有能量交换没有物质交换,开放系统与环境之间既有物质交换也有能量交换。

(6)根据运行性质,系统可分为静态系统和动态系统。这种分类方式主要取决于系统是否处于不断变化中。

1.1.2 物流系统概述

1)物流系统的概念与分类

物流系统是指在一定的时间和空间里,由所需运转的物资、包装设备、搬运和装卸机械、运输工具、仓储设施、人员以及通信联系等若干相互制约的动态要素所构成的,具有特定功能的有机整体。物流系统的目的是使企业物流合理化,并将企业生产出来的产成品按时、按质、按量且配套齐全、完好无损地迅速运达到消费者手中,以实现其空间和时间效益。物流系统是企业生产的一个重要组成部分,物流合理化是提高企业生产率最重要的方法之一,因此,对物流系统的设计和仿真研究,也日益受到人们的重视。

按照不同的标准,可对物流系统进行不同的分类。根据物流发生的位置,物流系统可分为企业内部物流系统和企业外部物流系统;根据物流运行的性质,物流系统可分为供应物流系统、生产物流系统、销售物流系统、回收物流系统和废弃物流系统;根据物流活动的范围,物流系统可分为企业物流系统、区域物流系统和国际物流系统;根据物流构成的内容,物流系统可分为专项物流系统和综合物流系统。

从不同角度对物流系统进行分类,可以加深我们对物流性质、过程的理解和认识,有利于更好地进行物流系统的规划、设计、运营组织与管理。

2)物流系统的特点

物流系统是复杂的离散事件系统,其有如下5个特点。

(1)不确定性(随机性)。

不确定性存在于物流系统中的每一节点,如客户需求的不确定性、原材料供应供需关系的不确定性、采购准备时间的不确定性、运输时间的不确定性、交付时间的不确定性、产品价格的不确定性等。它总是处在一个不确定的环境中,受很多随机因素的影响,具有多目标、多因素、多层次的特性。

(2)非线性。

非线性是指个体以及它们的属性在发生变化时,并非遵从简单的线性关系。组成物流系统的各个实体间的相互影响不是简单的、被动的、单向的因果关系,每个实体的行为和决策又依赖它自身的状态和一些有限的、相关的其他实体的行为,且它们易受内外部环境的影响。物流系统的各个实体可主动改变自己的内部或外部结构,以适应环境的变化,从而呈现出物流系统的非线性特点。

(3)复杂性。

物流系统是由若干个供应商、制造商、配送中心、销售商和终端客户组成的。它包含供应商、制造商的选择,配送中心的选址,运输方式(如空运、陆运、铁运、水运或混合运输方式)的选择)和运输路线(选择由哪个配送中心送货)的确定等。物流系统的复杂性主要体现在贯穿于物流系统中的不确定性及各实体要素间的非线性关系。

(4)适应性。

物流系统各个实体为了适应市场环境的变化,与周围环境和其他实体间不断进行交互作用。在这种持续不断交互影响的过程中,实体不断学习、积累经验,并根据学到的经验改变自身的结构和行为方式,寻找合适的实体组成物流系统以适应环境的变化,从而促成供需过程不断重新组合、改造。

(5)多样性。

由于物流系统各实体要素间处于不断相互作用和不断适应的过程,造成了实体向不同的方面发展变化,从而形成了物流系统实体类型的多样性。

综上所述,物流系统具有系统的所有特征。由于物流系统的层次性及各子系统的相互联系和相互作用,很显然,物流系统是一个动态的、开放的复杂系统。

1.2 建模与仿真

1.2.1 模型

在现实生活中,人们往往要对物流系统加以研究,以评估或改进系统的性能。

在很多情况下,人们难以直接对实际系统本身加以实验研究。例如,对一个运营中的集装箱码头,要对其不同的布局进行实验研究,以找出最优布局方案,是不可能真的在实际系统中进行研究的(成本过于昂贵)。而对一些计划建造的设施,由于实际设施尚不存在,也无法对实际系统进行研究。这时,最好建立一个实际系统的模型作为替代品来研究。

模型是系统各元素交互关系的简化表示,这些关系包括因果关系、流程关系以及空间关系等。模型可以分为物理模型、逻辑模型(凯尔顿等,2007),而逻辑模型又可以进一步分为符号模型、解析模型、仿真模型,如图1-1所示。

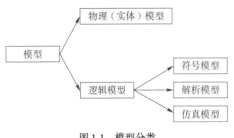

图1-1 模型分类

物理模型是实际系统的物理复制品或按比例缩放的实物模型,也称实体模型。例如,可以建立物料搬运系统的实物模型,用于研究不同设施布局对系统性能的影响。尽管物理模型在许多领域都有重要应用,但其不是本书的讨论主题。

逻辑模型是指以图符、数学方程式或计算机程序等表达的反映现实系统要素间逻辑关系的模型。它可以进一步分为符号模型、解析模型和仿真模型。

(1) 符号模型。

符号模型是利用一些图形符号(如矩形、箭头等)来描述一系列活动或要素间相互关系的模型。常见的符号模型有流程图、设施布置图等。符号模型的优点是容易制作,易于理解;其缺点是难以利用它们对系统性能进行量化分析,也难以描述系统的动态特征。

(2) 解析模型。

解析模型(又称分析性模型)是一种利用数学方程式(含不等式)表达系统要素间关系的模型。它可以是简单的方程式,也可以是复杂的数学规划模型(由一个目标函数和一组约束方程组成)。解析模型的优点是形式规范,模型逻辑表达清晰,常常能够求得确定的最优解;但其也有缺点,如解析模型通常只能解决静态的、规范性的、确定性(或简单概率性)的问题,难以解决复杂动态随机系统问题。

(3) 仿真模型。

仿真模型是指利用计算机建立的模拟真实系统运行的模型。仿真模型的优点是可以模拟和研究复杂动态随机系统,通过仿真模型进行实验,通常比用实际系统进行实验成本低得多;其缺点是模型逻辑难以清晰表达(隐藏于程序中),模型对许多决策问题难以求得确定的最优解。

1.2.2 仿真模型分类

仿真(计算机仿真、系统仿真)就是建立计算机仿真模型模拟现实的动态系统,在仿真模型上执行各种实验,以评估和改善系统性能。仿真可以根据所模拟的系统特性分为连续系统仿真、离散系统仿真和混合系统仿真。

(1) 连续系统仿真。

在这种仿真中,反映系统状态的状态变量取值随时间连续变化。如温控系统的温度是连续变化的,它是一个连续系统,对其进行仿真即为连续系统仿真。

(2) 离散系统仿真。

在这种仿真中,反映系统状态的状态变量取值随一个个离散事件的发生而在特定的时点离散变化,系统的状态变化是由(往往是随机发生的)事件驱动的。例如,银行排队系统中状态变量有顾客排队长度、服务台忙闲状态等,它们都是随顾客到达、顾客接受服务后离开等事件离散变化的,因此,银行排队系统是离散系统,对其进行的仿真即为离散系统仿真。

在上面的定义中,系统状态是指与研究目的相关的刻画系统特征的状态变量取值的集合。图1-2展示了离散系统和连续系统状态变量取值是如何随时间变化的。

(3) 混合系统仿真。

如果仿真所模拟的系统既有连续的部分,也有离散的部分,则称为混合系统仿真。如液态包装奶的生产流程,在液态奶包装前,奶液在管道和储液罐中接受各种处理,此为连续系统;在处理完成后包装到一个个小盒子里,后续储存、出库流程就属于离散系统。

由于绝大多数服务系统、物流系统、生产制造系统都是离散系统,所以本书主要研究离散系统仿真。

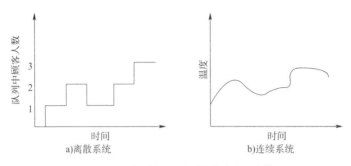

图1-2 离散系统和连续系统状态变量取值

1.2.3 仿真的作用与优缺点

1) 仿真的作用

总的来说,管理系统仿真扮演着管理实验手段的角色。仿真模型已经在描述、设计和分析系统中充分显示了它的作用,具体地说有以下几个方面。

(1) 作为解释手段去说明一个系统或问题。对于现有的实际运行的系统,如果为了深入了解以及改进它,而在实际的系统中进行实验,则往往花费大量的人力、物力、财力和时间,有时甚至是不可能的,而通过计算机仿真,可以使现有系统不受干扰,经过分析仿真结果,对现有系统作出正确评价,并可预测其未来的发展趋势,提出改进方案。

(2) 作为设计准绳去综合分析和评价所建议的决策措施。对于所设计的新系统,在未能确定其优劣的情况下,先不必花费大量的投资去建立它,而是采用计算机仿真,对新系统的可行性和经济效果作出正确的评价。

(3) 作为决策支持系统辅助决策。在管理决策中,针对具有不同决策变量或参数组合的决策方案,进行计算机仿真的多次运行,按照既定的目标函数,对不同的决策方案进行分析比较,从中选择最优方案,从而辅助管理决策。

(4) 作为预测方法去预报和辅助计划系统的未来发展。

(5) 作为分析工具去确定系统的关键组成部分或项目。

2) 仿真与解析方法的比较

在系统模型不太复杂的情况下,往往可能运用数学方法(如线性代数、微积分、数学规划等)求解问题。但是,大多数的实际系统是如此复杂以致它的模型不可能采用上述解析方法求得解决。这时,仿真就能发挥它应有的作用。在这种情况下,系统设计与分析人员运用计算机仿真,求解系统模型,并收集相应的资料用以估计所研究系统的各项特征。

与数学解析方法相比,仿真有以下优点:

(1) 对于复杂系统具有良好的适应性,大多数具有随机因素的复杂系统无法用准确的数学模型表述从而采用解析方法评价,于是仿真通常就成为解决这类问题的好方法。

(2) 它允许对一段系统工作时间进行压缩,用小段时间仿真出大量时间段的工作情况。

(3) 不需要打乱真实系统,就可以使人们能对现有系统在重新设计的工作条件下的工作成果作出分析判断。

(4)能帮助人们选择最优的系统设计方案。

与此同时,仿真也存在着如下缺点:

(1)需要花费大量的费用和时间,这是由仿真系统开发的复杂性及仿真所需的计算机存储量大和计算时间长造成的。

(2)对于现实生活中的复杂性,不能完成全部仿真而只能是其中一部分,所以会影响到仿真结果的可信度。

(3)仿真的精度受到许多方面因素的影响,较难控制和测定。

(4)模型的参数设定非常困难,即难以确定合适的系统仿真初始条件。

1.3 常见物流仿真软件

1.3.1 软件工具

可以采用多种软件工具建立仿真模型,这些工具总结如下:

(1)通用程序设计语言:如 VB、C、C++、Fortran 等。

(2)通用仿真语言:如 GPSS、SIMSCRIPT、SLAM、SIMAN 等。

(3)电子表格及其插件:如 Excel、@Risk(Excel 插件)、Crystal Ball(Excel 插件)等。

(4)可视化仿真软件包:如 Flexsim、Arena、Automod、ExtendSim、Promodel、Witness 等。

最初,人们使用 C、Fortran 等通用程序设计语言开发仿真模型,由于这些语言并非专门为仿真的目的而设计,故开发仿真模型的工作量大而烦琐。之后,人们设计了一些专门用于开发仿真模型的程序设计语言,它们包含一些仿真特定的构造,采用这种语言开发仿真模型大大降低了开发难度和工作量,但是仍然比较烦琐。随着电子表格软件统计功能的发展,电子表格成为很好的仿真平台,可以利用它及其插件较为方便地开发一些仿真模型。

使得仿真走向广泛应用和普及的是可视化仿真软件包的出现,采用这些软件包,可以非常方便地利用图标以可视化方式构建仿真模型,大大提高了建模效率,降低了建模难度。

1.3.2 可视化仿真软件

随着软件工程、计算机仿真技术、人工智能及虚拟现实等信息技术的发展,仿真软件也日益丰富和趋于完善。下面介绍一些比较常见的物流仿真软件。

1) Flexsim

Flexsim 由位于美国犹他州奥勒姆市的 Flexsim Software Production 公司出品,是一款商业化离散事件系统三维仿真软件,是拥有 C++IDE 接口及编译器的图形仿真环境的软件。Flexsim 采用了虚拟现实(Virtual Reality,VR)技术,不仅带有强大的数据统计分析功能,还有强大的三维显示功能。图 1-3 为 Flexsim 仿真软件界面。

2) RaLC

RaLC 系列仿真软件是由日本人工智能服务株式会社独立开发的拥有自主知识产权的物流仿真软件。RaLC 系列仿真软件集现代物流技术、人工智能、3D 图像、数据处理和计算机仿真等技术为一体,专门服务于物流行业和工业工程领域。图 1-4 为 RaLC 系列仿真软件界面。

图 1-3　Flexsim 仿真软件界面

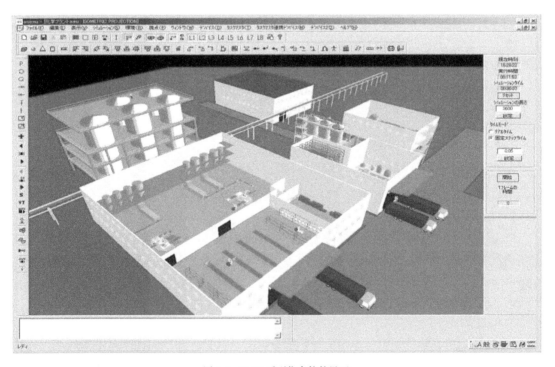

图 1-4　RaLC 系列仿真软件界面

3) Arena

Arena 是一种管理系统模拟软件,是美国 System Modeling 公司于 1993 年开始研制开发的可视化通用交互集成模拟环境,很好地解决了计算机模拟与可视化技术的有机集成,兼备高级模拟器易用性和专用模拟语言柔性的优点,并且还可与通用程序设计语言(如 VB、Fortran、C/C++等)编写的程序连接运行。图 1-5 为 Arena 软件界面。

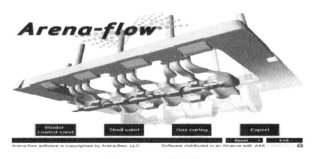

图 1-5 Arena 软件界面

4) eM-Plant

eM-Plant(原名 SIMPLE++)是美国 Tecnomatix 公司开发的一个生产过程仿真软件系统,可以对各种规模的工厂和生产线(包括大规模的跨国企业)建模、仿真和优化生产系统,分析和优化生产布局、资源利用率、产能和效率、物流和供需链,以便于承接不同大小的订单与混合产品的生产。在规划阶段,可通过 eM-Plant 进行全厂的设施规划方案选择、设备投资评估、暂存区规划、生产线平衡、瓶颈分析、派工模拟、产能分析模拟及企业再造等模拟分析。eM-Plant 属于平面离散系统生产线仿真器,具有周边的机器人仿真器群,可与 CAD、CAPE、ERP、DB 等软件之间实时通信。其主要目的是整体系统的优化等,主要与周边系统联合起来灵活使用。但是其价格昂贵,从周边工具群的联合中脱离出来单独使用时,缺乏优势。

eM-Plant 使用面向对象的技术和可以自定义的目标库来创建具有良好结构的层次化仿真模型,这种模型包括供应链、生产资源、控制策略、生产过程、商务过程。用户通过扩展的分析工具、统计数据和图表来评估不同的解决方案,并在生产计划的早期阶段作出迅速而可靠的决策。图 1-6 为 eM-Plant 使用界面。

5) Witness

Witness 是英国 Lanner 集团(Lanner Group)开发出的面向工业系统、商业系统流程的动态系统建模可视化交互型仿真软件,主要针对离散事件系统。Witness 的应用范围非常广泛,如物流、汽车工业、化学工业、电子、航空、工程、食物、造纸、银行及金融、政府和交通等。无论在制造业或服务业,都可以使用 Witness 仿真平台建立自己流程的 Witness 仿真模型。Witness 操作简单,在低配置计算机上也完全可以灵活使用;作为可选项,还具备三维立体显示功能(VR)。Witness 的功能包括投资项目评估、现有设备改进、参数变化管理等,模型可分阶段建立,而且在模型运行时可随时改变。

6) ExtendSim

ExtendSim 是 Extend 的升级版本,ExtendSim 系统仿真软件是由美国 Imagine That 公司

开发的通用仿真平台,在全球银行、金融、交通、物流、制造、军事等多个横向和纵向领域得到应用。ExtendSim 仿真环境为不同层次的建模者提供了多种工具,用这些工具可以高效地建立精准、可信、有用的模型。ExtendSim 的设计方式能够使仿真项目从建模、校验、确认到建立用户界面的每一步得到简化,系统工具的开发者可以使用 ExtendSim 内嵌的编译语言 MODL(类似 C 语言)来创建可以重复使用的建模模块,所有这些都是在自成一体的集成环境中完成的,不需要外部接口、编译器和代码产生器。

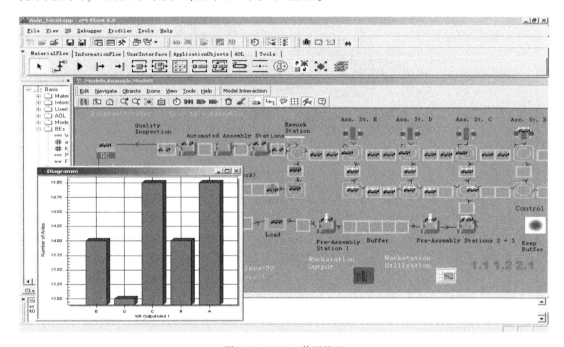

图 1-6   eM-Plant 使用界面

ExtendSim 包含了当代仿真软件必须包含的特色:可以重复使用的建模模块、终端用户界面开发工具、灵活的自定义报告图表生成机制和与其他应用系统集成的方法。此外,ExtendSim 包含一个基于消息传递的仿真引擎,提供一种迅速的模型运行机制和灵活建模机制。ExtendSim 的模块可以很容易地搭建并组合在一起,形象的动画、有效的调试工具和建模的透明性能够帮助我们校验、确认模型。ExtendSim 建模的透明性可以使建模者非常容易地看到模型是怎样运行的,这里包括交互式的模型运行方法、能够显示模块和其他模块之间相互关系的交互式调试工具。开放的源程序能够使建模者看到模型运行的每一个细节,包括事件触发、资源分配,甚至还可以更细微到每个事件的时间分配是如何解决的。建模者通过拖拉的方法可以非常容易地创建完全交互式的界面模块,这些可以被保存到自己创建的模块库中,可以在将来任何建模的过程中重复使用。ExtendSim 提供了 1000 多个系统函数,可以实现与数据库、Excel 和其他数据源的集成,充分利用 Windows 操作系统的资源,可与 Delphi、C + + Builder、Visual Basic、Visual C + + 代码链接。

7) AutoMod

AutoMod 是比较成熟的三维物流仿真软件,由美国 Autosimulation 公司的 Brooks 软件部门开发。AutoMod 建立搬运机器设备等对象物体,对各个作业流程都要建立过程语言,通过编制程序才能作出作业流程。全部配置结束后,编译源程序来执行模型。AutoMod 功能十分强大,如果能灵活使用,就能够实现相当高难度的仿真,并且多数模型之间可以进行通信。由于对全部机器设备等对象物体都需要程序命令语言,建模操作十分复杂,所以操作人员必须要具备编程知识。

8) Quest

Quest 系统仿真软件是法国达索系统(Dassault Systemes)公司开发的,是针对设备建模、实验、分析设备分布和工艺流程的柔性的、面向对象的、基于连续事件的专用模拟软件。2D 图表和 3D 模型均可以通过按钮式界面、对话框、扩展标准库而得到,实时交互界面允许在运行期间对变量进行修改并观察各参数的演变。Quest 对搬运设备和加工设备等特定对象物体布置能使用由 3D-CAD 等软件制作的外观,将它们配置到三维立体空间上,并指定货品流程和设备规格等来运行模型。作为制造业生产线的仿真器,Quest 操作简便,演示性能强大,富有现实感,可以设置逻辑命令语言,所以熟练掌握后可实现相当高难度的仿真,在周边的机器人仿真器群等方面的功能也很齐备。不过 Quest 以适用于大型制造业生产线为目的,没有自动立体仓库等常用设备,所以对物流生产线不太适用。图 1-7 为 Quest 系统仿真界面。

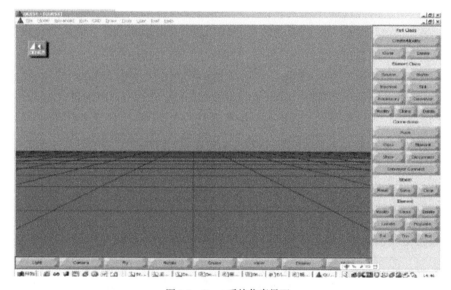

图 1-7　Quest 系统仿真界面

9) Supply Chain Guru®

LLamasoft 智模软件公司成立于 1998 年,总部设在美国安娜堡,是一家供应链规划和优化方案提供商,公司主营产品是"供应链优化大师"(Supply Chain Guru®)。它允许用户输入或导入供应链网络信息,并使用人工智能和嵌入的知识库,用以自动建立强大的离散事件仿真和网络优化模型。用户可以测定改变供应链结构或策略所带来的影响,优化模型以选择改进的供应源关联,仿真多个供应链设计方案以评估服务和费用之间的折中,预测库存投资、运输费用以及生产情况,为企业提供预算功能。它可以让企业迅速模拟并优化其供应链运作,从而大幅降低物流、库存、生产和采购成本,提高客户服务水平。

Supply Chain Guru®帮助企业处理从网络优化到运输优化中所涉及的每个问题,从而实现更加有效和有弹性的供应链。

10) Classwarehouse

Classwarehouse 是英国的仓库仿真软件,专门用于仓库设计,在虚拟的计算机环境中进行设计、改进和测试复杂的仓库解决方案。它还能帮助公司评估产品的产量、人员的组织以及设备情况,来量化成本、效率以及服务水平。Classwarehouse 所解决的实际问题范围很广,从对新建仓库的设计、评估,到对已有仓库的某个具体生产工艺的改进,再到如何在改变供应链和客户需求时保证成本、服务和效率三者间的平衡和优化。

11) ProModel

ProModel 是由美国 ProModel 公司开发的离散事件仿真软件,它可以构造多种生产、物流和服务系统模型。ProModel 是一套功能相当强且容易使用的数据及图形导向系统仿真软件,它提供模块化的观念及操作方式让使用者可弹性地设计多种生产系统并进行仿真分析,从小型化工厂、大型工厂生产到先进的弹性制造系统,皆可较容易地规划及模拟。

ProModel 系统提供人性化的操作接口环境。只要利用键盘或鼠标根据功能项目选择所需的建构工具、工作组件及操作设定,就可以无须撰写任何程序(此乃相对于一些高阶仿真语言如 SLAM 等而言)完成一个系统仿真的环境。另外,软件可提供给使用者测试追踪系统内每个操作步骤、每个工作站、工作母机执行的情形。因此,使用者在开发中即可方便地进行测试与除错,并于完成时动态撷取其所需点的使用情形。即使系统扩展到 2000 个操作机、工作站及几千几百的操作流程,都能在极短的时间内完成开发、测试的工作,或者根据统计的数据调整系统内各资源的工作量及操作速度等设定参数,以达到系统所设定目标之最佳化。在定义整个系统的输入输出因子、组装、包装、加工等作业流程中,甚至流程的逻辑及运作优先规则时,都能借助设定参数或利用条件变量而弹性调整,也可以利用外在的程序语言控制,来改变系统的状态。例如,在仿真整个工厂的生产流程中,人员、机器、物料、无人搬运车、夹具、机器手臂、输送带,都能利用系统提供的传输模块以设定其速度、容量、加速度、运作顺序、方向等。

在规划设定好系统后、仿真执行前,ProModel 会先行测试系统,检查各相关工作站输入、输出是否平衡。假如有忘记设定的容量、速度等,系统都能自动协助使用者假设并询问意见,如果不满意可以再修改,实际模拟时又可随时观察各资源的使用情形。使用者可追踪系统运作流程,随时中断仿真,并借系统仿真后所产生的运作过程统计数据,统计各工作站情况、资源使用率等。此外,ProModel 也提供简单且易读的统计图、统计报表文件,因而可方便地了解全部资料利用的情形。一些常见的 ProModel 应用包括产能规划、瓶颈分析、厂房布置规划、生产排程、JIT(Just In Time,准时制)系统规划、生产周期分析等。ProModel 还可让设计者通过调整工作站数量、速度、输入方式、输出方式(如批次),以作整体系统的各种可能状况下的评估,作为将来真正建造设计时的参考,使用及分析弹性相当宽泛。图 1-8 为 ProModel 界面。

12) SIMAnimation

SIMAnimation 是美国 3i 公司设计开发的集成化物流仿真软件。SIMAnimation 使用基于图像的仿真语言,可以简化仿真模型的创建。仿真模型还包括丰富的交互特点,允许使用者去改变参数输入,其目的是通过模拟实际生产情况及市场波动对系统造成的冲击,从而避免了在理想化状态下系统设计所无法预料的各种因素,对系统的堵塞有着形象和直观的解决方案。

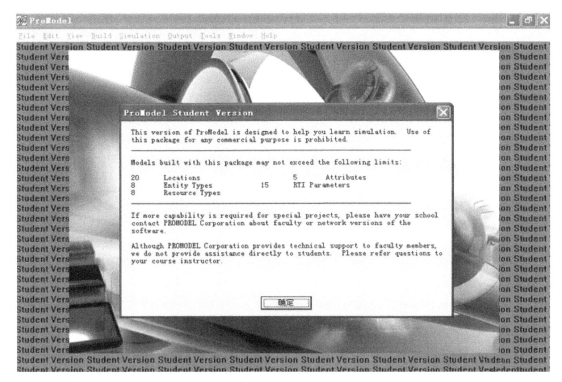

图 1-8　ProModel 界面

SIMAnimation 可以处理系统物理元素和逻辑元素。SIMAnimation 允许用户仿真复杂的运动(如动力学和速度),包括传输、旋转、有形物体、视角和不断运动视觉。在算法上,SIM-Animaiton 在保证出库有限的情况下,按路径最短原则进行自动定位和设计路径,实现多回路运输。

SIMAnimation 使用 OpenGL 三维建模技术,集三维实体光照、材质视点变换、漫游于一体,提供真正的三维动画和虚拟的现实世界,使仿真模型更加容易理解,同时使管理、生产、工程人员的意见交流更加容易。

SIMAnimation 使用 Petri 网模型技术。建模部分针对物理模型和逻辑模型,在用户定义物理模型和逻辑模型之后,它就可以编辑成为一个可执行模型,在这个模型中仿真和动画同时运行,并且运行非常快,实现了完全交互化,而且它可以随时停止来观察统计和模型状态。

13) ShowFlow

ShowFlow 仿真软件是由荷兰 Incontrol Simulation Software 公司开发的,可为制造业和物流业提供建模、仿真、动画和统计的分析工具。ShowFlow 可以提供生产系统的生产量,确定瓶颈位置,估测提前期和报告资源利用率。ShowFlow 还可以被用来支持投资决定,校验制造系统设计的合理性,通过对不同的制造策略进行仿真实验来找出最优解。

14) Delmia

Delmia 仿真软件由美国公司 DELMIA Corp. USA 开发。Delmia 提供了当今业界可用的集成和协同的数字制造解决方案,通过以工艺为中心的技术来定义、监测和控制各类生产系统,包括从单个的设备单元、生产线、工厂物流直到整个企业的生产过程。Delmia 针对客户的关键性生产工艺,提供端到端的解决方案,推进企业的关键工艺创新和优化。Delmia 涵盖了诸多工业领域,包括汽车、航空、结构组装、电力电子、家用消费品、造船等行业。Delmia 建立了数字化制造的核心,服务于整个产品生命周期,可与主要的 CAD、PDM 和 ERP 系统集成。

Delmia 解决方案涵盖汽车领域的发动机、总装和白车身(Body-in-White),航空领域的机身装配、维修维护以及一般制造业的制造工艺,使用户利用数字实体模型完成产品生产制造工艺的全面设计和校验。Delmia 数字制造解决方案建立于一个开放式结构的产品、工艺与资源组合模型(PPR)上,此模型使得在整个研发过程中可以持续不断地进行产品的工艺生成和验证。通过 3D 协同工作,PPR 能够有效地支持设计变更,让参与设计制造的多个人中的每一个人能随时随地掌握目前的产品(生产什么)、工艺与资源(如何生产)。基于 PPR 集成中枢的所有产品紧密无缝地集成在一起,涵盖了各种工艺的各个方面,使基于制造的专业知识能被提取出来,并让最佳的产业经验得重复利用。Delmia 在提供给用户技术与协同工作环境两方面,不断创新进步,以更好地数字化定义产品的制造过程。随着产品的持续改善,客户通过使用 Delmia 解决方案,能够大大地提高生产力、效率,在安全性和品质方面得到最大的效益,并同时降低成本。

15) Incontrol

Incontrol 是总部位于荷兰的 Incontrol Enterprise Dynamics 公司开发的。Incontrol Enterprise Dynamics 最初作为一家物流咨询公司,将仿真作为规划和决策支持的技术以及系统性能预期的辅助手段,经过多年的努力,该公司已经将仿真系统拓展到多样化的领域,如产能管理、政策分析和系统控制。并越来越重视仿真软件的质量和功能,为了满足客户的需求,也逐步开始进行软件开发。其收购了 F&H Simulations 公司,在 Taylor II® 的基础上开发了 Taylor Enterprise Dynamics。

Incontrol 中的 Enterprise Dynamics Transport 允许针对交通运输节点内部和外部的运输流和信息流的详细建模仿真。其中,ED Transport-Node 库可为货运公司和配送中心建模,能够仿真货运中心和配送中心运营的整个过程。例如,区域分流管理、可拆卸货箱从火车到货车的转换、拖车管理和完整的装载、卸载过程。ED Transport-Node 库能够对叉车网络、装卸缓冲器、大门、坡道和储存地点等进行建模,而且,它还包含铁路起重机,为不同的物流节点建模,包括双峰交通终端。典型 ED Transport-Node 库应用包括推导内外部物流过程的运行规则、评定布局和战略的最佳性能、监管当日货场区域、资源和人员的利用。

ED Transport-Node 库还可以进行物流网络建模,即能够对若干物流节点以及其运输进行建模。每个节点有如下特定参数:门的数量,处理时间,分类性能,达到和截止时间。网络结构有不同类型,如中心-辐射型和直接运输型网络等。运用真实地理数据,建立用户定制的网络,实现仓库和物流中心定位。

16) Stream

Stream 是日本三井造船股份有限公司开发的仿真软件,其最大特点是从日文命令组中选出并以排列的形式记录每一个设备的控制逻辑,其制作完成的模型,仍然沿袭使用了其前身 MiFactory。由于是日本国产工具软件,所以 Stream 非常适合日本国内的需求,不仅可以当作物流生产线的仿真器使用,还可变通用于单个机械设备的仿真;由于开发商身为实力强大的机械设备生产厂家,所以在周边的机器人仿真器等方面也很齐备。其开发基础是 Sil-Tools,所以与一般的 Windows 应用程序相比,操作上的感觉有些不同,且另外还需要特殊的开发环境,因此在扩展性和技术支持方面缺乏优势。

1.3.3 主流仿真软件比较与选择

1)主流仿真软件比较

以上介绍的物流系统仿真软件是市场上比较常见的,都具有虚拟现实、动态反映物流现实状况的显著优势,应用表现形式灵活多样,有些在某一国家或者某一领域得到了深入的应用,有些则应用比较广泛。这些仿真软件有各自的特色和优势,现将主流的仿真软件简单比较分析如下。

Flexsim 和 RaLC 等有很好的面向对象性,Supply Chain Guru® 是专门的供应链仿真软件,Classwarehouse 是专门的仓库仿真软件,Arena 是一种管理系统模拟软件。

Flexsim、Supply Chain Guru® 等仿真软件的资料、图像和结果都可以与其他软件实现无缝链接。因此,Flexsim、Supply Chain Guru® 等可以从 Excel 读取和输出资料(或任意 ODBC DATABASE),可以从生产线上读取实时资料以作分析。Flexsim、Quest 等也允许用户建立自己的模拟对象,所以一些、国际的大公司可以共用这些对象而无须重新建立。

仿真运行速度方面,在最近的比较中,同一个铁路系统的模拟,Flexsim 比 Arena 快好几倍;在另一个实验中,同一个半导体的物料管理系统,Flexsim 比 AutoMod 快 3~4 倍。对于其他仿真软件,因使用的硬件配置、仿真环境不一样,仿真运行的速度也有差异,尚未见相关报道。

大多数仿真软件在运行结束后可根据统计数据生成仿真报告,仿真报告以表格、直方图、饼状图等形式表示,显示了各个物流设备的利用率、空闲率、阻塞率等数据。用户可根据仿真报告提供的数据对物流系统的优缺点进行判断,作出科学决策。

主流仿真软件概要比较见表1-1、表1-2。

主流仿真软件比较(一) 表1-1

仿真软件	国家/开发商	面向对象	物流部件	扩展性	分析功能
Flexsim	美国/Flexsim Software Production 公司	是	有	较好	较强
RaLC	日本/人工智能服务株式会社	是	有	一般	一般
eM-Plant	美国/Tecnomatix 公司	是	丰富	较好	强大
Witness	英国/Lanner Group 公司	是	有	一般	一般
SIMAnimation	美国/3i 公司	是	有	一般	一般
ShowFlow	荷兰/Incontrol Simulation Software 公司	是	有	较好	较强
Delmia	美国/DELMIA Corp. USA 公司	是	有	较好	一般

续上表

仿真软件	国家/开发商	面向对象	物流部件	扩展性	分析功能
Quest	法国/Dassault Systemes 公司	是	有	较好	强大
AutoMod	美国/Autosimulation 公司	是	有	较好	强大
ProModel	美国/ProModel 公司	是	丰富	较好	一般
Arena	美国/System Modeling 公司	是	有	较好	较强
Stream	日本/三井造船股份有限公司	是	有	差	一般
Incontrol	荷兰/Incontrol Enterprise Dynamics 公司	是	有	一般	较强
Supply chain guru	美国/LLammaSoft 公司	是	有	一般	一般
Classwarehouse	英国/Cirrus Logistics 公司	否	有	一般	一般
ExtendSim	美国/Imagine That 公司	是	一般	最好	较强

主流仿真软件比较（二）　　　　表1-2

仿真软件	应用范围	动画功能	操作容易性	价格
Flexsim	几乎能为所有产业定制特定的模型	3D	可用C++创建和修改对象	一般
RaLC	专业面向物流行业和工业工程领域	3D	建模简单直观，短时间内可熟练掌握	较低
eM-Plant	面向大型制造业领域的仿真群	2D	比较复杂	一般
Witness	平面离散系统生产线仿真	2D	一般	一般
SIMAnimation	集成化物流仿真	3D	基于图像的仿真语言，建模简单	一般
ShowFlow	制造业和物流业	3D	功能简练，操作简单	较低
Delmia	汽车、航空、结构组装、电力电子、家用消费品、造船等行业	3D	可3D协同工作	较贵
Quest	大型制造业生产线，对物流生产线不太适用	3D	快速有效地建模	昂贵
AutoMod	三维物流仿真（比较成熟）	3D	需要编制程序才能作出作业流程	昂贵
ProModel	小型化工厂、大型工厂生产及先进的弹性制造系统	3D	无须撰写任何程序	较贵
Arena	制造业、物流及供应链、服务、医疗、军事、日常生产作业、各类资源的配置、业务过程的规划、系统性能和计划结果的评价、风险预测	2D	用户容易得到免费参考材料以及服务	一般

续上表

仿真软件	应用范围	动画功能	操作容易性	价格
Stream	物流生产线的仿真、单个机械设备的仿真	3D	技术支持较差	一般
Incontrol	交通仿真、物流配送、产能管理、政策分析和系统控制等	3D	技术支持较好	较贵
Supply chain guru	专门用于供应链仿真	3D	一般	较贵
Classwarehouse	专门用于仓库设计	3D	一般	一般
ExtendSim	政府流程、工厂设计和布局、供应链管理、物流、公共事业管理、生产制造、认知建模、运营管理、环境保护	2D	用户需有行业经验,具备编程知识	一般

2)物流仿真软件的选择

随着仿真技术的推广,人们对仿真软件的性能要求不再满足于单一的分析功能或动画演示功能。一个优秀的仿真软件,除了具有多样的分析功能和卓越的3D动画功能外,还必须具有操作容易性、部件化、扩展性、优化功能和连接性等多方面功能。

选择仿真软件时,必须从分析功能、动画功能、操作容易性、售后服务等方面对软件进行评价。根据使用仿真软件的目的不同,评价项目的侧重点不一样。如果仿真的目的是改善企业内部的业务,侧重点应该放在分析功能、售后服务等项目上;如果仿真的目的是做咨询工具,侧重点应该放在分析功能、动画功能等项目上;如果仿真的目的只是做演示工具,侧重点应该放在动画功能等项目上。

选购仿真软件时,除了评价软件本身的功能特性外,评价软件供应商(或代理商)的仿真技术水平也是不可缺少的。具有丰富经验的物流仿真专家,不仅能帮助掌握仿真技术(包括仿真基础知识、数据取得及数据分析方法、建模、仿真分析等内容),而且这些专家经过多年的仿真建模积累了大量的数据(如物流现场的各种作业时间的数据等),这些数据(经验)对计划中的系统建模是不可缺少的内容。所以,选择拥有丰富经验的物流仿真专家的软件供应商(或代理商),将有助于尽快地充分发挥仿真软件的作用,快速地回收软件投资成本。

物流仿真软件的评价项目概况见表1-3。

仿真软件的评价项目概况 表1-3

评价项目	评价内容	备注
分析功能	有没有好的随机数发生器?是否可设定随机数初值?有多少种统计分布函数可供选择?是否有自动找出合适分布函数的功能(或是否附带有ExpertFit等工具)?是否有优化功能(或是否附带有OptQuest等工具)?是否有Excel接口?是否能和ODBC数据源相连接?是否具有强大的商务图表功能?	分析功能的强与弱是评价仿真软件最关键的一个项目。能否容易地建立近似于现实系统的模型是仿真成功的关键。注意:没有随机数发生器和多种统计分布函数的软件,不可能实现仿真

续上表

评价项目	评价内容	备注
动画功能	是2D类还是3D类？ 能否自由变更部件的图形？是否可用大众化3D图形文件？ 在仿真运行过程中，能否瞬间变换模型的角度和位置？ 是否能将动画转换成AVI或其他大众化播放文件？	动画不仅是一个演示工具，还能将问题可视化，对沟通经营者、管理者和操作者之间的意见具有很重要的意义
操作容易性	是否为拖拉式图形界面？ 部件参数选择是否灵活？ 参数、部件或局部模型的复制、粘贴、移动、删除等编辑功能是否方便？ 是否必须掌握软件的专用语言？ 建立3D模型是否需要多余的操作？ 对于复杂逻辑是否可用大众化语言（VC、VB、JAVA等）来编程？	有部件或局部模型的复制、粘贴等功能，以及可用大众化语言来编程等特点，对方便建立大型或复杂模型非常重要
物流部件	有多少种物流部件？ 物流部件的属性（外部形状）、参数的变更是否方便？	除了评价物流部件种类的多少外，更主要的是评价部件的可变性。因为没有任何一个仿真软件的部件可以涵盖所有情形
面向对象	是否具有面向对象特性？ 部件是否可以相互移到另一个部件里？ 部件是否可以继承其他部件的属性？ 部件是否可在用户、程序库和模型间兼容？	软件工程的主流是面向对象，仿真软件也不例外
扩展性	部件是固定类还是开放类？ 模型里是否能输入其他模型，并与之相连接？	从发展的角度来说，应该选择部件开放类仿真软件
仿真运行速度	仿真运行过程中，是否需要编译？	一般来说，仿真运行过程中，不需要编译的软件运行速度快
售后服务	在我国是否有代理商？ 代理商是否有仿真专家？ 做过多少物流仿真的案例？ 除了软件的培训外，是否具有仿真咨询能力？ 每年培训次数和用户交流会次数是多少？	仿真是一门技术，不单是使用软件。所以，选择具有仿真咨询能力的代理商非常重要，特别是有物流仿真的经验
价格	软件价格是多少？培训价格是多少？维护费用是多少？	选择性能好、价格低的软件是最理想的

思考题

1. 什么是系统模型？系统模型是否必须反映出系统的全部特征？为什么？
2. 简述仿真技术的优势和劣势。
3. 建模应遵循哪些原则？
4. 试举几个需要应用系统仿真进行分析的实例。

第 2 章　物流系统建模与仿真基础

2.1　物流系统模型的概念与分类

为了指明系统的主要组成部分以及它们之间的主要关系,以便于人们对系统进行深入的分析和研究,往往通过模型来实现。系统模型主要用于三个方面:一是分析和设计实际系统;二是预测或预报实际系统某些状态的未来发展趋势;三是对系统实行最优控制。

2.1.1　模型的概念

模型是所研究的系统、过程、事物或概念的一种表达形式,也可指根据实验、图样放大或缩小而制作的样品,一般是展览、实验或铸造机器零件等用的模子。

系统模型是对实际系统的一种抽象,反映系统内部要素的关系、系统某些方面本质特征以及内部要素与外界环境的关系,是系统本质的表述,是人们对客观世界反复认识、分析,经过多级转换、整合等相似过程而形成的最终结果。它具有与系统相似的数学描述形式或物理属性,以各种可用的形式给出研究系统的信息。从概念中可以看出,系统模型只是模型中的一种,为了简化描述,文中出现的模型均指系统模型。对于系统模型的理解将从三方面进行:首先,模型必须是对现实系统的一种抽象,它是在一定假设条件下对系统的简化;其次,系统模型必须包含系统中的主要因素,模型不可能与实际系统一一对应,而至少应当包含那些决定系统本质属性的重要因素;最后,为了进行定量分析,模型中必须反映出各主要因素之间的逻辑关系和数学关系,使模型对系统具有代表性。仿真模型同样必须符合以上各项要求,并且适合于仿真环境下,通过模仿系统的行为来求解问题。

从某种意义上说,模型是系统的代径,同时也是对系统的简化。在简化的同时,模型应足够详细,以便从模型的实验中取得相关于实际系统的有效结论。建模就是建立模型、建立系统模型的过程,又称模型化。建模是研究系统的重要手段和前提。凡是用模型描述系统的因果关系或相互关系的过程都属于建模。

2.1.2　模型分类

系统模型按结构形式分为实物模型、图示模型、模拟模型和数学模型。

(1)实物模型。实物模型是现实系统的放大或缩小,它能表明系统的主要特性和各个组分之间的关系,如桥梁模型、电视模型、城市模型、建筑模型、风洞实验中的飞机模型等。这种模型的优点是比较形象,便于共同研究问题;它的缺点是不易说明数量关系,特别是不能揭示所要的内在联系,也不能用于优化。

(2)图示模型。图示模型是用图形、图表、符号等把系统的实际状态加以抽象的表现形式,如网络图(层析顺序、时间与进度等)、物流图(物流量、流向等)。它是在满足约束条件的目标值中选取较好值的一种方法,它在选优时只起辅助作用。当维数大于2时,该种模型作图的范围受到限制。其优点是直观、简单;缺点是不易优化,受变量因素数量的限制。

(3)模拟模型。用一种原理上相似,而求解或控制处理容易的系统代替或近似描述另一种系统,前者称为后者的模拟系统。它一般有两种类型:一种是可以接受输入进行动态模拟的可控模型,如对机械系统的电路模拟,可用电压模拟机械速度、电流模拟力、电容模拟质量;另一种是用计算机和语言表达的模拟模型,如物资集散中心站台数设置模拟、组装流水线投料批量的模拟等。通常用计算机模型模拟内部结构不清或复杂的系统是行之有效的。

(4)数学模型。数学模型是指对系统行为的一种数量描述。当把系统及其要素的相互关系用数学表达式、图像、图表等形式抽象地表示出来时,就是数学模型。它一般分为确定型和随机型、连续型和离散型。

2.2 物流系统建模步骤

2.2.1 建模原则

对于同一个实际系统,人们可以根据不同的用途和目的建立不同的模型。所建模型只是实际系统原型的简化,因此既不可能也没必要把实际系统的所有细节都列举出来。一个理想的模型应该既能反映实体的全部重要特性,同时又易于处理,即原则上要满足:

(1)清晰性。一个复杂的系统是由多个子系统构成的,因此,对应的系统模型也是由许多子模型构成的。模型之间除了研究目的所必需的信息外,结构要尽可能清晰。

(2)相关性。模型中应该包括系统中与研究目的有关的那些信息。虽然与研究目的无关的信息包含在系统模型中可能不会有很大害处,但是因为它会增加模型的复杂性,从而使得求解模型时增加额外的工作,所以应该把与研究目的无关的信息排除在外。

(3)准确性。建立模型时应该考虑所收集的、用以建立模型的信息的准确性,包括确认所应用的原理、理论的正确性和应用范围,以及检验建模过程中针对系统所作假设的正确性。例如,在建立工厂设施规划与运输系统模型时,应该将运输工具视为一个三维实体而不能为一个质点。它的长度和宽度影响了运输通道的布局。

(4)可辨识性。模型结构必须具有可辨识的形式。可辨识性是指系统模型必须有确定的描述和表示方式,而在这种描述方式下与系统性质相关的参数必须有唯一确定的解。若一个模型结构中具有无法估算的参数,则此结构就无实用价值。

(5)集合性。建立模型还需要进一步考虑的一个因素,是能够把一些个别实体组成更大实体的程度,即模型的集合性。例如,对物流与供应链系统的研究中,除了能够研究每个物流中心的物流细节和规律之外,还可以综合计算多个物流中心构建成一个供应链系统的效能。

2.2.2 建模步骤

构建模型需要想象力和技巧。这里从方法论的角度总结建模步骤如下:

(1) 形成问题。在明确目标、约束条件及外界环境的基础上,规定模型描述哪些方面的属性,预测何种后果。

(2) 选定变量。按前述影响因素的分类筛选出适合的变量。

(3) 变量关系的确定。定性分析各变量之间的关系及对目标的影响。

(4) 确定模型的结构及参数辨识。建立各变量之间的定量关系,主要的工作是选择合适的表达形式,数据来源是该步骤的难点,有时由于数据难以取得,不得不回到步骤(2),甚至步骤(1)。

(5) 模型真实性检验。在模型构建过程中,可用统计检验的方法和现有统计数字对变量之间的关系进行检验。模型构建后,可根据已知的系统行为来检验模型的结果。如用结果解释现实世界尚能令人接受,不致相悖,便要判断它的精确程度和模型的应用范围。如精度比期望要低,则需弄清其原因,可能是原先的设定错误或者忽略了不该忽略的因素。

经过以上5个步骤,模型便可在实际中应用,但不能与检验过的情况误差太大,应把每个模型应用都当成是对模型的一次检验。有些模型,特别是社会经济系统的模型难以实际检验,另一些模型虽可检验,但花费太大或需要特殊条件,这时,个人经验很重要,凭着对原型对象的认识对模型的真实性作出判断。然而,在能够实际试验的场合应力求进行实验,不经过试验的建模过程总是不完整的。

2.3 物流系统仿真的应用领域

2.3.1 物流系统仿真的概念

所谓物流系统的仿真,是指针对现实物流系统建立仿真模型,然后在模型上进行实验,用模型代替真实系统,从而研究物流系统性能的方法。通过仿真,可以仿效实际物流系统的各种动态活动并把系统动态过程的瞬间状态记录下来,最终得到用户所关心的系统统计性能。

由于物流系统自身的不完善或运作过程的不合理,一些物流系统设计上缺乏前瞻性和系统规划,在物流资源的配置、物流网络的结构等方面,很难保证其可靠性、合理性、协调性和最优化。在实际系统中常常包含有较多随机的因素,如物流系统中商务的到达、运输车辆的到达和运输事件等一般是随机的。对于这些复杂的随机系统很难找到相应的解析式来描述和求解,系统仿真技术成了解决这类问题的有效方法。物流系统运作的成败事关重大,而仿真方法是完善、推进物流系统的一个很好的方法,可以节省费用,减少浪费,消除物流环节中的瓶颈。

2.3.2 物流仿真系统的应用

从技术与管理的角度看,系统仿真在物流领域主要有以下几个应用方面。

(1) 物流系统规划与设计。仿真多用于供应链设计、评价和优化,用来处理链中的不确定因素与动态性,此外,它有能力找出供应链各个成员之间的最优解决方案。在系统没有运行之前,把规划转化为仿真模型,通过运行模型,评价规划或设计方案的优劣并修改方案。这样不仅可以避免不合理的设计和投资,而且也避免了人力、时间等的浪费。

(2)物流运输调度。复杂的物流系统经常包含若干运输、多种运输路线,连接供应链上游与下游是供应链运作过程中至关重要的一个环节,而运输调度与路线选择一直是物流系统的难点,其中包含了很多多项式复杂程度的非确定性(Non-Deterministic Polynomial,NP)问题。在解决调度问题、规划运输路线时多使用启发式算法、不完全优化算法和遗传算法等,但在评价这些算法得到的策略哪个更有效、更合理时,遇到的问题更多。因运输调度是物流系统中最复杂、动态变化最大的一部分,有许多不确定因素,很难用解析法描述运输的全过程。使用仿真可以建立运输系统模型,动态运行此模型,再结合图形将运行状态、物料供应情况、配货情况、道路堵塞情况、配送路径等生动地呈现出来。仿真还提供了各种数据,包括车辆运输时间与效率、不同策略之间的比较、不同路径的比较等。

(3)物流成本估算。物流系统运作是一个复杂的系统,其中存在许多不确定因素。系统的总成本中包括运输成本、库存成本、订货成本和生产成本等。成本核算与所花费的时间有关。物流系统仿真是对物流整个过程的模拟,进程中每一个操作的时间,通过仿真推进被记录下来。因此,人们可以通过仿真统计物流时间的花费,进而计算出物流成本。

(4)库存控制。库存系统是供应链管理中的重要环节,起到缓冲、调解和平衡的作用。供应链上各节点企业库存水平的高低一方面影响产品的成本,另一方面影响客户服务水平和企业对市场波动的适应能力。企业运作时库存处理的好坏直接影响公司的效益,也决定了公司的竞争力。现实库存系统多数属于复杂的离散事件系统,具有诸多不确定因素,而且各部分之间的关系复杂。企业在确定安全库存量、采购订货方式的时候遇到的困难,直接表现为没有适应的库存策略、库存积压与库存短缺并存等问题。随机性库存系统中有很多不确定的随机参数,解析方法的应用具有很大的局限性,很难采用数学规划或启发式算法进行准确分析。常用离散系统仿真技术对库存系统全局或局部变量进行分析和优化,如库存系统规划、库存成本分析、库存控制策略分析等。

物流系统仿真可解决的实际问题有:

(1)引进新设备时的事先评价问题以及人员、设备的配置问题。例如:

①引进何种设备?

②多大性能的设备?

③引进设备后的场地规划和人员怎样配置才能合理?

④引进设备后瓶颈口能否缓解或清除?其他地方是否成为新的瓶颈口?

(2)场地布局的评价问题,工厂、仓库的规划设计,工厂、仓库的容量/库存问题。例如:

①需要扩建多大面积的仓库?

②如何合理地配置新建配送中心的设备和人员?

③已经有两套以上方案,但不知怎么比较这些方案?

(3)作业工程计划的改善问题,几乎所有涉及时间、空间和效率的关系问题。例如:

①已有定性认识,但如何才能进行定量分析?

②如何在定量分析的基础上进行改进、评估?

③作业方式选择哪些定量标准?

2.4 离散事件系统仿真

离散事件系统(Discrete Event Dynamic System,DEDS/DES)是指系统的状态在一些离散时间点上由于某种事件的驱动而发生变化,其数学模型很难用数学方程来表示。

2.4.1 离散事件系统仿真的基本要素

1)基本要素介绍

(1)实体。

实体是主导系统活动的对象(Object),它是描述系统的三个基本要素(实体、属性、活动)之一。

在离散事件系统中的实体可分为两大类:临时实体及永久实体。在系统中只存在一段时间的实体叫作临时实体,如工件、货物。这类实体由系统外部到达系统、通过系统,最终离开系统。始终驻留在系统中的实体叫作永久实体,如缓冲站、仓库。临时实体按一定规律不断地到达(产生),在永久实体作用下通过系统,最后离开系统,整个系统呈现出动态过程。

实体还可以分为主动体(Active)和被动体(Passive)。主动体为系统中具有自主移动能力,如服务系统的顾客、自动导引小车(Auto Guided Vehicle,AGV)、运输系统中的车辆。被动体不具有自主移动的能力,如产品、工件、托盘、容器等。

(2)属性。

实体所特有的特性称为实体的属性,分为固有属性和仿真属性。固有属性包括大小、颜色、形状、质量等,仿真属性包括到达时间间隔、到达批量等。

(3)状态。

在某一确定时刻,系统的状态是系统中所有实体的属性的集合。

(4)资源。

资源系统中活动被执行时必须搭配的载具,通常用来定义由哪个实体在什么地方执行活动。资源在系统中为定点设置,但是和实体一样可分为主动资源和被动资源。主动资源对象为本身具有自我驱动能力,一般常见的为输送带、售货员、叉车、堆垛机等,一般讲到的资源指主动资源;被动资源对象如仓库、轨道、道路等。

(5)事件。

事件是引起系统状态发生变化的行为,系统的动态过程是靠事件来驱动的。例如,在物流系统中,工件到达可以定义为一类事件;因为工件到达仓库,进行入库时,仓库货位的状态会从空变为满,或者引起原来等待入库的队列长度的变化。

事件一般分为两类:必然事件和条件事件。只与时间有关的事件称为必然事件。如果事件发生不仅与时间因素有关,而且还与其他条件有关,则称为条件事件。系统仿真过程中最主要的工作就是分析这些必然事件和条件事件。

(6)活动。

离散事件系统中的活动通常用于表示两个可以区分的事件之间的过程,它标志着系统状态的转移,如等待活动。

(7)进程。

进程由若干有序事件及若干有序活动组成,一个进程描述了它所包括的事件及活动间的相互逻辑关系及时序关系,如图2-1所示。例如,工件由车辆装入进货台,经装卸搬运进入仓库,经保管、加工到配送至客户的过程。

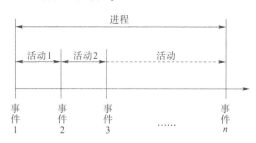

图 2-1 事件、活动与进程

(8)仿真时钟。

仿真时钟用于表示仿真时间的变化。在离散事件系统仿真中,由于系统状态变化是不连续的,在相邻两个事件发生之间,系统状态不发生变化,因而仿真时钟可以跨越这些"不活动"区域。从一个事件发生时刻,推进到下一个事件发生时刻,推进速度具有随机性。由于仿真实质上是对系统状态在一定时间序列的动态描述,因此,仿真时钟一般是仿真的主要自变量,仿真时钟的推进是系统仿真程序的核心部分。

仿真时钟的推进有两种经典方法:固定步长推进法和变步长推进法(或称为下一事件推进法)。变步长推进法应用较多,目前市面上的大多数仿真软件都采用变步长推进法。

①固定步长推进法。确定一个固定的时间增量,以此增量逐步推进仿真时钟。每推进一个增量,就在被推进的时刻观察有无事件发生。如果没有事件发生,则继续以相同的增量推进仿真时钟;如果有事件发生,则根据事件类型进入事件处理程序,对事件发生后的状态变化进行相应处理,然后再推进仿真时钟。如果恰好在推进增量的中间有事件发生,一般采取简化的方法,把该事件假定为是在增量推进的时刻发生的。

②变步长推进法。变步长推进法即事先没有确定时钟推进步长,而是根据随机事件的发生而进行随机步长的推进,推进的步长为最后易发生事件与下一事件之间的时间间隔。由于离散事件系统的状态多数是随时间离散变化的,在仿真时不需要考虑那些没有发生状态变化的时段。因此,这种变步长的推进方法,其节奏性与系统状态变化更加吻合。应当指出,仿真时钟所显示的是仿真系统对应实际系统的运行时间,而不是计算机运行仿真模型的时间。仿真时间与真实时间将设定成一定比例关系,使得像物流系统这样复杂的系统,真实系统运行若干天、若干月,计算机仿真只需要几分钟就可以完成。

2)系统要素举例分析

(1)分析理发店的实体、状态、事件、活动。

实体:顾客、服务员。

状态:服务员个数、顾客数、服务员忙闲。

事件:顾客到达、服务完毕。

活动:顾客等待、理发员服务。

(2)分析柔性制造系统实体、状态、事件、活动。
实体:工件、加工中心。
事件:(待加工工件)到达、机床完成加工。
状态:各加工中心的繁忙程度、各加工中心的等待队列。
活动:工件等待、加工。

2.4.2 离散事件系统仿真的组成与构造

仿真可以用来研究千差万别的现实世界,但是不同实际系统的离散事件仿真模型却具有一些相同的组成部分和这些组成部分之间的逻辑组织关系。对于大多数采用变步长始终推进机制的离散事件系统仿真模型,通常都包含有几个组成部分。

(1)系统状态:在特定时间用来描述系统的状态变量集。
(2)仿真时钟:表示仿真时间当前值的变量。
(3)事件列表:将发生各类事件时,用来存放下次事件发生的时间和事件其他属性的表。
(4)统计计数器:用来存放有关系统性能统计数据的各个变量。
(5)初始化子程序:在仿真开始时(即仿真时间为零时),初始化仿真模型的子程序。
(6)时间推进子程序:从事件列表中确定下次事件,然后将仿真时钟推进到该事件发生。
(7)事件发生程序:它是指用来更新系统状态的子程序。当某类型的特定事件发生后,根据该事件的类型,进行相应的系统状态更新。
(8)报告生成器:用来计算各种所期望的性能测度的量,并在仿真结束时输出结果。
(9)随机观测生成程序库:它是一组用来根据概率分布产生随机观测值的子程序。
(10)主程序:用来唤醒时间推进子程序来确定下一要发生的事件,然后将控制转向相应的事件程序,并对系统状态进行相应的更新。主程序还可能检查仿真的终止,并在仿真结束时激活报告生成器。

2.4.3 离散事件系统仿真的基本步骤

离散事件系统仿真研究的一般步骤与连续系统仿真是类似的,它包括确定仿真目标、数据收集、系统建模、确定仿真算法、建立仿真模型、验证与确认模型、运行仿真模型、仿真结果分析和输出仿真结果。

1)确定仿真目标

对一个系统的仿真目的可以各不相同。例如,研究一个物流配送中心,可以提出各种不同的问题,如管理调度策略问题、运作流程协调问题等。针对所关心的问题不同,建立的系统模型、设定的输入变量和输出变量等都各不相同。因此在进行系统仿真时,首先要确定仿真的目标,也就是仿真要解决的问题。这是数据收集和系统建模的依据。

2)数据收集

数据收集的对象是仿真建模需要的相关数据。仿真建模的过程是一个从简单到详细的渐进过程,每个阶段都需要收集整理有关数据。需要收集数据的种类和数量与仿真对象及其复杂程度有关。这些数据大多是仿真模型中各种实体的属性,包括临时实体和永久实体,如客户到达时间间隔及其分布规律、服务时间及其分布规律等。

3）系统建模

系统模型由模型和模型参数两部分组成。模型参数是对数据收集结果的整理。系统模型的形式可以是多样的,有文字叙述型、流程图型、图表型、数学表达式型。离散事件系统仿真模型最常用的是建立系统的流程图模型,也被称为流程模型。流程模型中应包含临时实体到达模型、永久实体服务模型和排队规则。

4）确定仿真算法

离散事件系统虽然大多是随机的,但由于仿真模型中采用的是伪随机数,从理论上讲,其状态的转移是确定的,因而也可得到确定性的状态转移函数。但离散事件系统的模型难以用某种规范的形式写出,一般采用流程图或网络图的形式才能准确地定义实体在系统中的活动。在一个较为复杂的离散事件系统中,一般都存在诸多的实体,这些实体之间相互联系,相互影响,然而其活动的发生却统一在同一时间基上,采用何种方法推进仿真时钟,以及建立起各类实体之间的逻辑联系,是离散事件系统仿真中建模方法学的重要内容,称之为仿真算法或仿真策略。仿真策略决定仿真模型的结构。

5）建立仿真模型

前面建立的系统模型只是对系统的抽象化描述,是仿真者对系统深入了解的必经过程。然而这种模型仅仅能够被人脑所接受和理解,还无法在计算机上运行。为此,还需建立计算机可运行的模型,即仿真模型。仿真模型是将系统模型规范化和数字化的过程,同时,也根据计算机运行的需要特定增加一些必要的部件。仿真模型的主要部件有初始化模块、输入模块、仿真时钟、随机数发生器、状态统计计数器、事件列表、事件处理程序和输出模块等。

6）验证与确认模型

对建立的仿真模型必须进行验证,以保证通过仿真软件或者仿真语言所建立的系统模型能够准确地反映所描述的系统模型。模型的验证主要检验所建立的仿真模型(包括系统组成的假设、系统结构、参数及其取值、对系统的简化和抽象)是否被准确地描述成可执行的模型(如计算机程序)。

模型的确认则是考察所建立的模型及模型的运行特征是否能够代表所要研究的实际系统。实际上,没有哪个模型能够完全地代表所研究的实际系统,总是存在这样或那样的简化或者抽象。只要一个模型在研究关注的问题上能够代表实际系统,就是有效的。

7）运行仿真模型

运行仿真模型时需要确定终止仿真的时间。一般有两种终止方法:一种方法是确定一个仿真时间长度,如仿真100h,系统仿真时钟推进100h后将自动终止仿真,并输出仿真结果;另一种方法是确定仿真事件的数量,以工件到达仓库为例,可以设定100批物品到达后终止仿真,选择哪种方式可依仿真系统的具体情况确定。

8）仿真结果分析

由于离散事件系统固有的随机性,每次仿真运行所得到的结果仅仅是随机变量的一次取样。尽管仿真实验要进行多次,系统仿真结果的可信度仍然需要进行分析和判断,不同的仿真方式(终态仿真或稳态仿真)有不同的仿真结果分析方法,详细内容见2.4节。

9）输出仿真结果

仿真结果输出有实时在线输出和在仿真结束时输出两种方式。当对系统进行动态分析时,往往需要了解各种中间变量或者输出变量的实时变化情况。对于这些变量,可以设定在仿真时钟推进的每一或某一时刻输出该变量的瞬时值,即实时在线结果输出,输出的是仿真阶段性的结果。最后在仿真结束时,需要输出最终的仿真结果。目前,成熟的仿真软件一般都可以提供多种仿真结果输出形式,如表格输出、直方图、饼图、曲线图等图形以及数据文件等输出。

2.4.4 离散事件系统仿真方法

离散事件系统仿真与连续系统仿真的方法很不相同。

离散事件系统模型只是一种稳态模型,无须研究状态变量从一种状态变化到另一种状态的过程。而对于连续系统,主要是研究其动态过程,连续系统模型一般要用微分方程描述。

离散事件系统中的变量大多数是随机的,如实体的"到达"和"服务"时间都是随机变量。仿真实验的目的是力图用大量抽样的统计结果来逼近总体分布的统计特征值,因而需要进行多次仿真和较长时间仿真。

连续系统仿真中采用均匀步长推进仿真时钟的原则,则离散事件系统仿真中时间的推进是不确定的,它决定于系统的状态条件和事件发生的可能性。

离散事件系统仿真实质上是对那些由随机系统定义的,用数值方式或逻辑方式描述的动态模型的处理过程。从处理手段上看,离散事件系统仿真方法可分为以下两类。

1) 面向过程的离散事件系统仿真

面向过程的仿真方法主要研究仿真过程中发生的事件以及模型中实体的活动,这些事件或活动的发生是顺序的。而仿真时钟的推进正是依赖于这些事件和活动的发生顺序,在当前仿真时刻,仿真进程需要判断下一个事件发生的时刻或者判断触发实体活动开始和停止的条件是否满足,在处理完当前仿真时刻系统状态变化操作后,将仿真时钟推进到下一事件发生时刻或下一个最早的活动开始或停止时刻。仿真进程就是不断按发生时间排列事件序列,并处理系统状态变化的过程。

2) 面向对象的离散事件系统仿真

在面向对象的仿真中,组成系统的实体以对象来描述。对象有三个基本的描述部分,即属性、活动和消息。每个对象都是一个封装了对象的属性及对象状态变化操作的自主的模块,对象之间靠消息传递来建立联系以协调活动。对象内部不仅封装了对象的属性,还封装了描述对象运动及变化规律的内部外部转换函数。这些函数以消息或时间来激活,在满足一定条件时产生相应的活动。消息和活动可以同时产生,即所谓的并发,但在单 CPU 计算机上,仍须按一定的仿真策略进行调度。在并行计算机和分布式仿真环境中,仿真策略则可以更加灵活、方便。

面向对象的仿真尤其适用于各种实体相对独立、以信息建立相互联系的系统中,如航空管理系统、机械制造加工系统以及武器攻防对抗系统等。

2.5 离散事件系统仿真算法

仿真算法是确定仿真时钟推进策略的控制方法,是仿真控制的核心。目前,最常用的仿真算法有事件调度法(Event Scheduling)、活动扫描法(ActivityScanning)和进程交互法(Process Interaction)。

2.5.1 事件调度法

事件调度法由兰德公司于1963年提出,在美国广泛采用,但在欧洲不太流行。

事件调度法的基本思想是:将事件例程作为仿真模型的基本模型单元,按照事件发生的先后顺序不断执行相应的事件例程。每一个有确定发生时间的事件,都有一个事件例程,用事件例程来处理事件发生后对实体状态所产生的影响,并安排后续事件。

这种方法有一个时间控制程序,从事件表中选择具有最早发生时间的事件,并将仿真时钟修改到该事件发生的时刻,再调用与该事件相应的程序模块,对事件进行处理,该事件处理完毕后,返回时间控制程序。这样,事件的选择与处理不断地交替进行,直到仿真终止的程序事件发生为止。在这种方法中,任何条件的测试,均在相应的事件模块中进行,这显然是一种面向事件的仿真方法。

事件调度法用事件的观点分析真实系统,通过定义事件及每个事件的发生,引起系统状态的变化,按时间顺序在每个事件发生时,确定并执行有关的逻辑关系。

1)事件调度法的基本步骤

(1)初始化,给出当前仿真时钟、系统状态量及统计量的初始值。

(2)扫描事件表,将当前仿真时钟增加到下一个最早发生事件的时间上。

(3)处理该事件,相应地改变系统状态。

(4)收集统计数据。

(5)若仿真时间未结束,则返回步骤(2);否则,执行下步。

(6)分析收集的统计数据,产生报告。

2)事件调度法的参数

(1)成分集合:定义为$C = \{\alpha_1, \alpha_2 \cdots \alpha_n\}$。

主动成分:$C_A = \{\alpha_1, \alpha_2 \cdots \alpha_m\}$。

被动成分:$C_p = \{\alpha_{m+1}, \alpha_{m+2} \cdots \alpha_n\}$。

(2)描述变量:描述每一主动成分$a \in C_A$的变量,α的状态s_α,值域S_α。S_α下一变化时刻的时间变量t_α。

(3)描述每一被动成分$\alpha \in C_p$的变量,α的状态s_α,值域S_α(被动成分的状态变化只有在主动成分作用下才能发生,其发生时间由主动成分来确定,因而不需要时间变量)。

(4)描述所有成分的属性的变量:参数集合$P = \{p1, p2 \cdots pr\}$;成分间的相互关系,每个主动成分$\alpha \in C_A$的影响受主动α作用下其状态变化的描述,称为事件处理流程;各成分处理的优先级,即同时发生时的处理顺序(解结规则)。注意,在事件调度法中,一般主动成分也同时具有被动成分属性,以便接受其他主动成分的作用。

3)事件调度算法

(1)执行初始化操作,包括设置初始时间$t = t_0$,结束时间$t_\infty = t_e$;事件表初始化,设置系统初始事件;成分状态初始化:

$$S = [s_{\alpha_1}, t_{\alpha_1} \cdots (s_{\alpha_m}, t_{\alpha_m}), s_{\alpha_{m+1}}, t_{\alpha_n}]$$

（2）操作事件表，包括：
①取出具有 $t(s) = \min\{t_\alpha | \alpha \in C_A\}$ 事件记录；
②修改事件表。
（3）推进仿真时钟。

    TIME = $t(s)$
while(TIME < = t_∞)则执行
    case 根据事件类型 i
      $i = 1$ 执行第 1 类事件处理程序 *
    （* 第 i 类事件处理程序对成分的状态变化进行建模，而且要进行统计计算）
      $i = 2$ 执行第 2 类事件处理程序
      …
      $i = m$ 执行第 m 类事件处理程序
    endcase
   取出具有 $t(s) = \min\{t_\alpha | \alpha \in C_A\}$ 事件记录 **
   （** 若具有 $t(s) = \min\{t_\alpha | \alpha \in C_A\}$ 事件记录有若干个，则按解结规则处理）
   重制仿真时间 TIME = $t(s)$
   endwhile ***
（*** 该算法中未包括仿真结束后对结果的分析等内容）

4）事件表处理

复杂系统运行中的事件表规模巨大，如果采用传统的处理方式，每处理完一个事件要将事件表中的所有项向上平移一行，这样的处理显然需要占用时间。为了提高处理效率，采用链表法是可取的。

2.5.2 活动扫描法

活动扫描法的基本思想是：用活动的观点建模。系统由成分组成，而成分包含着活动，这些活动的发生必须满足某些条件，每一个主动成分均有一个相应的活动子例程，仿真过程中，活动的发生时间也作为条件之一，而且是较之其他条件具有更高的优先权。显然，活动扫描法由于包括了对事件发生时间的扫描，因而它也具有事件调度法的功能。

1）活动扫描法的设置

（1）设置系统仿真时钟 TIME（即控制系统仿真时间）与成分仿真时钟t_α。系统仿真时钟表示系统仿真进程的推进时间，而成分仿真时钟则记录该成分的活动发生时刻，两者的关系可能有三种情况。

①t_α > TIME：表示该活动在将来某一时刻可能发生。
②t_α = TIME：表示该活动如果条件满足则应立即发生。
③t_α < TIME：表示该活动按预定时间早应发生，但因条件未满足，到目前为止实际上仍未发生，当前是否发生，则只需判断其发生的条件。

（2）设置条件处理模块，成分活动开始与结束其他的条件是否满足。

(3)设置成分活动子程序,处理活动开始与结束时系统的状态变化。

2)活动扫描法的步骤

(1)扫描所有活动。

(2)对 $t \leqslant$ TIME 的成分进行条件检验,看其活动开始与结束的条件是否满足,满足则是可激活成分。

(3)对所有激活的成分,处理其相应的活动子程序,即修改系统的有关状态,并修改成分仿真时钟。

(4)推进系统仿真时钟 TIME。

(5)继续步骤(1)~(4),直至仿真结束。

2.5.3 进程交互法

进程交互法采用进程(Process)描述系统,它将模型中的主动成分所发生的事件及活动按时间顺序进行组合,从而形成进程表,一个成分一旦进入进程,只要条件满足,它将完成该进程的全部活动。

系统仿真钟的控制程序采用两张事件表:其一是当前事件表(Current Events List,CEL),它包含了从当前时间点开始有资格执行事件的事件记录,但是该事件是否发生的条件(如果有的话)尚未判断;其二是将来事件表(Future Events List,FEL),它包含在将来某个仿真时刻发生事件的事件记录。每一个事件记录中包括该事件的若干属性,其中必有一个属性,说明该事件在进程中所处位置的指针。

这种方法综合了事件调度法和活动扫描法的特点,采用两张事件表。它首先按一定的分布产生到达实体并置于 FEL 中,实体进入排队等待;然后对 CEL 进行活动扫描,判断各种条件是否满足;再将满足条件的活动进行处理,仿真时钟推进到服务结束并将相应的实体从系统中清除;最后将 FEL 中最早发生的当前事件的实体移到 CEL 中,继续推进仿真时钟,对 CEL 进行活动扫描,直到仿真结束。

1)进程交互法的设置

(1)设置一张当前事件表(CEL),它包含了从当前时间点开始有资格执行事件的事件记录,但是该事件是否发生的条件尚需要判断。

(2)设置一张将来事件表(FEL),它包含了将来某个仿真时刻发生事件的事件记录。

(3)设置系统仿真时钟 TIME 和成分仿真时钟 t_α。

2)进程交互法的步骤

(1)推进系统仿真时钟 TIME。

(2)把满足 $t_\alpha \leqslant$ TIME 的所有事件从 FEL 移至 CEL 中。

(3)取出 CEL 中的每一个事件,判断其所属的进程及在进程中的位置。

(4)判断该事件发生的条件是否满足。

(5)如果条件允许,该进程尽可能连续推进,直到进程结束,该成分离开系统。

(6)该进程在推进过程中,遇到条件不满足时,记录下进程的位置,并退出该进程。

(7)重复步骤(3)~(6),CEL 中的事件处理完毕。

(8)重复步骤(1)~(7),直到仿真结束。

2.5.4 三种仿真策略的比较

1) 系统描述

所有策略均提供主动成分及被动成分,每种成分均能接受其他成分的作用。在事件调度法中,只有主动成分才能施加作用,而在其他两种策略中,主动成分与被动成分均可施加作用。

在事件调度法中,系统的动态特性表现为主动成分不断产生事件;而在活动扫描法中,则表现为主动成分产生活动;在进程交互法中,则是通过成分在其进程中一步一步地推进来描述。

2) 建模要点

(1)在事件调度法中,用户要对所定义的全部事件进行建模,条件的测试只能在事件处理子例程中进行。

(2)活动扫描法设置了一个条件子例程专用于条件测试,还设置一个活动扫描模块,该模块对所有定义的活动进行建模。

(3)进程交互法则将一个进程分成若干步,每一步包括条件测试及执行活动两部分。

3) 仿真时钟的推进

(1)在事件调度法中,主动成分的下一事件发生时间保存在事件表中,定时模块不断地从事件表中取出具有最早发生事件的事件记录,将仿真时钟推进到该事件发生时间,转向该事件处理子例程执行。

(2)活动扫描法除了设置系统仿真时钟之外,每一个主动成分还设有成分仿真时钟。定时模块选择那些大于当前系统仿真时钟的值,且是所有成分仿真时钟最小的那个成分仿真时钟,然后将系统仿真时钟推进到该时刻,并开始对活动扫描。

(3)进程交互法采用将来事件表及当前事件表。当前事件表中的进程扫描完后,从将来事件表中取出具有最早发生事件的事件记录置于当前事件表中,将仿真时钟推进到该事件发生时间。一旦某个进程被执行,则要求尽可能多地走下去,但并不改变系统仿真时钟;如果该进程并未完成,则将其断点记录下来,即将中断时间及事件类型放到将来事件表中,如果当前事件表中有一项或几项的发生时间小于当前系统仿真时钟的值,则说明在以前的扫描中,发生该事件的条件未得到满足,本次应再次进行扫描。

4) 评述

(1)事件调度法:建模灵活,可应用范围广泛,但一般要求用户用通用的高级语言编写事件处理子例程,建模工作量大。

(2)活动扫描法:对于各成分相关性很强的系统来说,模型执行效率高。但是,建模时,除了要对各成分的活动进行建模外,仿真执行程序结构比较复杂,其流程控制要十分小心。

(3)进程交互法:建模最为直观,其模型表示接近实际系统,特别适用于活动可以预测、顺序比较确定的系统,但是其流程控制复杂,建模灵活性不如事件调度法。

2.5.5 时间推进算法

时间推进算法是指随着仿真的进程将仿真时间从一个时刻推进到另一个时刻的机

制。对某一系统进行仿真时,所采用的时间推进算法的种类以及仿真时间单位所代表的实际时间量的长短,不仅直接影响到计算机仿真的效率,甚至影响到仿真结果的有效性。

1)仿真驱动方式

仿真的驱动方式主要分为以下两种。

(1)时间驱动方式。

仿真过程是由时间驱动而不是由事件驱动的。当仿真运行时,系统不考虑各实体的输入信息是否发生变化,而是以仿真时间间隔为基本驱动信息,依次遍历各实体。虽然这种方式非常简单,容易实现,但执行效率比较低。因为不论一个实体是否需要运行,它在每一仿真时刻都要被访问扫描到,这对于存在许多低运行频率实体的仿真系统而言,资源的浪费是极其可观的。

(2)事件驱动方式。

该算法首先保证仿真系统不是在每一仿真时刻都将内部的实体扫描一遍,而是由事件作为驱动信息来运行实体。事件驱动算法在仿真系统中定义一个全局时钟变量,每次实体运行后修改全局时钟,同时确定下一事件对实体的触发时刻,很显然这种方式的仿真时间推进效率相对于时间驱动方式要高很多。

2)时间推进算法分类

(1)保守时间推进算法。

它最大的特征是严格禁止在仿真过程中发生因果关系错误,保证各类事件是按时间的先后顺序处理执行。保守算法的主要任务是确定何时能安全地执行某一事件,它常常依赖于仿真模型的行为信息,如用模型内子模块之间通信的拓扑结构或模型的超前性等来确定哪个事件是"安全"的,能被安全地处理

(2)乐观时间推进算法。

所谓乐观时间推进算法,是指依赖于退回机制来消除由于接收到落后的信息而对事件产生错误处理的一种方法,它更为积极地允许节点更加乐观地处理事件。它的目标是最大程度地发掘仿真系统的并行性,提高系统的运行效率。这种算法具有风险性,如果发生因果关系错误,就要求回退到发生错误之前的时刻重新开始执行,因此,需要大量的系统资源来保存仿真过程中的状态和数据。

(3)受约束的乐观时间推进算法。

乐观方法曾一度广泛地被认为是一种能够始终获得高效率的方法,但是实践证明对乐观性缺乏理智的控制往往会导致极差的性能,所以有必要对乐观的方法进行一定的限制。依据不同的约束控制标准又可以分为基于窗口的策略、基于惩罚的策略、基于知识的策略、基于概率的策略等。

(4)混合时间推进算法。

该算法是保守时间推进算法与乐观时间推进算法的混合,将两者结合起来,取长补短,则有可能获得更好的性能,由此人们提出了混合时间推进算法。通过比较研究,保守算法和乐观算法的优缺点恰恰具有一定的互补性:保守算法的仿真并行性利用不高,运行效率较低,但不会发生因果关系错误;相比之下乐观算法则较容易发生因果错误,从而增加仿真运

行的复杂性,但能有效地利用仿真系统现有的资源,最大程度地发掘潜在的并行性。

(5)自适应时间推进算法。

该算法可以看作是一种动态调整的混合时间推进算法,但它的基本思想是随着仿真状态的变化而动态地选择或修改其执行方式。自适应时间推进算法主要是通过动态地改变一个或多个变量,从而使系统在保守与乐观之间适当调整。自适应时间推进算法在保守与乐观之间架起了一座桥梁,并且可以根据需要使自适应时间推进算法逼近任何一种策略。很显然,这种算法在混合时间推进算法基础上又进了一步。

2.5.6 手工仿真

1)手工仿真步骤

(1)确定仿真的每个对象的 p 个输入值。

(2)构造一个仿真表。

(3)对每一对象重复运行仿真,每一对象由 p 个输入产生一个值,并评价其功能,计算相应 $y(i)$ 的值。

2)理发店系统手工仿真案例

(1)模型基本介绍。

①仿真方法:手工仿真。

②仿真初始条件:系统中没有顾客,即排队的队列中没有顾客等待,服务台无服务对象。

③仿真开始:以第一个顾客到达时刻为仿真的起始点。

④模型:实体——顾客、服务员;状态——系统中的顾客数、服务员忙闲;事件——到达事件、离开事件(完成服务);活动——服务。

(2)确定输入数据的特征。

①假定:到达事件中,顾客到达时间间隔为 8~11min,均匀分布到达,见表2-1。

顾客到达时间间隔分布　　　　表2-1

到达时间间隔	概率	累计概率	随机数区间
1	0.125	0.125	001~125
2	0.125	0.250	126~250
3	0.125	0.375	251~375
4	0.125	0.500	376~500
5	0.125	0.625	501~625
6	0.125	0.750	626~750
7	0.125	0.875	751~875
8	0.125	1.000	876~1000

②到达事件的产生(即到达时间间隔的确定)见表2-2。

到达时间间隔的确定 表 2-2

顾客	随机数字	到达时间间隔(min)	顾客	随机数字	到达时间间隔(min)
1	—	—	6	309	3
2	913	8	7	922	8
3	727	6	8	753	7
4	015	1	9	235	2
5	948	8	10	302	3

③服务事件中,服务时间的分布见表 2-3。

服务时间分布 表 2-3

服务时间(min)	概率	累计概率	随机数区间
1	0.10	0.10	01~10
2	0.20	0.30	11~30
3	0.30	0.60	31~60
4	0.25	0.85	61~85
5	0.10	0.95	86~95
6	0.05	1.00	96~100

④服务事件的产生(即服务时间的确定)见表 2-4。

服务时间的确定 表 2-4

顾客	随机数字	服务时间(min)	顾客	随机数字	服务时间(min)
1	84	4	6	79	4
2	10	1	7	91	5
3	74	4	8	67	4
4	53	3	9	89	5
5	17	2	10	38	3

(3)构造仿真表及重复运行结果,仿真表见表 2-5。

仿真表 表 2-5

顾客	到达时间间隔(min)	到达时刻	服务开始时刻	服务时间(min)	等待时间(min)	服务结束时间	逗留时间(min)	服务员空闲时间(min)
1	—	0	0	4	0	4	4	0
2	8	8	8	1	0	9	1	4
3	6	14	14	4	0	18	4	5
4	1	15	15	3	3	21	6	0

续上表

顾客	到达时间间隔(min)	到达时刻	服务开始时刻	服务时间(min)	等待时间(min)	服务结束时间	逗留时间(min)	服务员空闲时间(min)
5	8	23	23	2	0	25	2	2
6	3	26	26	4	0	30	4	1
7	8	34	34	5	0	39	5	4
8	7	41	41	4	0	45	4	2
9	2	43	45	5	2	50	7	0
10	3	46	50	3	4	53	7	0
合计				35	9		44	18

(4) 仿真结果计算。

计算顾客的平均等待时间、顾客的等待概率、服务员空闲和忙碌的概率及平均服务时间。

①全部顾客的平均等待时间为 9min/10 = 0.9min。

②顾客必须在队中等待的概率为 3/10 = 0.3。

③服务员空闲的概率为 18min/53min = 0.34。

④服务员忙碌概率为 1 - 0.34 = 0.56。

⑤平均服务时间为 35min/10 = 3.5min。

这个结果可与服务时间分布的均值进行比较：

$$T_s = E[t_s] = \sum_{i=0}^{\infty} t_s P(t_s) \tag{2-1}$$

应用表 2-3 求分布的期望值可得期望服务时间为：

1min×0.10 + 2min×0.20 + 3min×0.30 + 4min×0.25 + 5min×0.10 + 6min×0.05 = 3.2min

手工仿真的平均服务时间稍大于期望服务时间，如果增大顾客人数，仿真的平均服务时间将越接近于均值 $E[t_s]$（样本越多，经过大数统计，越接近理论值）。

⑥平均到达时间间隔为 46min/9 = 5.1min。

分母减 1 是因为第一个到达时间规定出现在时刻 0，这个结果和离散均匀分布求得的均值（期望到达时间间隔）相比较，这个均匀分布的端点为 $a = 1$ 和 $b = 8$，于是均值为：

$$T_w = E[t_w] = \frac{a+b}{2} = 4.5\text{min}$$

期望到达时间间隔稍低于仿真的平均值，同样在更多顾客情况的仿真中，到达时间间隔的均值应接近于理论均值。

⑦在队列的排队顾客的平均等待时间为 9min/3 = 3min。

⑧顾客在系统中逗留的平均时间为 44min/10 = 4.4min。

3）汽车加油站系统手工仿真案例

(1) 模型基本介绍。

一个汽车加油站有 A、B 两个加油工作台。A 台距入口近,出口较 B 台方便。如 A、B 都空闲,A 优先被占用;如都忙,则汽车排队等待。仿真的目的是分析系统中车辆平均排队时间和加油工作台的利用率。

系统状态通过以下变量来描述。

①LQ(t):在 t 时刻等待服务的汽车数;

②LA(t):在 t 时刻 A 台忙或闲(1 或 0);

③LB(t):在 t 时刻 B 台忙或闲(1 或 0)。

(2)确定输入数据的特征。

①汽车随机到达,到达时间间隔分布见表 2-6。

到达时间间隔分布　　　　　　　　　　　　　　　　表 2-6

到达时间间隔(min)	概率	累计概率	随机数区间
1	0.25	0.25	01~25
2	0.40	0.65	26~65
3	0.20	0.85	66~85
4	0.15	1.00	86~100

②汽车在 A、B 工作台的加油服务时间分布见表 2-7。

加油服务时间分布　　　　　　　　　　　　　　　　表 2-7

A 服务时间分布				B 服务时间分布			
服务时间(min)	概率	累计概率	随机数	服务时间(min)	概率	累计概率	随机数
2	0.30	0.30	01~30	3	0.35	0.35	01~35
3	0.28	0.58	31~58	4	0.25	0.60	36~60
4	0.25	0.83	59~83	5	0.20	0.80	61~80
5	0.17	1.00	84~100	6	0.20	1.00	81~100

③构造仿真表及重复运行结果,见表 2-8。

汽车加油站仿真表(两台加油设备)　　　　　　　　　　表 2-8

顾客编号	到达随机数	到达间隔	到达时间	服务随机数	A 工作台			B 工作台			排队时间(min)
					开始服务时间	服务时间(min)	完成服务时间(min)	开始服务时间	服务时间(min)	完成服务时间(min)	
1	—	—	—	95	0	5	5				0
2	26	2	2	21	—			2	3	5	0
3	98	4	6	51	6	3	9	—			0

续上表

顾客编号	到达随机数	到达间隔	到达时间	服务随机数	A工作台 开始服务时间	A工作台 服务时间(min)	A工作台 完成服务时间(min)	B工作台 开始服务时间	B工作台 服务时间(min)	B工作台 完成服务时间(min)	排队时间(min)
4	90	4	10	92	10	5	15	—	—	—	0
5	26	2	12	89	—	—	—	12	6	18	0
6	42	2	14	38	15	3	18	—	—	—	1
7	74	3	17	13	18	2	20	—	—	—	1
8	80	3	20	61	—	—	—	20	5	25	0
9	68	3	23	50	—	—	—	23	4	27	0
10	22	1	24	49	24	3	27	—	—	—	0
11	48	2	26	39	—	—	—	27	4	31	1
12	34	2	28	53	28	3	31	—	—	—	0
13	45	2	30	88	—	—	—	31	6	37	0
14	24	1	31	1	31	2	33	—	—	—	1
15	34	2	33	81	33	4	37	—	—	—	0
16	63	2	35	53	—	—	—	37	4	41	2
17	38	2	37	81	37	4	41	—	—	—	0
18	80	3	40	64	—	—	—	41	5	46	1
19	42	2	42	1	42	2	44	—	—	—	0
20	56	2	44	67	44	4	48	—	—	—	0
21	89	4	48	1	—	—	—	48	3	51	0
22	18	1	49	47	49	3	52	—	—	—	0
23	51	2	51	75	—	—	—	51	5	56	0
24	71	3	54	57	54	3	57	—	—	—	0
25	16	1	55	87	—	—	—	56	6	62	1
26	92	4	59	47	59	3	62	—	—	—	0
合计					459	49	499	348	51	399	8

(3) 仿真结果计算。

① 全部加油车辆的平均等待时间为 8min/26 = 0.307min。

② 加油车辆的平均被服务时间为 (51min + 49min)/26 = 3.846min。

③车辆的总等待时间为8min。
④等待队列长度为2。
⑤A工作台忙的概率为 $1 - 51\text{min}/62\text{min} = 0.177$。
⑥B工作台忙的概率为 $1 - 49\text{min}/62\text{min} = 0.209$。

2.5.7 仿真实例

以某机器修理车间的仿真为例,已知的基本信息如下:
(1)等待区足够大。
(2)排队规则为先进先出(FIFO)。
(3)到达时间间隔服从负指数分布为 $\lambda_1 = 1/10$(台/天)。
(4)修理时间服从负指数分布为 $\lambda_2 = 1/15$(台/天)。
(5)仿真时间长度为365天。

1)建模目的

编程序求解机器的平均等待时间、机器的平均逗留时间及修理台利用率。

2)模型描述

车间流程图如图2-2所示。

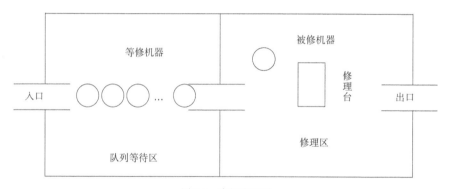

图2-2 车间流程图

这是一个典型的单服务员单队列的排队系统仿真模型。这类排队系统主要包括两个要素:顾客(即服务对象)和服务员(即服务设备)。该系统由到达模式、服务模式、并行服务员数目、系统容量、排队规则来表示。

由命题可知,被修理的机器为"顾客",而修理台为"服务员"。该排队系统的到达模式用机器到达时间间隔的负指数分布表示,服务模式由修理时间的负指数分布表示;系统中并行服务员数目为1;系统容量足够大;排队规则采用先进先出(FIFO)方式。

3)模型工作情况描述

在整个仿真模型中只存在一个服务员(修理台)。顾客(机器)不断地进入修理车间,并接受服务(到修理台上修理),然后离开车间。

如果某个顾客(机器)到达时,服务员(修理台)处于忙状态,则进入唯一的一个队列等待。服务员(修理台)在经过一定时间的服务后停止服务(仿真结束)。

通过系统仿真,给出仿真结果,包括系统中顾客(机器)平均逗留时间、队列中顾客(机器)平均等待时间、服务员忙闲度(修理台利用率),以对机器修理车间的工作情况进行分析。

4)仿真建模方法

采用事件调度法,具体的仿真步骤如下。

(1)初始化,给出当前仿真时钟、系统状态量及统计量的初始值。

(2)扫描事件表,将当前仿真时钟增加到下一个最早发生事件的时间上。

(3)处理该事件,相应地改变系统状态。

(4)收集统计数据。

(5)若仿真时间未结束,则返回步骤(2);否则,执行下一步。

(6)分析收集的统计数据,产生报告。

通过分析可知,该仿真模型只存在两类事件:第一类事件为"到达事件",第二类事件为"离开事件"。那么,下一事件的类型由变量 EVTFLAG 给出。

仿真模型的总体结构图如 2-3 所示,其中 INIT 为系统初始化子程序,TIMEDV 为时间推进子程序,ARRIVE 为到达事件处理子程序(图 2-4),DEPART 为离开事件处理子程序(图 2-5),REPORT 为报告生成子程序。模型中各变量及其说明见表 2-9。

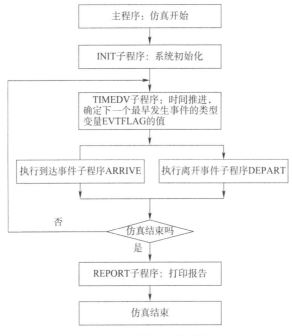

图 2-3 仿真模型总体结构

5)仿真结果

由已知条件可知:到达时间间隔服从 $\lambda_1 = 1/10$(台/天)的负指数分布,修理时间服从 $\lambda_2 = 1/15$(台/天)的负指数分布,仿真时间长度为 365 天。故到达时间间隔均值 EATI = $1/\lambda_1 = 10$(天),修理时间均值 ERT = $1/\lambda_2 = 15$(天),仿真结束时间 TIME = 365(天)。给定随机数发生器种子 SEED = 113,通过计算机仿真可以得出一台机器利用率为 78.9%,在系统中平均逗留时间为 33 天,在队列中平均等待时间为 40 天。

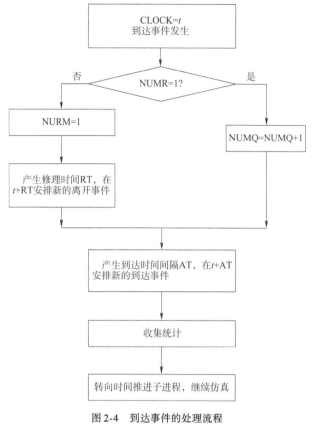

图 2-4 到达事件的处理流程

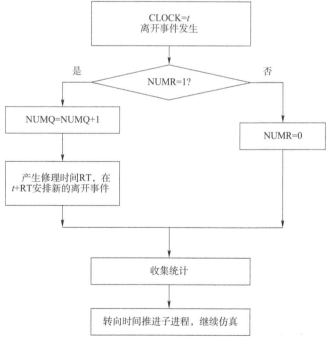

图 2-5 离开事件的处理流程

建模变量表　　　　　　　　　　　　　　　表2-9

	变量	说明
系统状态	NUMQ	当前时刻等待队列中的机器数
	NUMR	当前时刻正在接受修理的机器数(0或1)
实体属性和集合	WQAT[Q]	等待队列中第 $Q-1$ 个机器的到达时间
	WQAT[1]	现在正在接受修理的机器的到达时间
	Q	等待队列中元素索引
将来事件表	EVT[I]	类型为1的下一事件发生时间,$I=1,2$
	EVTFLAG	下一事件类型标志(1或2)
已知条件	SEED	产生随机数的种子
	EATI	到达时间间隔均值
	ERT	修理时间均值
	TIME	仿真停止时间
	FMIN	EVT[1]和EVT[2]的最小值(最早发生事件的时间值)
仿真变量	CLOCK	仿真时钟当前时间
累计统计量	B	到当前时间为止修理台工作的总时间
	TLE	上一事件发生时间
	TLQ	当前队列中机器数与时间区间的乘积(机器等待的总时间)
	TVAL	时间区间,当前时间与上一事件发生时间之差
	S	到当前时间为止已离开的机器在系统中逗留的总时间
	ND	到当前时间为止已离开的机器总数
结果量	$P=B/\text{CLOCK}$	修理台利用率
	$W=S/\text{ND}$	机器在系统中平均逗留时间
	$WQ=\text{TLQ}/\text{ND}$	机器在队列中平均等待时间

2.6 随机变数及其生成方法

2.6.1 随机变数和随机数

离散随机系统仿真模型中有许多随机因素,在模型运行过程中,需要系统不断地从各种概率分布生成一些随机的数值(通过调用分布函数生成),如一个个顾客到达时间间隔(可能服从指数分布)、一个个机器服务时间(可能服从爱尔朗分布),这些从某种概率分布生成的随机数值称为随机变数(Random Variates)。

从区间[0,1]上均匀分布生成的随机变数称为随机数(Random Numbers)。在仿真软件中,各种不同分布的随机变数都是由随机数经过某种变换得到的,因此,要得到随机变数,首先需要生成[0,1]区间上均匀分布的随机数。

随机变量和随机数的关系可以通过一个简单的例子说明。考虑一个单服务台排队系统模型,排队时间服从指数分布,服务时间服从爱尔朗分布。假设系统先生成[0,1]区间上均匀分布的一个随机数序列,当仿真模型需要第一个到达时间间隔随机变量时,就从随机数序列中取第一个随机数,通过变换转换成所需随机变量供给模型,当模型需要下一个随机变量时(可能是服务时间),就从随机数序列中取第二个随机数,再通过变换转换成所需随机变量供给模型,这样依次类推,从而产生系统的随机行为。

从上面的描述可以看出,如何生成真正均匀分布的、独立的随机数成为仿真软件的一个重要基础。还需要说明的是,仿真软件生成的随机数序列实际上是利用数学公式递推计算得出的,因此,这些随机数实际上是事先就可以确定的,因而并非是真正随机的,故又称为伪随机数。但是,这些伪随机数能够通过均匀性和独立性的统计检验,因而可以用于仿真研究。

另外需要说明的是,本书不采用生成随机变量(Random Variables)的说法,因为它不够严格,随机变量本质上是满足某种条件的函数。

2.6.2 随机数生成器

在仿真软件中,采用某种方法来生成[0,1]区间上均匀分布的随机数的程序称为随机数生成器(Random Number Generator)。不同仿真软件的随机数生成器采用的随机数生成方法可能不同,由于随机数的质量直接关系到仿真结果是否可信,因此,建模人员需要了解仿真软件的随机数生成器是否是高质量的生成器。随机数生成器种类繁多,以下介绍几个仿真软件中比较常见的随机数生成器。

1)线性同余生成器

当前,许多仿真软件使用的随机数生成器是线性同余生成器(Linear Congruential Generator,LCG),它首先利用如下递推公式生成一系列整数 $Z_1, Z_2 \cdots$:

$$Z_i = (a Z_{i-1} + c) \bmod m \tag{2-2}$$

其中,m 称为模数,a 是乘子,c 是增量,起始值 Z_0 称为该随机数序列的种子(Seed)。这些参数都是非负整数,且满足 $m, a, c > 0$ 且 $Z_0 < m$。很明显,$0 \leq Z_i \leq m-1$。为了得到[0,1]区间上的随机数 U_i,可以令 $U_i = Z_i / m$。

观察式(2-2)可以看出,当递推计算得到某个值和以前得到的某个值相等时,则从该处开始生成的数据序列将和前一个相等值处的序列完全一样,且这个序列会不断重复。这个被重复的序列称为一个循环,其长度称为随机数生成器的周期。

很明显,线性同余生成器的周期小于或等于 m,如果周期长度就是 m,则该生成器称为全周期生成器。通过仔细选择参数,以获得满足统计要求的周期尽可能长的全周期生成器是生成器设计的主要目标。

在式(2-2)中,若 $c > 0$,则又称其为混合线性同余生成器;若 $c = 0$,则称其为乘同余生成器。目前使用的大多数线性同余生成器都是乘同余生成器。

2)素数取模乘同余生成器

乘同余生成器的基本公式如下:

$$Z_i = (a Z_{i-1}) \bmod m \tag{2-3}$$

可以看出,乘同余生成器不可能是全周期的(因为递推公式取到 0 和 m 时就会重复),但通过仔细选择 m 和 a,可以使得周期达到 $m-1$,只要 m 足够大,那么就几乎是全周期的了。

为了得到具有良好统计特性且周期很大的乘同余生成器,人们进行了大量研究。其中一种比较常用的乘同余生成器称为素数取模乘同余生成器(Prime Modulus Multiplicative LCG,PMMLCG),其算法思路如下:

取 m 是小于 2^n 的最大素数,而 a 的选择要满足特定的要求。这样的乘同余生成器就称为素数取模乘同余生成器。它的循环周期为 $m-1$,且每个循环中 $1,2,\cdots,m-1$ 这些整数严格地只出现一次。

在 PMMLGC 中,建议取 $m = 2^{31} - 1, a = 630360016$,这样,周期长度约为 21 亿。在 Flexsim 中,默认的随机数生成器也是这个 PMMLGC。

3) 随机数流

仿真软件中一般会将整个随机数序列分成若干段,例如每 10 万个数一段,每段称为一个随机数流(Stream),每个流会指定一个编号,如 0 号流、1 号流等。每个流中的数据都是根据式(2-3)递推得到(要变换到[0,1]区间内),每个流的递推公式初始值,即该随机数流的种子(每个流实际上由该流的种子唯一确定)都是事先设定好的(有时也允许用户自己指定)。当模型需要随机数时,通常要指定流号,以告知系统从哪个流递推计算取得下一个随机数。

例如,在 Flexsim 中调用指数分布函数的形式为 exponential(location,scale,stream),其中第三个参数就是指定从哪个流求取下一个随机数(这个随机数还要变换成符合指数分布的形式),如果省略流参数,写成 exponential(location,scale),则默认使用 0 号随机数流,0 号流的随机数有可能会消耗完,这时会侵入下一个流取随机数,以保证随机数不重复。

Flexsim 系统已初始化了 100 个随机数流(0~99 号)可供直接使用,若用户需更多随机数流,就要自己初始化更多的流,详细信息请参考 Flexsim 联机帮助。

有建议说最好为不同的随机因素设置不同的流,如为顾客到达时间间隔设置流 0,为服务时间设置流 1,这样做的一个目的是希望在比较不同的方案时,有可能提高比较结果的精度,但这并不一定总有效。

4) 组合多重递推生成器

虽然 PMMLCG 生成器周期长度已经很大了,但是在现代计算环境下仍然显得不够用,因此人们仍然在不断探索周期更长的随机数生成器,其中一个比较著名的生成器是组合多重递推生成器(Combined Multiple Reursive Generator,Combined MRG),这种生成器实际上是以某种方式组合了多个随机数生成器生成最终的随机数,其周期长度长达 2^{191},这样每个流的长度也可以非常大,非常便于使用。在 Flexsim 5.0 及以上的版本中,也提供了这种生成器。

2.6.3 随机变数的生成

仿真模型运行过程中需要的是一个个来自不同分布的随机变数(Random Variates),当它需要一个来自某分布的随机变数时,系统就会调用随机数生成器从指定流中递推计算取得下一个随机数(Random Number),然后经过某种变换转换成所需的随机变数供模型使用。

那么,系统是如何将[0,1]区间上均匀分布的随机数转换成不同分布的随机变数的呢?研究人员开发了许多方法来执行这种转换,如逆变换法、卷积法、合成法、取舍法等。由于这些方法都是标准方法,各种仿真软件实施的差别不大,建模人员无须对其作过多了解。

1. 解释随机变数和随机数的区别和联系。
2. 什么是随机数生成器?什么是随机数生成器的周期?
3. 什么是随机数序列的种子?
4. 什么是随机数流?什么是随机数流的种子?
5. 什么是线性同余生成器、素数取模乘同余生成器和组合多重递推生成器?

第3章 典型物流系统建模与仿真方法

本章介绍排队系统、库存系统和生产物流系统的建模与仿真,三大系统在生活中广泛存在且不可忽视,通过合理调节系统,使其良性运行在现实生活中具有重要意义。本章从排队系统的概念、特点、构成、基本参数、类型等方面展开介绍,并辅以小杂货铺出纳台的实例进行叙述。通过仿真可以解决复杂的排队系统问题,通过仿真结果的分析,如顾客的等待时间、服务台的空闲率,判断排队系统是否可行,并为其他实验性的推断提供依据。而库存作为供应链管理中的重要环节,其库存水平的高低直接影响企业库存资金的占用。本章引入了报纸订购与销售问题和公司销售冰箱两个仿真案例,以及利用Flexsim建立库存系统并进行仿真,克服算法上的困难,同时在不同层次上分析不同约束条件和输入系统活动动态响应,为企业提供决策支持。最后以企业的轴承更换案例对生产物流系统建模与仿真展开介绍,通过分析现存轴承更换策略,提出了建议方案;通过仿真及其仿真结果的分析,验证了新的轴承更换策略为企业节省不少成本,具有可行性。

3.1 排队系统建模与仿真

3.1.1 排队系统的概念

排队在日常生活中是司空见惯的现象,如购买火车票、银行存取款、病人医院就医、购物付款和食堂就餐等诸多场所均需要排队等候。一般来说,当某个时刻要求服务的数量超过服务机构的容量时,就会出现排队现象。这种现象在个人日常生活中普遍出现,要求服务的可以是人,也可以是物。任何等待的人或事物称为顾客,提供这项服务的人和事情称为服务台。因此,当顾客的数量超过了服务台的容量时,也就是说到达的顾客不能立即得到服务时,就形成了排队现象。例如,在计算机网络系统中,要求传输数据的是各个网络节点,这里的服务机构是网络传输机构,而要求服务的就是等待传输数据的网络节点。表3-1列举了一些典型的排队实例。

常见排队实例　　　　表3-1

到达的顾客	服务内容	服务台
收费站排队的车辆	收费	收费车道
到达机场上空的飞机	降落	跑道
患者	看病	医生
待修理机器	修理	修理工
到达港口的货船	装(卸)货	码头货泊位

续上表

到达的顾客	服务内容	服务台
超市排队交费的顾客	交费	收银台
文件稿	打字	打字员
汽车驾驶人	机动车驾驶证年审换新	年审办事员

在各种排队系统中,顾客到达的时刻与接受服务的时间都是不确定的,随着不同时机与条件而变化,因此,排队系统在某一时刻的状态也是随机的,排队现象几乎是不可避免的。排队系统的关键元素是顾客和服务台。顾客可以指到达设施并请求服务的任何事物;服务台可以指能够提供服务的任何资源。排队系统是指物、人及信息等流量元素在流动过程中,由于服务台不足而不能及时为每个顾客服务,产生需要排队等待服务(加工)的一类系统。所以,排队是这些元素在流动、处理过程中常见的现象。

排队的过程如下:顾客到来后,按照一定的排队规则排好队,然后接受服务机构的服务,服务结束后顾客离去,从顾客到来至离去的这一段排队服务过程构成了排队系统。排队系统的一般模型如图 3-1 所示。

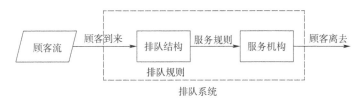

图 3-1 排队系统的一般模型

排队论就是通过服务对象到来及服务时间的统计研究,得出这些数量指标(等待时间、排队长度、忙期长短等)的统计规律,然后根据这些规律来改进服务系统的结构或重新组织被服务对象,使得服务系统既能满足服务对象的需要,又能使机构的费用最经济或某些指标达到最优。

排队论是研究服务系统中排队现象随机规律的学科。排队论研究的内容有三个方面。
(1)系统的性态,即与排队有关的数量指标的概率规律性。
(2)系统的优化问题。
(3)统计推断,根据资料合理建立模型。其目的是正确设计和有效运行各个服务系统,使之发挥最佳效益。

3.1.2 排队系统的构成

典型的排队系统本身包括顾客、排队队列和服务台三部分,排队系统是一个顾客不断到来、排队及服务与离去的动态过程。在这类过程中,要构成一个排队系统,要求有顾客的输入过程、一定的排队规则和为顾客服务的服务机构。

1)输入过程

输入即指顾客进入排队系统,在描述输入过程中需要明确以下几点。
(1)顾客是指任何一种需要系统对其服务的实体,顾客可以是人,也可以是物。顾客到达可以是随机的,也可以是定时的,如班车、班机、自动装配线上各个部件必须按照确定的时间间隔到达装配点等均属定时到达。描述顾客到达的规律可用含时间参数 t 的随机变量(即随机过程)来描述。假设随机变量的分布与 t 无关(称为平稳过程),在这样的假设下,常有两种描述形式:一种是用顾客流(即顾客到达服务系统的过程)的概率分布来描述,需知单位时间顾客到达平均数;另一种是用顾客相继到达时间间隔的概率分布来描述,需知顾客相继到达平均时间间隔。

(2)顾客源(又称顾客总体)是指潜在的顾客总数。顾客总体的顾客数分为有限和无限两类。在具有较大潜在顾客的系统中,顾客源一般假定为无限的,不能用确切的或有限的个数来预知可能到来的顾客总体数量。例如,工厂内可能发生故障的机器总数是有限的;而流入水库的上游河水、去商店买货的顾客均可认为总体是无限的。定义其无限主要是为了简化模型。区分顾客源有限与无限是由于顾客到达率(即每单位时间到达顾客的平均数)的计算方式不同。在无限顾客源模型中,到达率不受已经进入系统等待或正接受服务的顾客数的影响;而在有限顾客源模型中,到达率往往取决于正在服务或等待服务的顾客数。

(3)顾客到达模式是指顾客按照怎样的规律到达系统。根据客户相继到达的时间间隔的确定与否,到达模式可分为确定性到达和随机性到达。

①确定性到达模式指顾客有规则地按照一定的时间间隔到达,这些时间间隔是预先确定的或者是固定的,如等距到达模式就是一种常见的确定性到达模式。

②随机性到达模式指顾客相继到达的时间间隔是随机的、不确定的。它一般用概率分布来描述。常见的随机性到达模式有泊松到达模式和爱尔朗到达模式,其中泊松分布是一种重要的概率分布,泊松分布到达模式常常出现在许多典型的系统中,如顾客的到来、机器到达维修点等均近似于泊松到达模式。

顾客到达可以是相互独立的,即前面顾客的到达情况对后面顾客的到来没有影响;也可以是相互关联的,即前者影响后者或互有影响,如旅客列车到点问题。

2)排队规则

排队规则是指顾客在队列中的逻辑次序,以及确定服务员有空时顾客被选去服务的规则,即顾客接受服务的次序与规则。常见的排队规则如下:

(1)瞬时制。

瞬时制也称即时制、损失制。顾客到达时,若系统的所有服务台均被占用,该顾客就自动离去,不再回来,如普通市内电话的呼唤。

(2)等待制。

顾客到达时,所有服务台均被占用,该顾客就排入队伍,形成队列等待服务,常用的服务次序规则如下:

①先进先出(FIFO):即按到达次序接受服务,先到先服务,这是最常见的服务规则。

②后进先出(LIFO):与先进先出服务相反,后到先服务。如将碗重叠放置看成顾客到来,需用时陆续取走看成是服务,一般是后到先服务。

③随机服务(SIRO):当服务台空闲时,从等待队列中任选一个顾客进行服务,队列中顾客被选中的概率相同。

④优先权服务(PR):当顾客有着不同的接受服务优先权时,有两种情况:一是服务台空

闲时,队列中优先级最高的顾客先接受服务;二是当有一个优先级高于当前顾客的顾客到来时,按这样的原则处理,如医院对重病人给予优先诊治。

⑤最短处理时间先服务(SPT):当服务台空闲时,首先选择需要最短服务时间的顾客来进行服务。

(3)混合制。

混合制是瞬时制和等待制的综合类型,具体为以下几种。

①限制队列长度的排队规则:顾客到达时,若队长小于系统存在最大允许队列长度 N,即队长 $<N$,就排入队伍,否则就自动离去。如社区规定接种1000针疫苗,那么第1001个居民就只能离去。

②限制等待时间的排队规则:设顾客排队等待的最长时间为 T,则当顾客排队时间超过 T 后自动离去。如游乐项目规定2h内关闭,则顾客排队时间超过2h后就只能离去。

③限制逗留时间的排队规则:逗留时间包括等待时间和服务时间。若顾客在系统中的逗留时间大于最长允许的逗留时间,则顾客自动离去。如敌机飞过高炮射击区域所需时间为 T,若敌机已飞出该区域而未被击落,就算消失。

3)服务机构

服务机构(也称服务台)是指为顾客进行服务的机构。这里所关注的是该服务机构在同一时刻有多少设备可以为顾客提供服务,以及每一位顾客在此机构里接受服务需要多少时间(即机构的服务效率)。

服务机构对顾客的服务时间一般分为两种形式,一种为等长时间,一种为服从某种分布的随机变量,后者更为常见。这是由于日常生活中诸多因素的变化,服务时间通常并不是一个常量,即服务时间随机。总的来说,服务时间的分布一般有:

(1)定长分布:服务时间均为某一常数。

(2)指数分布:适用于服务时间完全随机的情况。

(3)爱尔朗分布:适用于描述服务时间的标准差小于平均值的情况。

(4)超指数分布:适用于描述服务时间的标准差大于平均值的情况。

(5)一般服务分布:适用于服务时间相互独立但具有相同分布的随机情况。

(6)正态分布:适用于当服务时间近似于常数时,多种随机因素的影响使得服务时间绕此常数值上下波动的情况。

(7)服务时间依赖于队列长度的情况:排队顾客越多,服务速度越快,服务时间越短。

对顾客的服务形式,可以是每次一人,也可以是每次多人。

3.1.3 排队系统的类型

根据服务机构与队列的形式形成不同,排队系统的类型也不同。就服务设备来说,有单线系统和多线系统。

1)单线系统

单线系统(又称单服务台排队系统)是排队系统中最为简单的一种类型,主要体现在整个服务机构中只有一个服务台。在单线系统中,按照服务台的站点又可分为单线单站(图3-2)和单线多站(图3-3)两种类型。

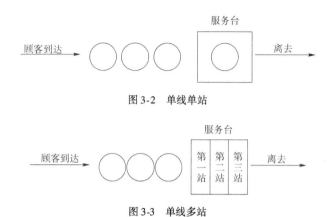

图 3-2　单线单站

图 3-3　单线多站

2）多线系统

多线系统指的是服务台不止一个,并且每个服务台都能单独对顾客进行服务的服务机构,在这类系统中,应该确定顾客选择哪个服务台,然后根据选择的服务台的忙闲情况决定是否接受服务。多线系统如图 3-4 所示。

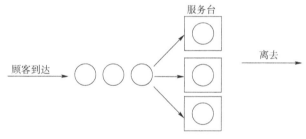

图 3-4　多线系统

同样地,在多线系统中,还可分为多线单站和多线多站的情况。

3）并列系统

在并列系统中,顾客应按照某种规则排成固定的几列,然后分别在各列所在的服务台依次接受服务。图 3-5 就是一种并列的单线系统。

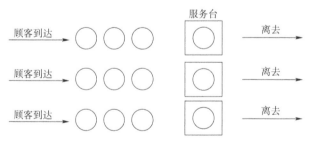

图 3-5　并列单线系统

多个多线系统还能构成串列的形式,这也是排队系统中的一种常见形式。图 3-6 就表示了一种多线系统串列模式,服务台共有 3 级,每级由 3 台、2 台组成,每级服务台前有一排队,顾客进入系统后进入服务台,逐级服务。当最后一级服务结束后顾客离开系统。

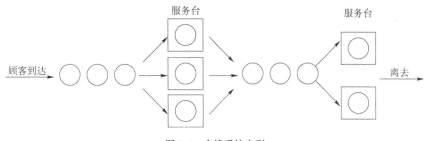

图 3-6 多线系统串列

3.1.4 排队系统的模型表示

Kendall 于 1953 年提出如下形式的记号来表示排队系统:

$$X/Y/Z$$

其中,X 处填写相继顾客到达时间间隔的分布;Y 处填写服务时间的分布;Z 处填写并列的服务台个数。

1971 年,在一次关于排队论符号标准化会议上决定将 Kendall 记号扩充为:

$$X/Y/Z/A/B/C$$

在这项记号中,前三项所表示的意义不变,后三项所表示的意义为:A 处填写系统容量限制 N;B 处填写顾客源数目;C 处填写服务规则,如先进先出(FIFO)、后进先出(LIFO)等。

这项记号表明一个排队模型可以由以上六个特性因素所确定,为使模型的特点更为简明,几种常见的概率分布的符号如下:

M——负指数分布;

D——定长分布;

E_k——k 阶埃尔朗分布;

G——一般服务时间的分布。

例如,$M/M/4/N/\infty/SIROM$ 即相继顾客到达时间间隔和服务时间均服从负指数分布、有 4 个并列服务台、系统容量为 N、顾客源无限、随机服务的排队系统。

另外,为了书写简便,1971 年的会议中还约定:$X/Y/X/\infty/\infty/FCFS$ 简记为 $X/Y/Z$(其中 FCFS 即先到先服务,与 FIFO 相同)。

3.1.5 排队系统的基本指标

在排队系统中,除瞬时制以外,排队现象是不可避免的。对于一个排队系统来说,顾客的利益与服务机构的利益都与系统的运行状况息息相关,也更会影响到社会效果的好坏。排队系统的研究实质就是要解决系统服务质量差、系统效率低等问题。在研究排队系统的运行状况时,系统的运行效率、估计服务质量和设计改进措施等评估都需要研究者确定一些基本的指标,用以判断系统运行状况的优劣。以下介绍几种排队系统常用的指标。

(1)队长是指系统中的顾客数。

①排队长:指系统中正在排队等待服务的顾客数。

②队长与排队长的关系为:队长 = 排队长 + 正在被服务的给顾客数。

(2)逗留时间是指一位顾客从到达排队系统到服务完毕离去的总停留时间。

①等待时间:指一位顾客在排队系统中排队等待的时间。

②逗留时间与等待时间的关系为:逗留时间 = 等待时间 + 服务时间。

(3)忙期(闲期)。忙期是指服务台全部处于非空闲状态的时间段,否则称为非忙期。闲期是指服务台全部处于空闲状态的时间段。忙期以及一个忙期中平均完成服务的顾客数是衡量服务机构效率的一个指标。

定义如下量:

n——接受服务的顾客数;

D_i——第 i 个顾客的等待时间;

S_i——第 i 个顾客的服务时间;

W_i——$W_i = D_i + S_i$ 为第 i 个顾客在系统中的逗留时间;

$Q(t)$——t 时刻队列中的顾客数;

$S(t)$——t 时刻接受服务的顾客数;

$L(t)$——t 时刻系统中的顾客数;

λ——平均到达率;

μ——平均服务率。

则有:

①服务台利用率 ρ:

$$\rho = 平均服务时间/平均到达时间间隔 = \lambda/\mu \tag{3-1}$$

且由式(3-1)得服务台空闲的概率为 $1 - \rho$。

②平均等待时间 W_q:

$$W_q = \lim_{n \to \infty} \sum_{i=n}^{n} \frac{D_i}{n} \tag{3-2}$$

③平均逗留时间 W:

$$W = \lim_{n \to \infty} \sum_{i=1}^{n} \frac{W_i}{n} = \lim_{n \to \infty} \sum_{i=1}^{n} \frac{D_i + S_i}{n} \tag{3-3}$$

④平均顾客数 L:

$$L = \lim_{T \to \infty} \frac{\int_0^T L(t) \mathrm{d}t}{T} = \lim_{T \to \infty} \frac{\int_0^T [Q(t) + S(t)] \mathrm{d}t}{T} \tag{3-4}$$

⑤平均队列长 Q:

$$Q = \lim_{T \to \infty} \frac{\int_0^T Q(t) \mathrm{d}t}{T} \tag{3-5}$$

对于 $M/M/1$ 系统(客户到达服从 λ 的泊松分布),具有如下关系:

$$\rho = \lambda/\mu \tag{3-6}$$

$$Q = \rho^2/(1 - \rho) \tag{3-7}$$

$$W_q = Q/\lambda = \rho/(\mu - \lambda) \tag{3-8}$$

$$L = \rho/(1 - \rho) \tag{3-9}$$

$$W = L/\lambda = 1/(\mu - \lambda) \tag{3-10}$$

对于该排队系统,当 $\rho < 1$ 时,队列长度才会是有限的。

【例 3-1】 $M/M/3$ 系统。

某景区有 3 个售票窗口,顾客到达服从泊松分布,平均到达率为 0.9 人/min,售票时间服从负指数分布,平均服务率为 0.4 人/min,假设单列排队,依次向空闲窗口购票,如图 3-7 所示。

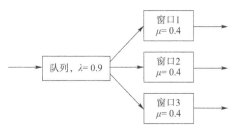

图 3-7 三服务台排队系统

3.1.6 排队系统的仿真案例

一个拥有 1 个出纳台的小杂货铺,服务时间在 1~8min 间变化。下面通过仿真 10 名顾客的到达和接受服务来分析该系统。

1) 模型基本介绍

(1) 仿真初始条件:系统中没有顾客,即排队的队列中没有顾客等待,服务台无服务对象。

(2) 仿真开始:以第一名顾客到达时刻为仿真的起始点。

(3) 模型:实体包括顾客、服务员;状态包括系统中的顾客数、服务员忙闲;事件包括到达事件、离开事件(完成服务);活动指服务。

2) 确定输入数据的特征

(1) 顾客到达时间间隔为 1~8min,均匀分布到达,见表 3-2。

到达时间间隔分布　　　　表 3-2

到达时间间隔(min)	概率	累计概率	随机数区间
1	0.125	0.125	001~125
2	0.125	0.250	126~250
3	0.125	0.375	251~375
4	0.125	0.500	376~500
5	0.125	0.625	501~625
6	0.125	0.750	626~750
7	0.125	0.875	751~875
8	0.125	1.000	876~1000

(2) 为了生成到达出纳台的时间,需要一组均匀分布的随机数,这些随机数要在 0~1 之间均匀分布。相邻的随机数是相互独立的。

由于表3-2中的概率值精度为3位,那么3位的随机数就可以满足要求。必须列出9个随机数以便产生到达时间间隔。为什么仅需要9个数呢？因为第一名顾客是假定在0时刻到达的,所以只需要为10名顾客产生9个到达时间间隔。同样,对于表3-4,两位的随机数足够了。

在表3-2中,首先分配的随机数字是001~125,这里数有1000个(001~1000)。到达间隔的时间为1min的概率是0.125,所以在1000个随机数字中有125个被分配到这种情况。10名顾客的到达时间间隔的产生是由表3-3列出的9个三位数字值并将其与表3-2的随机数字分配比较得到的。

到达时间间隔的确定   表3-3

顾客	随机数字	到达时间间隔(min)	顾客	随机数字	到达时间间隔(min)
1	—	—	6	309	3
2	913	8	7	922	8
3	727	6	8	753	7
4	015	1	9	235	2
5	948	8	10	302	3

到达时间间隔的确定见表3-3。例如,第一个随机数字是913,为了得到相应的到达时间间隔,对照表3-2,在表3-2中根据随机数所在范围,找到其对应的到达时间间隔,913位于876~1000之间,876~1000对应的到达时间间隔为8min。

(3)服务时间见表3-4。

服务时间分布   表3-4

服务时间(min)	概率	累计概率	随机数区间
1	0.10	0.10	01~10
2	0.20	0.30	11~30
3	0.30	0.60	31~60
4	0.25	0.85	61~85
5	0.10	0.95	86~95
6	0.05	1.00	96~100

(4)服务时间的确定见表3-5。

服务时间确定   表3-5

顾客	随机数字	服务时间(min)	顾客	随机数字	服务时间(min)
1	84	4	6	79	4
2	10	1	7	91	5
3	74	4	8	67	4
4	53	3	9	89	5
5	17	2	10	38	3

3）构造仿真表及重复运行结果

仿真表见表3-6。手工仿真的本质是仿真表格，这些仿真表格是为了解决遇到的问题而专门设计的，采用的方法是：增加栏目以回答所提出的问题。第一步是填写第一名顾客所在的单元以初始化表格。第一名顾客假定在0时刻到达，服务马上开始并在4时刻结束，第一名顾客在系统中逗留4min。在第一名顾客以后，表中后续的各行都是基于前一顾客的到达时间间隔、服务时间以及服务结束时间的随机数。例如，第二名顾客在8时刻到达，服务到8时刻才开始，第二名顾客无须等待，服务时间为1min。这样，第二名顾客在系统中停留1min，但是服务员的空闲时间为4min。跳到第四名顾客，顾客在15时刻到达，但服务不是马上开始而是直到18时刻才开始，因为服务台（出纳员）在该时刻之前一直繁忙。这一过程继续到第十名顾客。最右边增加的两列用来收集性能统计量度，如每名顾客在系统中的时间以及服务台从前一顾客离去后的空闲时间（如果有的话）等。为了计算总统计量，表中列出了服务时间、逗留时间、服务员空闲时间以及顾客在队列中等待的时间的总数。

仿真表　　　　　　　　　　　表3-6

顾客	到达时间间隔(min)	到达时刻	服务开始时刻	服务时间(min)	等待时间(min)	服务结束时间	逗留时间(min)	服务员空闲时间(min)
1	—	0	0	4	0	4	4	0
2	6	8	8	1	0	9	1	4
3	8	14	14	4	0	18	4	5
4	1	15	18	3	3	21	6	0
5	8	23	23	2	0	25	2	2
6	3	26	26	4	0	30	4	1
7	8	34	34	5	0	39	5	4
8	7	41	41	4	0	45	4	2
9	2	43	45	5	2	50	7	0
10	3	46	50	3	4	53	7	0

4）仿真结果计算

（1）顾客必须在队中等待的概率为0.3，依据以下方法计算：

概率（等待）= 等待的顾客数/总顾客数 = 3/10 = 0.3

（2）服务员空闲的概率为0.34，依据以下方法计算：

服务员空闲的概率 = 服务员空闲的总时间/仿真的运行总时间 = 18/53 = 0.34

服务员忙率的概率为：1 - 0.34 = 0.66

（3）平均到达时间间隔为5.1min，依据以下方法计算：

$$平均到达时间间隔 = \frac{所用到达时间间隔总和}{到达数 - 1} = \frac{46}{9} = 5.1(\min)$$

分母减1是因为第一个到达时间规定出现在0时刻，这个结果和离散均匀分布求得的均值（期望到达时间间隔）相比较，这个均匀分布的端点为 $a = 1$ 和 $b = 8$，于是均值为：

$$T_W = E[T_W] = (a+b)/2 = 4.5(\min)$$

期望到达时间间隔稍低于仿真的平均值,同样在更长时间的仿真中,到达时间间隔的均值应接近于理论均值。

(4)在队列的排队顾客的平均等待时间为3min,依据以下方法计算:

$$平均等待时间 = \frac{顾客在队列中等待的总时间}{等待的总顾客数} = \frac{9}{3} = 3(\min)$$

(5)顾客在系统中逗留的平均时间为4.4min,依据以下方法计算:

$$顾客在系统中逗留的平均时间 = \frac{顾客在系统中逗留的总时间}{总顾客数} = \frac{44}{10} = 4.4(\min)$$

决策者会对这一类结果满意,但若增加访问时间,会使结果更加准确。然而,即便是这样的结果,也能给许多实验性的推断提供依据。大约半数的顾客必须等待,但是平均等待时间并不长。服务台没有不适当的空闲时间。关于本结果更可信的说法,可能取决于在等待的成本和增加服务台的成本之间取得平衡。

3.1.7 建模步骤

1)建立仿真布局图

根据模型要求,建立如图3-8所示的仿真布局图。

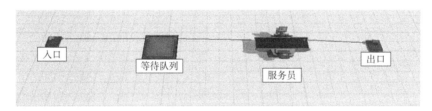

图3-8 计算机仿真布局图

2)设置参数

根据表3-2~表3-5,该模型参数设置如图3-9、图3-10所示。

图3-9 入口参数设置图

图3-10 服务员参数设置图

3) 运行仿真

运行完成后,仿真自动停止,时刻为53,如图3-11所示。

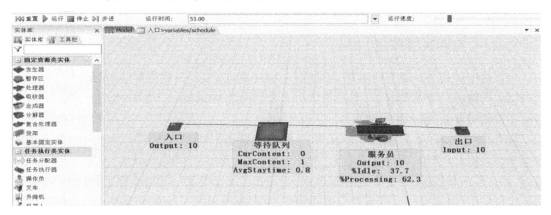

图 3-11　仿真后的图

由运行后的数据可以得出顾客的平均等待时间。如图3-12所示,顾客的平均等待时间为0.8min;如图3-13所示,服务员工作的概率为62.26%;如图3-14所示,平均服务时间为3.3min。

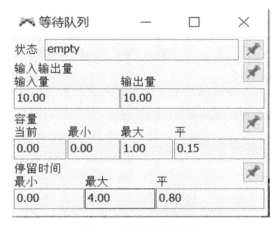

图 3-12　顾客的等待队列

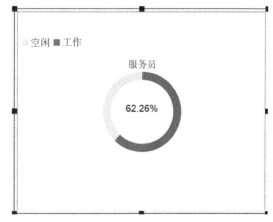

图 3-13　服务员工作概率

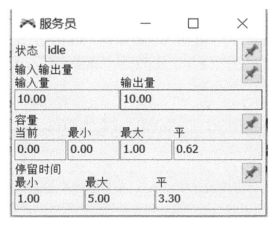

图 3-14　服务员工作状态

3.2 库存系统建模与仿真

3.2.1 库存系统概述

供应链中的物品一般有两种状态属性，一种是流动状态，一种是静止状态。例如，在运输过程中的物品处于流动状态，而在物流节点处储存的物品则处于静止状态。物品在流通过程中的暂时静止，就产生了库存。

库存(Inventory)是指用于将来的、暂时处于闲置状态的资源。库存的作用包括防止生产中断、节省订货费用、稳定供应能力、改善服务质量、防止短缺等。但是，库存也带有一定弊端，如占用大量资金，产生一定的库存成本，掩盖了企业生产经营中存在的问题。在供应链管理过程中，既要充分发挥库存的缓冲作用，又要着力控制不合理库存给供应链效率带来的不利影响，这是库存系统中要解决的主要问题。

库存系统(Inventory System)是指供应链中企业设置的各库存节点及其构成的库存网络、库存控制策略以及与库存密切相关的生产与运输作业共同构成的体系。供应链中每个节点企业都有自己的原材料、在制品、产品库存，并且这些企业内的库存存在一定的内部供需关系，同时各企业之间也存在一定的供求关系，这样整个供应链的供求系统构成了一个网络。大量物料从这个网络中通过，形成动态的流动和存储过程，最终完成整个系统对最终用户需求的响应。

通常情况下，库存系统不是由一个独立的库存点构成的。多个库存点构成的库存系统在企业生产运营中更为常见，称为分布式库存系统(Distributed Inventory System)。分布式库存系统是由多个库存点组成的分布式库存网络，各库存点储存的产品相互具有可替代性，库存点之间可基于一定的协议或统一协调指令进行库存的相互转移，以达到提高客户服务水平、分担库存风险、降低库存成本的目的。

库存系统仿真就是利用仿真方法对库存系统进行建模，通过仿真运行结果中的费用指标来对库存策略和库存结构进行评价。

根据现代物流理论的观点，库存系统应具有以下功能：

(1) 调节供需。生产活动的节奏与消费活动的节奏因产品的不同而存在差异，库存系统作为平衡环节能够对此加以调节和控制，从而使得生产和消费协调起来。

(2) 调节货运能力。由于各种运输工具的运量存在很大差距，因此在各个运输方式的衔接环节，通常由库存系统来调解和弥补。

分析库存问题建立合理的库存水平，一直是广受关注的领域。研究者们在库存系统模型、订货策略、库存优化等领域进行了大量工作。常用的库存系统分析方法可以分为解析方法和仿真方法两类。

1) 解析方法

解析方法根据设定的目标函数和约束条件，采用数学规划或者启发式算法来寻找库存水平最低，并满足交货期要求的系统方案。库存系统的参数可以是确定性变量，也可以是随机变量。

2）仿真方法

实际库存系统的结构复杂、环节众多,在模型结构比较复杂或不确定性因素比较多的场合下,如多级供需方、多种供需关系等,系统的分析与优化难度增大,一般很难用解析方法准确把握系统中事件与活动状态的变化。在这种情况下,使用系统仿真方法可以克服算法上的困难,具有显著的优越性。系统仿真方法还可以在不同的层次上,分析不同约束条件和输入下系统的动态响应,提供决策支持。

用随机模型表示产品需求和生产过程中的延迟,较好地反映了实际系统的不确定性,真实地反映库存系统的特点。随机性库存系统中有很多不确定的随机参数,解析方法的应用受到了很大局限,很难采用数学规划或启发式算法进行准确分析。应用离散系统仿真技术,可以对库存系统全局或局部变量进行分析和优化,如库存系统规划、库存成本分析、库存控制策略分析等。

3.2.2 库存系统的成本构成

库存系统仿真建模时,需要对仿真结果进行分析与评价,通常以库存成本作为分析与评价的重要依据,其中涉及的库存成本主要包括以下几类。

1）交易成本

交易成本(Transaction Cost)主要由订货成本和货物成本构成。

（1）订货成本。

订货成本(Ordering Cost)是指为了购买物资,向供应商发出订单所产生的管理与办公费用,如采购人员的工资、因采购产生的通信费用、交通费用等。通常订货成本与订货次数有关,而与订货量无关。单位时间内的订货总成本统计方法为:

$$订货成本 = 订货次数 \times 单次订货成本 = \frac{总需求量}{订货批量} \times 一次订货费用 \tag{3-11}$$

（2）货物成本。

货物成本(Merchandise Cost)是指采购货物时的购买成本,该成本与供应商对货物的定价相对应。每次采购的总货物成本统计方法为:

$$货物成本 = 货物单价 \times 货物数量 \tag{3-12}$$

每次的交易成本的统计方法为:

$$交易成本 = 单次订货成本 \times 货物成本 \tag{3-13}$$

2）库存持有成本

库存持有成本(Holding Cost)是指为保持适当的库存而发生的成本,其组成包括库存商品所占用的资金成本、库存服务成本(相关保险和税收)、仓储空间成本以及库存风险成本等。不同物品的库存持有成本实际是有差异的,但在库存系统建模与仿真中通常选用一种适用于主要产品类型的成本参数作为通用标准。库存持有成本的统计方法为:库存持有成本 = 平均库存量 × 单位时间内单位货物的储存费用。

3）缺货成本

缺货成本(Shortage Cost)是指库存供应中断而造成的损失,包括缺货造成的延迟发货损失和丧失销售机会的损失,以及缺货导致的商誉损失。缺货成本是衡量采购价值与销售服务水平的一项重要指标。但事实上,明确计算缺货成本是有难度的,在系统仿真中通常根据企业运营过程中的相关数据取估计值作为统计该项成本的参数。缺货成本的计算方法为:

$$缺货成本 = 缺货数量 \times 单位货物的缺货费用 \qquad (3-14)$$

4)调拨成本

调拨成本(Transshipment Cost)是由于库存的调入或调出而付出的代价,与库存调拨量和调拨次数有关。调拨是发生在分布式库存系统中的一种库存转移行为,指库存点之间为了缓解短期库存短缺压力,相互进行库存转移。这种成本是分布式库存系统所特有的一项成本。调拨成本的计算方法为:

$$调拨成本 = 调拨数量 \times 单位货物的调拨成本 \times 调拨次数 \qquad (3-15)$$

3.2.3 库存系统策略体系

库存系统策略体系主要表现为库存管理方式、订货策略、补货策略三方面,在分布式库存系统中还包括调拨策略。

1)库存管理方式

(1)供应商管理库存。

供应商管理库存的主要思想是供应商在企业允许下设立库存,确定库存水平和补给策略,并拥有库存控制权。合理地选择供应商管理库存方式,可以降低供应链的库存水平和成本,企业还可以获得高水平的服务,改进资金流,与供应商共享需求变化的透明性和获得更好的用户信任度。

(2)零售商管理库存。

零售商管理库存是相对于供应商管理库存而言的一种传统库存管理方式。在这种库存管理过程中,零售商与供应商的功能界限分明,零售商根据自身需要向供应商提出订货要求,而供应商在一定时间窗口内满足零售商的订货需求。这种库存管理方式简单易行,对信息共享的要求比较低。

2)订货策略

订货策略包括独立订货策略和联合订货策略,以及无价格折扣的订货策略和有价格折扣的订货策略。

(1)独立订货策略。

独立订货策略是相对于联合订货策略而言的一种传统订货策略。企业根据自身库存管理原则与目标确定订货量与订货周期,其决策过程不受其他系统成员影响。

(2)联合订货策略。

联合订货策略是指多家企业结成订购联盟,在订购时将原本零散的订单合并为同一份订单,从而以较大的批量获得更多的优惠条件。该订货策略的优势是可以为企业降低一定的订购成本,但是由于需要协调各企业的订货时间等,实施难度较大。

(3)无价格折扣的订货策略。

无价格折扣的订货策略是相对于有价格折扣的订货策略而言的,指企业订货的价格与订货量无关,即无论订购多大批量都不享受价格折扣。该策略可与独立订货策略或者组合订货策略结合使用。

(4) 有价格折扣的订货策略。

有价格折扣的订货策略指企业订货的价格随订货批量的不同而有不同程度的优惠,通常情况下订货量越大,供应商提供的价格折扣额度也越大,但企业在对这一策略进行考察时需要注意是否会产生过多的剩余库存,避免使订货成本变相转移为库存成本。该策略可与独立订货策略或者联合订货策略组合使用。

3) 补货策略

根据库存检查方式的不同,补货策略可分为周期性库存检查策略和连续性库存检查策略。

(1) 周期性库存检查策略。

该策略的特点是按固定的检查周期对库存状态进行调查,并在此基础上确定订货量,具体包括 (t,S) 策略和 (t,R,S) 策略。

① (t,S) 策略是定期检查一次库存,并发出一次订货,订货量根据当前库存量与最大库存量确定。该策略不设订货点,只设固定检查周期和最大库存量,适用于一些不是很重要的或使用量不大的物资。

② (t,R,S) 策略是在 (t,S) 策略的基础上加入了固定的订货点水平 R(即安全库存),当经过一定的检查周期 t 后,若库存点低于订货点 R,则发出订货,订货量为 $S-I$(I 为发出订单时的库存量);否则,不订货。该策略适用于使用量不大,但价值较高的物资。

(2) 连续性库存检查策略。

连续性库存检查策略的特点是需要对库存水平的变化状态持续关注,随时可能进行订货,具体分为 (Q,R) 策略和 (R,S) 策略。

① (Q,R) 策略是对库存进行连续性检查,当库存降低到订货点 R 时,即发出一次订货,每次的订货量保持不变,都为固定值 Q。该策略适用于需求量大、缺货费用较高、需求波动性不大的情形。

② (R,S) 策略是指连续检查库存状态,当发现库存低于订货点水平 R 时,开始订货,订货后使最大库存保持为常量 S,若发出订单时库存量为 I,则其订货量即为 $S-I$。该策略适用于需求量大、缺货费用较高、需求波动性大的情形。

4) 调拨策略

根据客户需求到达与调拨的时间顺序,可以将库存调拨策略分为应急性库存调拨策略与预防性库存调拨策略;根据分布式库存系统成员的库存共享程度,可将库存调拨策略分为部分共享库存策略与完全共享库存策略;根据调拨决策的判断条件不同,可以将库存调拨策略分为最小费用策略、最大库存策略、最近点策略和随机策略。

(1) 应急性库存调拨策略。

应急性库存调拨策略是指客户需求已经到达,而库存点当前库存量不足以在客户需求提前期内满足客户需求时,从其他库存供应能力有余的库存点处紧急调拨库存以满足当前客户需求的库存调拨策略。

(2) 预防性库存调拨策略。

与应急性库存调拨策略不同,预防性库存调拨行为发生在需求产生之前,因此库存调拨决策完全基于对未来需求的预测,当预测结果显示该库存点在未来某个时刻将出现缺货时,就提前向其他库存点请求调拨。

(3)部分共享库存策略。

在部分共享库存策略下,库存点考虑调拨能力时比较保守,只将部分库存用于调拨给其他库存点,从而保证自身供应能力,降低自身缺货风险。

(4)完全共享库存策略。

这是一种较为极端的库存调拨策略,采用完全共享策略的库存点调拨保有量为零,即该系统成员可以将其所有的库存与缺货的库存点共享。

(5)最小费用策略。

该策略指缺货的库存点在选择调拨合作对象的时候以调拨费用最小为筛选原则。

(6)最大库存策略。

调拨通常会在一定程度上增大调出库存的库存点的缺货风险,而库存量较大的库存点的抗风险能力较大,因此,在采用该策略时可直接向当前库存量最大的库存点发出调出库存的指令。

(7)最近点策略。

该策略是指缺货的库存点从可以调拨的库存点中选择最近的一个进行调拨协作。

(8)随机策略。

该策略是指在对可以调拨的库存点进行选择的时候,随机选择一个或多个进行调拨。

3.2.4 库存系统基本要素

在拉动式的库存系统中,客户需求的陆续到达会触发一系列事件,导致库存系统的状态发生变化。库存系统是典型的离散系统,以下将从离散系统的基本要素角度对库存系统进行分析。

1)实体

在库存系统中,货物从外部进入仓库,又根据客户需求离开了仓库,是临时实体。而库内的货位、搬运的机器和车辆等从始至终都保留在系统内部,是永久实体。

2)属性

在库存系统的仿真研究中,货物实体的数量、到达时间、价格、保值期、仓库货位实体的占用状态等是需要重点关注的实体属性。

3)事件

库存系统中的事件主要包括客户需求到达、货物入库、货物出库、订单发出等。这些事件的发生对库存系统的状态产生影响。

4)活动

事件与事件之间的过程称为活动。例如,货物的到达是一个事件,由于这一事件的发生,库存系统的库存量发生变化,从此刻起直至这一货物离开仓库,货物都是处于在货位中存储的状态,也可以说是处于"存储"活动中。存储活动的开始或结束标志着物品的到达和离去,也标志着货位的空闲与非空闲的转变。

5)进程

有序的事件与活动组成的过程称为进程。例如,一批货物进入仓库,经过在货位的存储,直到出库,该批货物经历了一个进程。

3.2.5 库存系统的分类及仿真特点

3.2.5.1 库存系统的分类

根据需求与订货的规律,可以将库存系统分为确定型库存系统和随机型库存系统两大类。

1)确定型库存系统

在确定型库存系统中,需求量与需求发生时间、订货量和订货发生时间、从订货到货物入库的时间都是确定的。如果采用安全库存订货策略,库存量随时间的变动如图3-15所示,其中 T 为订货周期,Q 为入库量,R 为安全库存量。

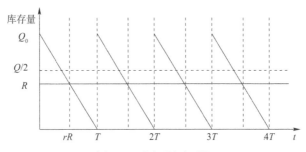

图3-15 确定型库存系统

2)随机型库存系统

在随机型库存系统中,需求量与需求发生时间、订货量与订货发生时间、从订货到货物入库的时间都可能是随机的,库存量随时间的变动如图3-16所示。

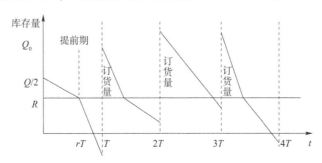

图3-16 随机型库存系统

3.2.5.2 库存系统的仿真特点

库存系统是一类不同于排队系统的离散事件系统,它的变化除了具有离散性与随机性之外,在仿真建模时有如下特点。

1)仿真时钟的步进式推进

在库存系统中,由于每个仿真时刻都有需求发生,也就是每个仿真时刻都有事件发生,所以仿真时钟的推进是步进式的,每执行完一个时刻的事件以后,仿真时钟+1,到来下一个特定时刻,再执行下一个时刻的事件。

虽然在库存系统中每个特定时刻都需执行需求事件,但对于订货事件与到货事件,却不是每个特定时刻都必须执行的,这两个事件应登记在事件表中,当执行完需求事件后再查找事件表,决定是否需要执行其他两类事件。

2) 事件类型

库存系统中事件有 4 种类型,见表 3-7,不同类型库存系统有不同的需求与供给,但事件类型是相同的。

库存系统事件类型   表 3-7

事件类型	性质	事件描述	处理内容
1	原发	需求	根据系统的需求规律,求解每个特定时刻的需求量,改变库存量
2	原发或一类事件的后续事件	订货	根据订货规则确定订货数量及订货日期
3	原发	到货	改变库存量
4	原发	费用计算	每个时刻其他时间结束后计算当天的费用

(1) 需求事件:收到货物的需求订单并发出货物。仿真时,处理需求事件需要根据需求规律,得到每个特定时刻的需求量。对于确定性库存系统,用解析的方法可以得到数学表达式;对于不确定性库存系统,其需求规律主要是由历史数据经过统计分析后得出。当需求事件出现后,产生的结果是系统状态发生变化,即库存量改变。需求事件的发生不受系统中其他事件的影响,是系统之外的因素所为,只与时间因素有关,因而,其性质是一个原发事件。

(2) 订货事件:根据需求和现库存量,依据库存管理规则,发出订购货物单。这一事件的性质在不同类型的库存系统中可能会有不同,要根据事先规定的订货原则以及库存系统类型而定。对确定性库存系统,其发生可以预先明确,因而在仿真处理时,按原发事件的性质处理;对于随机系统,若采用最低、最高库存控制方法,则最低、最高库存量将对其是否发生以及订货量的多少成为必要的约束条件。即当系统的存货低于最低库存量时,必须补充货物,订货事件才会发生,补充的数量则涉及最高库存量;同时,由于要考虑货物在订货后要延迟一段时间,因此,还要根据订货提前时间的分布规律确定此次订货的日期,并计算货物到达的特定时刻。在这种情形下,订货事件不仅是需求事件的后续事件,而且是条件事件。需要明确的是,无论订货事件的性质如何,这一事件的发生并不改变系统状态,不改变库存量。

(3) 到货事件:订购的货物到达,进入库存。这一事件的发生必然改变系统状态,在特定时刻,库存量发生变化。显然这一事件应是一个原发事件,只是在不同的系统中,依据订货提前时间的变化规律,使其发生的特定时刻的获得方法有所不同。在确定性库存系统中,因订货提前时间是固定的,所以其到达时间可以是明确计算的;在随机系统中,由于订货提前时间按统计规律变化,故其发生时刻是根据统计分布规律,由随机数确定,与其他因素无关。

(4) 费用计算事件:在库存系统仿真中,每个时刻必须执行的事件就是费用计算。由于该事件也是每个时刻都执行的,所以不必列在事件表中,但是在执行完其他所有事件后,必须执行该事件。费用计算就是根据该时刻的库存量计算费用,如有订货则计算订货费用。根据当天是否缺货再计算缺货费用,将这一天所有的费用计算出来。

3) 事件表

由于 1 类事件即需求事件是每个时刻都发生的事件,所以不登记在事件表中,在事件表中仅登记2类与3类事件。2类事件订货发生的时刻有两种情况,一种是固定间隔 N,在 T = 0 时发生一个1类事件,同时产生一个订货事件,在执行订货事件时要计算 $T_{当前} + T_{间隔(N)} = T_{下一次订货}$,并将下一次订货时间登记在事件表上,此时订货事件是原发事件;另一种是加入订货时间是根据当前库存量来决定的,如当前库存量等于或小于一定的值就需要订货,则订货事件就成了1类事件的后续事件并且是一个条件事件。在执行订货事件时,还需要根据到货时间的分布与参数,计算出到货时刻并登记在事件表上。

3.2.6 库存系统仿真的建模参数

库存系统仿真的建模参数见表 3-8。

表 3-8 库存系统仿真建模参数

模型参数	每件货物每月保管费、每件缺货损失费、每件订货费、订货附加费、仓库初始库存量、库存策略数、库存控制量、平均需求时间间隔、需求量、事件发生概率
仿真控制参数	仿真运行的长度、运行次数、仿真步长
运行变量	订货数量、实际需求量、动态库存量、事件类型数、下一个最早发生的事件类型数、仿真中的数值、上次改变库存水平的时间、类型为1的事件(表3-7)发生的时间、上一次事件发生以来的时间、仿真运行单位长度、仿真运行时间长度
输出变量	订货策略的运行总费用、保管费用、订货费用、缺货损失费用、其他数据总计等

1)模型参数

模型中供应方、仓库、需求方、货物的各单元属性是仿真模型的基本属性,如果属性数据发生改变,则模型本身也发生变化。

仿真模型除了确定各自单元属性外,还需要确定各个单元之间的逻辑关系,如仓库、需求方和所需求的货物种类会决定需求请求的时间间隔、数量及其缺货损失费,不同单元之间发生的逻辑关系属性会有不同。如果单元之间的逻辑关系发生变化,仿真模型结构即发生变化。

单元属性和逻辑关系属性是仿真模型的基本属性。

2)仿真控制参数

仿真控制参数将决定仿真运行的时间长短、方式和其他属性。仿真控制参数改变,不改变仿真模型本身,但是会改变仿真运行过程。

3)仿真运行的过程变量(运行变量)

在仿真运行过程中需要执行变量,这些变量只在仿真运行过程中使用,可以作为状态记录输出。

4)仿真运行的结果变量(输出变量)

仿真运行结束后将输出结果数据,结果变量即是在仿真运行中记录结果数据的变量,通常需要根据模型单元属性和仿真运行过程变量计算才能得出,如仓储费就是根据仓储费用单价属性与仓储量来计算的。

3.2.7 确定性库存系统与随机性库存系统

1)确定性库存系统

确定性是指需求量及订货提前期为一个已知的确定量,这样的库存系统的最优库存方案是各项费用之和最少。当一个时期内的产品需求量及订货提前期确定以后,相应的库存成本就基本确定了。如果暂时不考虑缺货成本,则库存成本由产品成本、存储成本和订货成本三部分组成。确定性库存主要解决的问题是何时订货、定多少货;如果允许缺货,允许缺多少货等问题。确定性库存问题最常用的模型为 EOQ 模型,即经济订货批量模型,经济订货批量模型是存货维持与订货相结合的使成本最低的补给订货批量模型。

模型成立需要以下几个假设条件:缺货费用无穷大;当存储量降为零时,可以立即得到补充;需求是连续的、均匀的;每次订货量不变;单位存储费不变。由于经济批量模型需要相当严格的假设才能直接应用,所以在其延伸的模型中往往有以下诸多假设:不允许缺货,生产需一定时间;允许缺货(缺货需补充),生产时间很短;允许缺货(需补足缺货),生产需一定时间。不同的假设,模型不尽相同。

(1)周期性检查模型。此类模型有六种情形:分不允许缺货、允许缺货、实时补货等三种情况;每种情况有分瞬时到货、延时到货两种情形。

最常用的模型是不允许缺货、瞬时到货型,其最佳订货周期为:

$$T = \sqrt{\frac{2C_0}{C_H D}} \tag{3-16}$$

式中:C_0——单位订货费用(元);

C_H——单位产品库存持有费用[元/(件·年)];

D——年需求率(件/年)。

(2)连续性检查模型。连续性检查模型需要确定订货点和订货量两个参数。此模型分为六种情形:不允许缺货、瞬时到货型;不允许缺货、延时到货型;允许缺货、瞬时到货型;允许缺货、延时到货型;补货、瞬时到货型;补货、延时到货型。

最常见的连续性检查模型是不允许缺货、瞬时到货型。此情形的模型是最经典的经济订货批量模型(EOQ)。

$$订货点为 R = L_T$$

$$最佳订货批量为 Q^* = \sqrt{\frac{2D C_0}{C_H}} \tag{3-17}$$

式中:L_T——订货提前期。

2)确定性库存系统

随机性库存系统模型最重要的特点是订货提前期、需求量、需求周期这三个方面至少有一个是随机的,其概率或分布是已知的;对于需求,通常分为需求是连续的还是离散的两种情况。对于这样的随机性库存系统,确定性库存系统解析模型不再适用,可供选择的策略主要有三种。第一种策略:(t,S)策略,即定期订货,订货数量需要根据上一周期剩下的货物的数量来决定。第二种策略:(Q,R)策略,即定点订货,当存储量降到某一确定的数量时立即订货,每次的订货量保持不变;第三种策略:(t,R,S)策略,即隔一定的时间检查一次存储,若存储量低于一个数值 R,则订货。

另一种更为复杂的模型是具有随机需求过程和随机供货时间的库存模型。由于随机库存模型与排队论和控制论联系紧密,这就需要相当严格的假设才能直接应用,所以在其延伸的模型中往往有以下诸多假设:不允许缺货,生产需一定时间;允许缺货(缺货需补充),生产时间很短;允许缺货(需补足缺货),生产需一定时间。不同的假设,模型不尽相同。另外,为了利用特殊的购买形式和单位化特征而必须作出某些调整,与 EOQ 有关的两种调整分别是运量费率和数量折扣。常看到某种商品有所谓的零售价、批发价和出厂价,购买同一种商品的数量不同,商品单价也不同,一般情况下购买数量越多,商品单价越低。

3.2.8 库存系统仿真实例

1)报纸经销商问题

报纸的订购与销售问题是一个经典的库存问题。报摊以 33 美分买进每张报纸,以每张报纸 50 美分卖出。当日结束时销售不佳的报纸作为废品处理,每份卖 5 美分。报纸以 10 份为一捆订购,因此,报摊可以买 50 份或 60 份等。有三种类型的报纸,分别是"良""中"和"差",抽到它们的概率分别是 0.35、0.45 和 0.20。每天对于报纸需求的分布见表 3-9,要解决的问题是:计算报摊应该订购报纸的最优数量。为完成这项工作,进行 20 天的仿真并记录了每天的利润。

每天报纸需求量的分布　　　　　　　　　　　　　　　　表 3-9

需求(份)	需求概率分布		
	良	中	差
40	0.03	0.10	0.44
50	0.05	0.18	0.22
60	0.15	0.40	0.16
70	0.20	0.20	0.12
80	0.35	0.08	0.06
90	0.15	0.04	0.00
100	0.07	0.00	0.00

利润按照以下公式计算:

利润 = 销售收入 - 报纸成本 - 额外需求的利润损失 + 报废报纸的回收费

根据问题描述,每份报纸的销售收入是 50 美分,订购每份报纸的成本是 33 美分。未满足的额外需求的利润损失每份是 17 美分。这种短缺损失存在着一些争议,但是会使问题变得更加有趣。报废报纸的回收收入为每份 5 美分。

表 3-10 和表 3-11 提供了报纸类型和需求量的随机数字分配,用仿真解决这一问题,需要设定每天购买的报纸的数量(购买策略),然后进行周期为 20 天的报纸需求仿真来确定总利润。改变购买策略(报纸订购数)为其他的值,然后重新运行仿真知道找出最佳的值。

报纸类型的随机数字分配 表3-10

报纸类型	概率	累计概率	随机数字分布
良	0.35	0.35	01~35
中	0.45	0.80	36~80
差	0.20	1.00	81~00

报纸需求的随机数字分配 表3-11

需求(份)	累积分布			随机数字分配		
	良	中	差	良	中	差
40	0.03	0.10	0.44	01~03	01~10	01~44
50	0.08	0.28	0.66	04~08	11~28	45~66
60	0.23	0.68	0.82	09~23	29~68	67~82
70	0.43	0.88	0.94	24~43	69~88	83~94
80	0.78	0.96	1.00	44~78	89~96	95~00
90	0.93	1.00	1.00	79~93	97~00	
100	1.00	1.00	1.00	94~00		

表3-12 为每天订购60份报纸的策略的仿真表格。

订购70份报纸的仿真表格 表3-12

天	报纸类型的随机数字	报纸类型	需求的随机数字	需求(份)	销售收入(美元)	额外需求的利润损失(美元)	废品回收收入(美元)	每日利润(美元)
1	58	中	93	80	35.00	1.70	—	10.20
2	17	良	63	80	35.00	1.70	—	10.20
3	21	良	31	70	35.00	—	—	11.90
4	45	中	19	50	25.00	—	1.00	2.90
5	43	中	91	80	35.00	1.70	—	10.20
6	36	中	75	70	35.00	—	—	11.90
7	27	良	84	90	35.00	3.40	—	8.50
8	73	中	37	60	30.00	—	0.50	7.40
9	86	差	23	40	20.00	—	1.50	-1.60
10	19	良	02	40	20.00	—	1.50	-1.60
11	93	差	53	50	25.00	—	1.00	2.90
12	45	中	96	80	35.00	1.70	—	10.20
13	47	中	33	60	30.00	—	0.50	7.40
14	30	良	86	90	35.00	3.40	—	8.50

续上表

天	报纸类型的随机数字	报纸类型	需求的随机数字	需求（份）	销售收入（美元）	额外需求的利润损失（美元）	废品回收收入（美元）	每日利润（美元）
15	12	良	16	60	30.00	—	0.50	7.40
16	41	中	07	40	20.00	—	1.50	-1.60
17	65	中	64	60	30.00	—	0.50	7.40
18	57	中	94	80	35.00	1.70	—	10.20
19	18	良	55	80	35.00	1.70	—	10.20
20	98	良	13	40	20.00	—	1.50	-1.60
合计					600.00	17.00	10.00	131.00

在第一天,报纸的需求量是 80 份,但是仅有 70 份可卖。70 份报纸的收入是 35.00 美元,额外需求的 10 份报纸的利润损失是 1.70 美元。这样,第一天的利润计算如下:

利润 = 35.00 - 23.10 - 1.70 + 0 = 10.20(美元)

在第四天,需求小于供应。卖出 50 份报纸的收入是 25.00 美元。20 份报纸按每份 0.05 美元回收共得 1.00 美元,当天的利润确定如下:

利润 = 25.00 - 23.10 - 0 + 1.00 = 2.90(美元)

20 天的总利润是每天利润的总和,共计 131.00 美元。也可以由仿真的 20 天的总数进行计算如下:

总利润 = 600.00 - 462.00 - 17.00 + 10.00 = 131.00(美元)

式中,20 天报纸的总成本为 (20×0.33×70) = 462.00 美元。

表 3-12 所示的计算解的利润为 131.00 美元。而一个 20 天的仿真结果和 400 次实验的平均值为 137.61 美元,二者差别不大,但是一个 20 天的仿真结果中有可能出现最大值和最小值,这也证明了进行多次试验的必要性。

2) 上限订货库存系统的仿真

考虑某公司销售冰箱的情况,为了维护库存,系统每隔一段固定的时间都会检查销售情况,然后决定下一步的行动。策略是上限订货(比如上限订货水平为 M),依据以下关系确定订购量。

订购量 = 上限订货水平 - 盘点库存量 + 短缺量

比如,定义上限订货水平(M)为 11,盘点库存 3。进一步,假设检查周期(N)是 5 天。这样,在每个周期的第 5 天,从供货商那里订购 8 台冰箱。如果第 5 天有 2 台冰箱的短缺,则需要订购 13 台(盘点库存和短缺不可能同时发生)。如果有 3 台冰箱的短缺,则收到的第一批(3 个)冰箱将会首先提供给订货已经到达的客户,这称为"延期交货"。当消费者有需求而库存量又不满足时就会出现失销情况。

一个随机来源是,每天需要的冰箱量是随机的,其分布见表 3-13;另一个随机的来源是供货到达前订单交给供货商后的天数,或者称为提前期。表 3-14 为提前期的分布,假设每天结束以后才进行订购,如果提前期为 0 天,则第 2 天的早上供应商的冰箱就会运到,并且当天可以销售;如果提前期是 1 天,则冰箱在第 2 个早晨运到,并且当天可以销售。

每日需求的随机数字分布 表3-13

需求(台)	概率	累计概率	随机数字分布
0	0.10	0.10	1~10
1	0.25	0.35	11~35
2	0.35	0.70	36~70
3	0.21	0.91	71~91
4	0.09	1.00	92~00

提前期的随机数字分配 表3-14

提前期(天)	概率	累计概率	随机数字分配
1	0.6	0.6	1~6
2	0.3	0.9	7~9
3	0.1	1.0	0

仿真开始时,库存水平是3,订购了8台冰箱,在两天后到达,仿真表格见表3-15。

(M,N)库存系统的仿真表格 表3-15

天	周期	周期内的天数(天)	初始库存(台)	需求的随机数字	需求(台)	盘点库存(台)	短缺量(台)	订购量(台)	需求的随机数字	提前期(天)	到货天数
1	1	1	3	26	1	2	0	—	—	—	—
2	1	2	2	68	2	0	0	—	—	—	—
3	1	3	8	33	1	7	0	—	—	—	—
4	1	4	7	39	2	5	0	—	—	—	—
5	1	5	5	86	3	2	0	9	8	2	2
6	2	1	2	18	1	1	0	—	—	—	—
7	2	2	1	64	2	0	1	—	—	—	—
8	2	3	9	79	3	5	0	—	—	—	—
9	2	4	5	55	2	3	0	—	—	—	—
10	2	5	3	74	3	0	0	11	7	2	2
11	1	1	0	21	1	0	1	—	—	—	—
12	2	2	0	43	2	0	3	—	—	—	—
13	3	3	11	49	2	6	0	—	—	—	—
14	4	4	6	90	3	3	0	—	—	—	—
15	5	5	3	35	1	2	0	9	2	1	1

续上表

天	周期	周期内的天数（天）	初始库存（台）	需求的随机数字	需求（台）	盘点库存（台）	短缺量（台）	订购量（台）	需求的随机数字	提前期（天）	到货天数
16	4	1	2	08	0	2	0	—	—	—	—
17	4	2	11	98	4	7	0	—	—	—	—
18	4	3	7	61	2	5	0	—	—	—	—
19	4	4	5	85	3	2	0	—	—	—	—
20	4	5	2	81	3	0	1	12	3	1	1
21	5	1	0	53	2	0	3				
22	5	2	12	15	1	8	0				
23	5	3	8	94	4	4	0				
24	5	4	4	19	1	3	0				
25	5	5	3	44	2	1	0	10		1	1
合计						68	9				
平均					2.04	2.72	0.36				

选定的几天，跟踪仿真表格来观察上限订货库存系统的运行情况。在第1个周期第3天的早上，订购的8台冰箱到货，将库存水平从0台提升到8台。在第1个周期剩余的几天需求不断将库存减少，到第5天，盘点库存下降到了2台，所以订购9台。该订单的提前期是2天，9台冰箱在第2个周期的第3天早晨加入到库存中。

注意，第4个周期的5天的初始库存是2台，当天的订货量是3台，所以就产生了短缺情况（当天1台冰箱需要延期交货）。这样，当天的订购量就是(11+1)台，提前期是1天。第2天（即第5个第1天）的需求量是2台，增加了短缺。

第5个周期的第2天早上订货到达，3台冰箱用于满足延期交货，当天的需求是1台，所以最后的库存是8台。

经过5个周期的仿真，平均盘点库存近似为2.72(68/25)台，在25天中有5天出现了短缺现象。

在此例中，供货商那边任何时候都不能出现多于一个未完成的订单。但是，存在这样一种情况，即提前期如此之长，以至于前面给出的关系式需要作出如下修改：

订购量 = 上限订货水平 − 盘点库存量 − 已订购量 + 短缺量

这个关系保证了不会出现多余的订购。为了估计在库存盘点时冰箱平均数量的情况，应该进行多次仿真实验。

3）建模问题

问题描述：配送中心从3个供应商进货，向3个生产商发货。

(1) 供应商(3个)：当3个供应商各自供应的产品在配送中心的库存小于10件时开始

生产,库存大于20件时停止生产。供应商1和供应商2分别以4h/件的效率向配送中心送产品,供应商3提供一件产品的时间服从3~6h的均匀分布。

(2)配送中心:当3个生产商各自的库存大于10件时停止发货,当生产商1的库存量小于2时,向该生产商发货;当生产商2的库存量小于3时,向该生产商发货;当生产商3的库存量小于4时,向该生产商发货。

配送中心成本和收入:进货成本3元/件;供货价格5元/件;每件产品在配送中心存货100h费用1元。

(3)生产商(3个):3个生产商均连续生产。生产商1每生产一件产品需要6h;生产商2每生产一件产品的时间服从3~9h的均匀分布;生产商3每生产一件产品的时间服从2~8h的均匀分布。

建模步骤如下:

根据问题描述,从试题库里拖出3个发生器、6个处理器、3个货架、3个暂存区和1个吸收器放到正投影视图中,并进行布局,布局完成后进行连线。为便于理解,模型中的实体名称已进行了相应修改。该配送中心的控制仿真模型布局如图3-17所示。

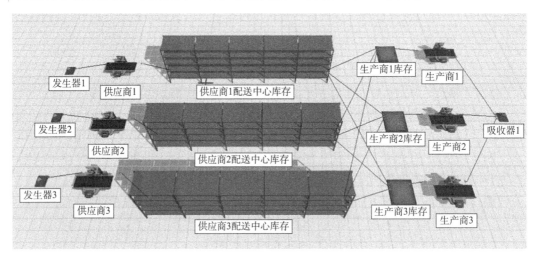

图3-17 模型布局图

(1)供应商提供产品时间参数的设置。

双击供应商1打开参数设置对话框,单击处理器选项卡,将处理时间设为4。设置界面如图3-18所示。对供应商2进行同样的设置,供应商3在处理时间的下拉列表中选择统计分布,设置为均匀分布 uniform(3,6,0)。

(2)供应商供货参数设置。

双击供应商1配送中心库存打开参数设置对话框,单机触发器选项卡,在OnEntry(进入触发)的下拉列表中,选择关闭和打开端口,在操作后面选择closeinput(关闭输入端口),将条件设置为content(current) >=20(当前容量>=20),设置界面如图3-19所示。

然后在OnExit(离开触发)的下拉列表中选择关闭和打开端口,在操作后面选择openinput(打开输入端口),将条件设置为content(current) <=20(当前容量<=20),设置界面如图3-20所示。

图3-18　供应商1供应产品的时间分布设置　　　　图3-19　供应商1供货控制（一）

供应商2和供应商3的供货控制参数按相同方式设置。

(3)配送中心发货的参数设置。

双击生产商1库存打开参数设置对话框,单机触发器选项卡,在OnEntry(进入触发)的下拉列表中,选择关闭和打开端口,在操作后面选择closeinput(关闭输入端口),将条件设置为content(current)>=10(当前容量>=10),设置如图3-21所示。

图3-20　供应商1供货控制(二)　　　　图3-21　配送中心发货至生产商1库存控制设置(一)

然后在OnExit(离开触发)的下拉列表中选择关闭和打开端口,在操作后面选择openinput(打开输入端口),将条件设置为content(current)<=2(当前容量<=2),设置界面如图3-22所示。

生产商2库存和生产商3库存的发货控制参数按相似方法设置。

(4)生产商生产产品时间参数的设置。

双击生产商1打开参数设置对话框,单机处理器选项卡,将处理时间设置为6。生产商2在处理时间的下拉列表中选择Statistical Distribution(统计分布),设置均匀分布uniform(3,9,0),生产商3进行同样设置为uniform(2,8,0),设置界面如图3-23所示。

运行模型,完成以下练习:

(1)运行一年,查看配送中心的运行统计数据。

(2)根据运行统计数据计算该配送中心的总利润。

图3-22　配送中心发货至生产商1库存控制设置(二)

图3-23　生产商3参数设置

3.3　生产物流系统建模与仿真

3.3.1　生产物流系统的基本概念

所谓生产系统(production system),是指在正常情况下支持单位日常业务运作的信息系统,它包括生产数据、生产数据处理系统和生产网络。一个企业的生产系统一般都具有创新、质量、柔性、继承性、自我完善、环境保护等功能。生产系统在一段时间的运转以后,需要改进完善,而改进一般包括产品的改进、加工方法的改进、操作方法的改进和生产组织方式的改进。

生产系统的主要特征是:

(1)生产系统是企业生产计划的制订、实施和控制的综合系统。制订生产计划,使企业的生产活动有依据。生产计划是生产活动的纲领,实施和控制是实现生产计划、生产目标的保证。制订计划、实施计划和控制计划三者之间相互协调,促进了生产进程均衡有节奏地进行。

(2)生产系统是人与机器复合的系统。生产系统是包括人和机器在内的组织管理系统,人与机器间的合理分工将从整体上促进生产系统的进一步优化。

(3)生产系统是一个多层次多目标的系统。生产系统可以按照功能的不同划分成若干个子系统,以实现递阶控制和分散控制。如,生产组织系统、质量控制系统、设备管理系统等都是生产系统的子系统。

(4)生产系统是一个具有信息收集传递和加工处理功能的信息处理系统。生产系统能够正确、及时地提供、传递生产过程必需的信息,对促进人力、物力和财力资源的合理使用,提高劳动生产率。

(5)生产系统是根据企业内部和外部环境不断发展变化的系统。

当前,物流主要应用于两个领域:一个是流通物流,也称为社会物流、大物流,属于宏观物流范畴。宏观物流系统的重要性在于可以很大程度地影响国民经济效益。另一个是生产物流,主要指企业物流,属于微观物流范畴,包括采购物流、生产物流、销售物流直至回收物流、废弃物回收物流整个过程的物料流动。

从企业的原材料、外购件购进入库起,直到企业成品库的成品发送为止,这一全过程的物流活动称为生产物流。它包括从原材料和协作件的采购供应开始,经过生产过程中半成品的存放、装卸、输送和成品包装,到流通部门的入库验收、分类、储存、配送,最后送到客户手中的全过程,以及贯穿于物流全过程的信息传递。

生产物流是指企业在生产工艺中的物流活动,是与整个生产工艺过程伴生的,实际上已构成了生产工艺过程的一部分。生产物流的概念从不同的角度可以有不同的定义。

1) 从生产工艺角度分析

生产物流是指企业在生产工艺过程中的物流活动,即物料不断离开上一工序进入下一工序,不断发生搬上搬下、向前运动、暂时停滞等活动。其流程为:原材料、燃料、外购件等物料从企业仓库或企业的"门口"开始,进入生产线的开始端,再进入生产加工过程并借助一定的运输装置,逐个环节地"流",在"流"的过程中,本身被加工,同时产生一些废料和余料,直到生产加工终结,再"流"至库。

2) 从物流范围分析

企业生产系统中,物料的边界起源于原材料、外购件的投入,止于成品仓库。它贯穿生产全过程,横跨整个企业,其流经的范围是全厂性的、全过程的。物料投入生产后即形成物流,并随时间进程不断改变自己的形态和场所位置。

3) 从物流属性分析

生产物流是生产所需物料在空间和时间上的运动过程,是生产系统的动态表现,换言之,物料(原材料、辅助材料、零配件、在制品、成品)经历生产系统各个生产阶段或工序的全部运动过程就是生产物流。

所谓生产物流,是指从工厂的原材料购进、车间生产、半成品与成品的周转直至成品库中成品发送的全过程中的物流活动。因此,生产物流起源于原材料、外购件的投入,止于成品仓库,贯穿整个生产过程,在整个制造系统中循环反复流动。生产物流担负运输、储存、装卸物料等任务。生产物流系统可以保障生产制造的顺利进行。随着科学技术的进步和管理理论的成熟,生产制造过程中的自动化、柔性化程度越来越高,生产规模越来越大,对生产物流系统的要求也越来越高。

对现代生产物流系统进行仿真,其目的是通过仿真了解物料运输、存储动态过程的各种统计、动态性能。如各种设备的处理能力配套是否满足实际、运输设备的利用率是否合理、输送路线是否通畅、物料流经系统的周期是否过长等。但由于现代生产物流系统具有突出的离散性、随机性的特点,因此,人们希望通过对现代物流系统的计算机辅助设计及仿真的研究,将凭经验的猜测从物流系统设计中去除,使物流合理化,进而提高企业生产效率。

3.3.2 生产系统功能结构关系

结构化要素的内容及其组合形式决定生产系统的结构形式。非结构化要素的内容及其组合形式决定生产系统的运行机制。具有某种结构形式的生产系统要求一定的运行机制与之相匹配才能顺利运转,充分发挥其功能。所以,设计生产系统时首先应根据所需的功能选择结构化要素及其组合形式,形成一定的系统结构,进而根据系统对运行机制的要求选择非结构化要素及其组合形式,以及管理模式。

由于现代科学技术的不断进步,企业内外部发展环境变化加快,企业生产系统的更新速度也在不断加快。这要求企业要保持生产系统本身的先进性,同时还要不断创新,否则将使系统失去市场竞争能力。

3.3.3 生产物流系统仿真特点

企业的生产过程实质上是每一个生产加工过程"串"起来时出现的物流活动。合理组织生产物流活动,使生产过程时钟处于最佳状态,是保证企业获得良好经济效益的重要前提之一。想要合理组织生产物流,就要了解生产物流的特性。

(1)连续性。它是指物料总是处于不停地流动中,包括空间上的连续性和时间上的流畅性。空间上的连续性要求生产过程各个环节在空间布置上合理紧凑,使物料的流程尽可能短,没有迂回现象。时间上的流畅性要求物料在生产过程的各个环节的运动,自始至终处于连续流畅状态,没有或很少有不必要的停顿与等待现象。

(2)比例性。它是指生产过程的各个工艺阶段之间、各工序之间在生产能力上要保持一定的比例以适应产品制造的要求。比例关系表现在各生产环节的工人数、设备数、生产速率、开动班次等因素之间的均匀、协调和适应,所以,比例是相对的、动态的。

(3)节奏性。它是指在生产过程的各个阶段,从来料加工到产品入库,都能保持有节奏的均衡进行。它要求在相同的时间间隔内生产大致相同数量或递增数量的产品,避免前松后紧的现象。

(4)柔性。它是指生产过程的组织形式要灵活,能及时适应市场的变化,满足市场发生新的需求。通常称柔性为适应性,即生产物流系统对生产工艺流程变动的反应程度。

加工生产线是典型的离散事件系统。离散事件系统的时间是连续变化的,而系统的状态仅在一些离散时刻上由于随机事件的驱动而发生变化。由于状态是离散变化的,而引发状态变化的事件是随机发生的,离散事件系统的模型很难用数学方程来描述,因此,要根据生产线和装配线各自的主流产品信息、车间空间信息、设备信息和布置设计的要求,进行生产线设备布局设计,然后利用对象类库建立生产系统仿真模型。

生产线规划设计与布局主要是确定生产线的规模、构成和布局,包括加工设备的类型和数量的选择与布局、物流系统的选择与设计、有关辅助设备的确定、系统布局设计等。这些任务之间是相互关联的,其中物流系统的设计是核心,因为其设备的类型和运输方法决定了系统布局的形式,并对控制系统体系结构和系统控制策略的设计产生重要的影响。

仿真模型是对问题的直观描述。在生产规划设计与布局的基础上,根据仿真实验框架利用已建好的类库,采用"重用"技术和层次结构,从类库中直接选取并拖动对象放到屏幕的相应位置上,通过连接这些对象,即建立对象之间的输入/输出连接关系和它们内部的连接关系,就可以构建一个系统的仿真模型,从而实现生产线面向生产物流系统仿真建模。

3.3.4 生产物流系统仿真的步骤

1)确定仿真的目标

针对所关心的问题不同,建立的系统模型、设定的输入变量、输出变量等都各不相同。

因此在进行系统仿真时,首先要确定仿真的目标,也就是仿真要解决的问题,这也是系统调研和建模的依据。

2) 系统分析及抽象简化

系统分析的目的是深入了解系统的结构、生产流程、各种建模所需参数等,以便建立准确的、完整的物流系统仿真模型。

由于现实的生产物流系统比较复杂,在仿真技术的运用中,许多环节是没有办法实现的。因此,应该根据系统仿真的目标对物流系统进行抽象和简化,将主要因素以及与研究问题相关的要素保留,将其余无关的或是关联性不强的要素舍弃,使得描述的系统精简扼要,这样可以降低仿真模型构建的难度。例如在对生产系统的生产效率进行分析时,产品的残次品率可以忽略不计,人力资源可以不作为考虑的重要因素。同时,应该设定一定的仿真约束或前提条件,保证仿真模拟出的系统与现实系统在功能上保持最大化的一致,减少误差。例如对工作时间、机器故障率、物流路径等参数进行限制。

3) 系统模型的建立

(1) 模型建立的思路。

系统是由许多子系统构成的,每个子系统之间相互联系、相互制约,共同实现系统功能,同时该系统也是另个更大、更高级系统的子系统。因此,在对生产物流系统进行仿真建模时,遵循的思路应是:围绕仿真目的,先对子系统建模,然后再对整个系统建模,即由分到总。每个子系统之间都存在一定的逻辑关系,按照对应的关系将各个子模块衔接组合,形成整个生产物流系统的仿真模型。

(2) 子系统的建立。

将生产物流系统模型划分为3个子系统:物理模型子系统、逻辑控制模型子系统、信息处理及分析模型子系统,每个子系统模块下又包含许多的子模块,如图3-24所示。

① 物理模型。

物流模型主要包括仓储模块、加工模块、缓冲区以及搬运设备模块等。它们构成了仿真模型的实体框架部分。

② 逻辑控制模型。

逻辑控制模型主要包括仿真钟、功能控制模块、语言编程模块等。它们是实现生产物流系统功能的关键。

仿真时钟是仿真运行的基础条件,它主要有两种推进方式:一种是按下一最早发生事件的发生时间推进,另一种是固定增量推进方法。根据生产系统的实际情况进行选择仿真时钟的推进方式,一般来说事件调度法比较适合大多数的离散事件系统,而固定增量推进法则适用于系统事件发生时间具有较强周期性的模型。

③ 信息处理及分析模型

信息处理及分析模型主要包括加工计划、工艺流程、事件记录、数据输入/输出、数据分析等模块。

4) 模型的验证及运行

完成以上各模型子系统的构建之后,将其组合成整个生产系统模型框架,并运行该模型,检验它的性能,通过分析结果来判定模型是否如期望的那样运行,是否符合真实的系统实际情况。

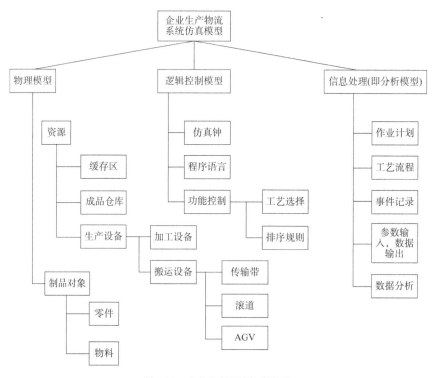

图 3-24 企业生产系统仿真模型

3.3.5 生产物流系统仿真案例

一台铣床有三个不同的轴承,它们在服务时会失效。每个轴承的寿命的分布相同,见表 3-16。当一个轴承失效时铣床停止工作,然后就会要求维修人员维修,安装新的轴承。维修人员到达铣床的延迟时间也是一个随机变量,其分布见表 3-17。铣床在停工期损失的费用是 10 美元/min,维修工人在现场的费用是 30 美元/h。换一个轴承需要 20min,换两个轴承需要 30min,换三个轴承需要 40min。一种建议是在任何一个轴承坏掉的情况下更换所有的轴承。管理层需要对这一建议作出评估,可以将每 1000h(运转时间)的总费用作为评价的准则。

轴承寿命的分布　　　　　　　　　表 3-16

轴承寿命(h)	概率	累计概率	随机数字分配
1000	0.10	0.10	1~10
1100	0.13	0.23	11~23
1200	0.25	0.48	24~48
1300	0.13	0.61	49~61
1400	0.09	0.70	62~70
1500	0.12	0.82	71~82

续上表

轴承寿命(h)	概率	累计概率	随机数字分配
1600	0.02	0.84	83~84
1700	0.06	0.90	85~90
1800	0.05	0.95	91~95
1900	0.05	1.00	96~00

延迟时间的分布　　　　　　　　　　　　　　　　　　　　　　　表 3-17

延迟时间(min)	概率	累计概率	随机数字分配
5	0.6	0.6	1~6
10	0.3	0.9	7~9
15	0.1	1.0	0

表 3-18 所示为当前的运行情况下 15 次轴承更换的仿真过程,注意有多个轴承同时故障的情况。表 3-18 所示仿真过程与实际发生的情况稍有不同,是因为轴承寿命的估计比较粗略,即以 100h 为挡。本例还假设失效时间不会完全相同,也就是说最多只有一个轴承是在停机的时候被更换的。当前系统的费用估计如下:

轴承的费用 = 45 个轴承 × 32 美元/轴承 = 1440(美元)

延误时间的费用 = (110 + 110 + 105) min × 10 美元/min = 3250(美元)

停机修复时间内的损失 = 45 个轴承 × 20min/轴承 × 10 美元/min = 9000(美元)

修理人员的费用 = 45 个轴承 × 20min/轴承 × 30 美元/60min = 40050(美元)

总费用 = 1440 美元 + 3250 美元 + 9000 美元 + 450 美元 = 14140(美元)

轴承的总寿命是(22300 + 18700 + 18600) = 59600h。所以,10000h 的总费用是(14140/5.96) = 2372 美元。

当前方法下的轴承更换　　　　　　　　　　　　　　　　　　　　表 3-18

序号	轴承1				轴承2				轴承3			
	随机数字	寿命(h)	随机数字	延迟(min)	随机数字	寿命(h)	随机数字	延迟(min)	随机数字	寿命(h)	随机数字	延迟(min)
1	67	1400	7	0	71	1500	8	10	18	1100	6	5
2	55	1300	3	5	21	1100	3	5	17	1100	2	5
3	98	1900	1	5	79	1500	3	5	65	1400	2	5
4	76	1500	6	5	88	1700	1	5	3	1000	9	10
5	53	1300	4	5	93	1800	0	15	54	1300	8	10
6	69	1400	8	10	77	1500	6	5	17	1100	5	5
7	80	1500	5	5	8	1000	9	10	19	1100	6	5
8	93	1800	7	10	21	1100	8	10	9	1000	7	10

续上表

序号	轴承1				轴承2				轴承3			
	随机数字	寿命(h)	随机数字	延迟(min)	随机数字	寿命(h)	随机数字	延迟(min)	随机数字	寿命(h)	随机数字	延迟(min)
9	35	1200	0	15	13	1100	3	5	61	1300	1	5
10	2	1000	5	5	3	1100	2	5	84	1600	0	15
11	99	1900	9	10	14	1000	1	5	11	1100	5	5
12	65	1400	4	5	5	1000	0	15	25	1200	2	5
13	53	1300	7	10	29	1200	2	5	86	1700	8	10
14	87	1700	1	5	7	1000	4	5	65	1400	3	5
15	90	1700	2	5	20	1100	3	5	44	1200	4	5
合计				110				110				110

表3-19是一个建议方案。注意,随机数字并没有显示出来。对第一组轴承,最早的故障时间出现在第100h。在那个时刻,所有的轴承都被更换,虽然其余轴承还有更长的寿命(比如,轴承1就还会有700h的寿命)。

建议方案　　　　　　　　　　　　　表3-19

序号	轴承1				轴承2				轴承3			
	随机数字	寿命(h)	随机数字	延迟(min)	随机数字	寿命(h)	随机数字	延迟(min)	随机数字	寿命(h)	随机数字	延迟(min)
1	67	1400	7	0	71	1500	8	10	18	1100	6	5
2	55	1300	3	5	21	1100	3	5	17	1100	2	5
3	98	1900	1	5	79	1500	3	5	65	1400	2	5
4	76	1500	6	5	88	1700	1	5	3	1000	9	10
5	53	1300	4	5	93	1800	0	15	54	1300	8	10
6	69	1400	8	10	77	1500	6	5	17	1100	3	5
7	80	1500	5	5	8	1000	9	10	19	1100	6	5
8	93	1800	7	10	21	1100	8	10	9	1000	7	10
9	35	1200	0	15	13	1100	3	5	61	1300	1	5
10	2	1000	5	5	3	1100	2	5	84	1600	0	15
11	99	1900	9	10	14	1000	1	5	11	1100	5	5
12	65	1400	4	5	5	1000	0	15	25	1200	2	5
13	53	1300	7	10	29	1200	2	5	86	1700	8	10
14	87	1700	1	5	7	1000	4	5	65	1400	3	5
15	90	1700	2	5	20	1100	3	5	44	1200	4	5
合计				110				110				110

表3-19 建议方案下的轴承更换

建议方案仿真系统的费用估计如下：

轴承的费用 = 45 个轴承 × 32 美元/轴承 = 1440(美元)

延误时间的费用 = 110min × 10 美元/min = 1100(美元)

停机修复时间内的损失 = 15 组 × 40min/组 × 10 美元/min = 6000(美元)

修理人员的费用 = 15 组 × 19min/组 × 30 美元/60min = 300(美元)

总费用 = 1400 美元 + 1100 美元 + 600 美元 + 300 美元 = 8840(美元)

轴承的总寿命是(17000 × 3) = 51000h。所以,10000h 的总费用是(8840/5.1) = 1733 美元。

新的策略在每 10000h 内节省了 634 美元。如果机器连续不停地运转,则每年大约节省 556 美元。

3.3.6 生产系统建模仿真

1) 工序设计

按照规划设计,A 企业生产车间要加工相同的 8 个零件,经过 8 道工序,分别为 A、B、C、D、E、F、G、H。每道工序加工的时间分别为 12min、5min、15min、7min、9min、11min、22min、5min。

按照顺序移动方式,8 个相同的零件在 A 道工序加工完成后,再整批转移到 B 道工序加工,以此类推,直到加工到 H 道工序为止。具体的工序图如图 3-25 所示。

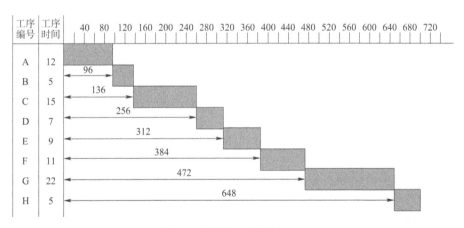

图 3-25 顺序移动工序(单位:min)

此时的总加工时间为 688min;设备的总等待时间 = 0min;设备的总闲置时间为 96 + 136 + 256 + 312 + 384 + 472 + 648 = 2304min。

按照平行移动方式,第一个零件在 A 道工序完成以后,立即转移到 B 道工序继续加工;同时第二个零件开始在 A 道工序加工,依此类推,直到第八个零件完成最后一道工序,具体的工序图如图 3-26 所示。

由工序图可得:总加工时间为 240min;设备的总等待时间为 7 × 7 + 8 × 7 + 6 × 7 + 4 × 7 + 17 × 7 = 294min;设备的总闲置时间为 12 + 17 + 32 + 39 + 48 + 59 + 81 = 288min。

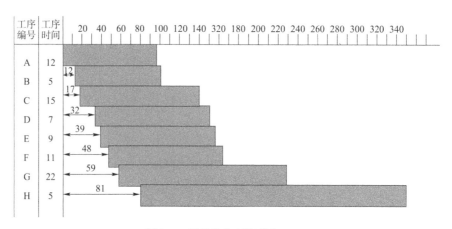

图 3-26 平行移动工序(单位:min)

平行顺序移动方式,是把顺序移动方式和平行移动方式综合运用的方式。即在整批零件尚未全部完成前道工序的加工时,就先将其部分已经完成的零件转入到下道工序加工。往下道工序转移的提前时间,以能维持下道工序对该零件的连续加工为准。具体的工序图如图3-27所示。

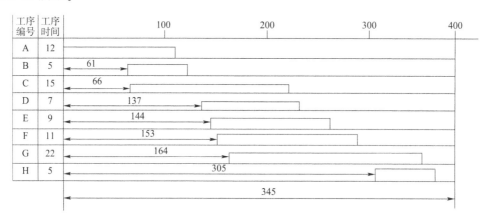

图 3-27 平行顺序移动工序(单位:min)

由工序图可得,总加工时间为345min;设备的总等待时间为0min;设备的总闲置时间为 61 + 66 + 137 + 144 + 153 + 164 + 305 = 1030min。

利用Flexsim软件对该零件加工问题进行仿真,布置图如图3-28所示。

2)参数设定

3种组织方式的参数设定有所不同,其中共同部分如下:零件,按到达序列的方式到达,数量为8,零件颜色为默认颜色灰色(可随意设置颜色);暂存区2,目标批量为8,进入触发content(current) == 8,然后执行closeinput;处理器的加工时间依次设为12min、5min、15min、7min、9min、11min、22min、5min。

顺序移动方式:暂存区的目标批量全部为8,物品按垂直堆放。

平行移动方式:暂存区不设置批量,就可以基本上满足平行移动方式。

平行顺序移动方式设定如下。对于上道工序加工时间比下道工序加工时间短,可以满足平行移动方式的原则,即暂存区的设置方法与平行移动方式相同,通过观察各道工序加工时间可知,暂存区3、7、11、13、15 的设置同平行移动方式;对于上道工序加工时间比下道工序加工时间长,先按照平行移动方式去设计,再把有等待时间的工序中所有的等待时间都加到本道工序的闲置时间里面,把这个总时间设置成一个触发时间,这道工序必须到了这个触发时间,才能开始工作,这样就能保证上道工序的最后一个零件刚加工完,这道工序正好开始加工最后一个零件。此时暂存区就需要分不同情况设置,暂存区 5 设批量为 4,最长等待时间为 49;暂存区 9 设批量为 4,最长等待时间为 56;暂存区 17 设批量为 4,最长等待时间为 41。

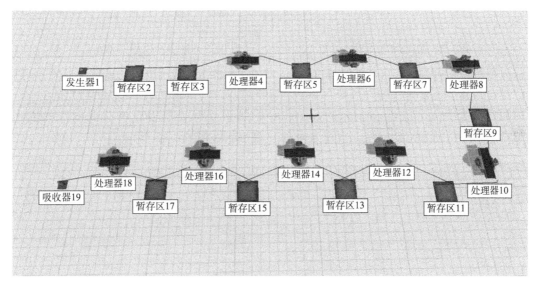

图 3-28 生产线整体概念

3)建模步骤

(1)生产区参数设置。

生产区参数设置如下。双击 Source1 打开参数设置页面,单击 Source 选项卡,在 Arrival Style(到达方式)的下拉菜单中选择 Arrival Sequence(按序列到达),零件按序列到达,然后在下面出现的表格中,将数量 Quantity 改为 8。设置界面如图 3-29 所示。

(2)暂存区参数设置。

①暂存区 2 的设置比较特殊,它主要是约束发生器产生临时实体的数量,具体设置如下。

a. 双击暂存区 2 打开参数设置页面,单击暂存区选项卡,勾选 Perform Batching(成批操作),将 Target Batch Size(目标批量)设置为 8,在 Item Placement(实体堆放)的下拉菜单中选择 Stack Vertically(垂直堆放),设置界面如图 3-30 所示。

b. 单击 Triggers(触发器),在 OnEntry(进入触发)的下拉菜单中,选择 Close andOpen Ports(关闭和打开端口),将 Condition(条件)设置为 content (current) = =8(当前容量 =8),设置界面如图 3-31 所示。

②根据三种不同的组织方法,设置其余的暂存区。

图 3-29 生产器参数设置   图 3-30 暂存区 2 目标批量参数设置

a. 顺序移动方式暂存区 3、5、7、9、11、13、15、17 的参数设置相同,以暂存区 3 为例进行参数设置。具体设置为:双击暂存区 3 打开参数设置页面,单击暂存区选项卡,勾选 Perform Batching(成批操作),将 Target Batch Size(目标批量)设置为 8,在 Item Placement(实体堆放)的下拉菜单中选择 Stack Vertically(垂直堆放),设置界面如图 3-32 所示。

图 3-31 暂存区 2 参数设置   图 3-32 顺序移动方式下的暂存区参数设置

对暂存区 5、7、9、11、13、15、17 进行相同的参数设置。

b. 平行移动方式:暂存区 3、5、7、9、11、13、15、17 的参数设置相同,暂存区不需要设置批量,就可以基本上满足平行移动方式。同样以暂存区 3 为例进行设置。具体设置为:双击暂存区 3 打开参数设置页面,单击暂存区选项卡,在 Item Placement(实体堆放)的下拉菜单中选择 Stack Vertically(垂直堆放),设置界面如图 3-33 所示。

对暂存区 5、7、9、11、13、15、17 进行相同的参数设置。

c. 平行顺序移动方式:暂存区的设置大不相同,下面依次介绍。

暂存区 3、7、11、13、15 不需要设置批量,就可以基本上满足要求。同样以暂存区 3 为例进行设置。具体设置为:双击暂存区 3 打开参数设置页面,单击暂存区选项卡,在 Item Placement(实体堆放)的下拉菜单中选择 Stack Vertically(垂直堆放),设置界面如图 3-34 所示。

对暂存区 7、11、13、15 进行与暂存区 3 相同的参数设置。

暂存区 5 的设置如下。双击暂存区 5 打开参数设置页面,单击暂存区选项卡,勾选

Perform Batching(成批操作),将 Target Batch Size(目标批量)设置为4,将 Max Wait Time(最大等待时间)设置为49,在 Item Placement(实体堆放)的下拉菜单中选择 Stack Vertically(垂直堆放),设置界面如图3-35所示。

图3-33 平行移动方式下的暂存区参数设置   图3-34 平行移动方式下的暂存区参数设置

暂存区9的设置如下。双击暂存区9打开参数设置页面,单击暂存区选项卡,勾选 Perform Batching(成批操作),将 Target Batch Size(目标批量)设置为4,将 Max Wait Time(最大等待时间)设置为56,在 Item Placement(实体堆放)的下拉菜单中选择 Stack Vertically(垂直堆放),设置界面如图3-36所示。

图3-35 平行顺序移动方式下的暂存区5参数设置   图3-36 平行顺序移动方式下的暂存区9参数设置

暂存区17的设置如下。双击暂存区17打开参数设置页面,单击暂存区选项卡,勾选 Perform Batching(成批操作),将 Target Batch Size(目标批量)设置为4,将 Max Wait Time(最大等待时间)设置为41,在 Item Placement(实体堆放)的下拉菜单中选择 Stack Vertically(垂直堆放),设置界面如图3-37所示。

(3)处理器参数设置。

三种组织方式中,对处理器的设置也是相同的。把处理器的加工时间依次设为12min、5min、15min、7min、9min、11min、22min、5min。下面以处理器4为例进行说明,具体设置如下。双击处理器4打开参数设置页面,单击处理选项卡,将 Process Time(处理时间)设置为12,设置界面如图3-38所示。

图 3-37 平行顺序移动方式下的暂存区 17 参数设置　　图 3-38 处理器的参数设置

其余处理器的参数设置方法同上,将 Processor 选项卡的 Process TIme 依次修改为 5min、15min、7min、9min、11min、22min、5min 即可。

4)仿真结果分析

(1)顺序移动方式。

运行后,查看他们的工作强度和标准信息,将所有实体的运行结果全部整理出来,汇成标准报告表,见表 3-20。

标准报告表　　　　　　　　　　　　　　　　　　　　　表 3-20

运行时间:688.00min					
区域/设备	吞吐量		停留时间		
	输入	输出	最短	平均	最长
发生器 1	0	8	0	0	0
暂存区 2	8	8	0	0	0
暂存区 3	8	8	0	42	84
处理器 4	8	8	12	12	12
暂存区 5	8	8	35	59.5	84
处理器 6	8	8	5	5	5
暂存区 7	8	8	35	70	105
处理器 8	8	8	15	15	15
暂存区 9	8	8	49	77	105
处理器 10	8	8	7	7	7
暂存区 11	8	8	49	56	63
处理器 12	8	8	9	9	9
暂存区 13	8	8	63	70	77
处理器 14	8	8	11	11	11
暂存区 15	8	8	77	115.5	154

续上表

区域/设备	吞吐量		停留时间		
	输入	输出	最短	平均	最长
处理器16	8	8	22	22	22
暂存区17	8	8	35	94.5	154
处理器18	8	8	5	5	5
吸收器19	8	0	0	0	0

通过表3-20,可以计算出零件在加工时的总等待长度为:42 + 59.5 + 70 + 77 + 56 + 70 + 115.5 + 94.5 = 584.5min,将所有实体的加工强度整理出来,可得所有实体的状态报告表,见表3-21。

状态报告表　　　　　表3-21

区域/设备	空闲时间(%)	加工时间(%)	实体空闲时间(%)	搜集临时实体时间(%)
发生器1	0.00	0.00	0.00	0.00
暂存区2	0.00	0.00	100	0.00
暂存区3	0.00	0.00	87.79	12.21
处理器4	86.05	13.95	0.00	0.00
暂存区5	0.00	0.00	82.70	17.30
处理器6	94.19	5.81	0.00	0.00
暂存区7	0.00	0.00	79.65	20.35
处理器8	82.56	17.44	0.00	0.00
暂存区9	0.00	0.00	77.62	22.38
处理器10	91.86	8.14	0.00	0.00
暂存区11	0.00	0.00	83.72	16.28
处理器12	89.53	10.47	0.00	0.00
暂存区13	0.00	0.00	79.65	20.35
处理器14	87.21	12.79	0.00	0.00
暂存区15	0.00	0.00	66.42	33.58
处理器16	74.42	25.58	0.00	0.00
暂存区17	0.00	0.00	72.53	27.47
处理器18	94.19	5.81	0.00	0.00
吸收器19	0.00	0.00	0.00	100

从表3-20、表3-21中可以看出顺序移动方式带来的优缺点。优点:①工件加工按顺序,有规律可循,同时机床的布置和连接较为简单;②加工过程中运输次数少。缺点:①设备生产周期较长;②在制品数量较大。

(2)平行移动方式。

运行结束后,得到相应的仿真结果,将所有实体的运行结果全部整理出来,汇成标准报告表,见表3-22。

标准报告表 表3-22

运行时间:240.00min					
区域/设备	吞吐量		停留时间		
	输入	输出	最短	平均	最长
发生器1	0	8	0	0	0
暂存区2	8	8	0	0	0
暂存区3	8	8	0	42	84
处理器4	8	8	12	12	12
暂存区5	8	8	0	0	0
处理器6	8	8	5	5	5
暂存区7	8	8	0	10.5	21
处理器8	8	8	15	15	15
暂存区9	8	8	0	0	0
处理器10	8	8	7	7	7
暂存区11	8	8	0	0	0
处理器12	8	8	9	9	9
暂存区13	8	8	0	0	0
处理器14	8	8	11	11	11
暂存区15	8	8	0	24.5	49
处理器16	8	8	22	22	22
暂存区17	8	8	0	0	0
处理器18	8	8	5	5	5
吸收器19	8	0	0	0	0

通过表3-22,可以计算出零件在加工时的总等待时间长度为:42+0+10.5+0+0+0+24.5+0=77min,将所有实体的加工强度整理出来,可得所有实体的状态报告表,见表3-23。

状态报告表 表3-23

区域/设备	空闲时间(%)	加工时间(%)	实体空闲时间(%)	搜集临时实体时间(%)	释放时间(%)
发生器1	0.00	0.00	0.00	0.00	0.00
暂存区2	0.00	0.00	100	0.00	0.00
暂存区3	0.00	0.00	65.00	0.00	35.00

续上表

区域/设备	空闲时间（%）	加工时间（%）	实体空闲时间（%）	搜集临时实体时间（%）	释放时间（%）
处理器 4	60.00	40.00	0.00	0.00	0.00
暂存区 5	0.00	0.00	100	0.00	0.00
处理器 6	83.33	16.67	0.00	0.00	0.00
暂存区 7	0.00	0.00	69.75	0.00	31.25
处理器 8	50.00	50.00	0.00	0.00	0.00
暂存区 9	0.00	0.00	100.00	0.00	0.00
处理器 10	76.67	23.33	0.00	0.00	0.00
暂存区 11	0.00	0.00	100.00	0.00	0.00
处理器 12	70.00	30.00	0.00	0.00	0.00
暂存区 13	0.00	0.00	100.00	0.00	0.00
处理器 14	63.33	36.67	0.00	0.00	0.00
暂存区 15	0.00	0.00	45.83	0.00	54.17
处理器 16	26.67	73.33	0.00	0.00	0.00
暂存区 17	0.00	0.00	100.00	0.00	0.00
处理器 18	83.33	16.67	0.00	0.00	0.00
吸收器 19	0.00	0.00	0.00	100	0.00

从表 3-22、表 3-23 中可以看出平行移动方式带来的优缺点。优点：①加工的在制品数量减到最少；②缩短了加工周期。缺点：①容易出现设备等待或零件等待的情况；②加工过程中搬运次数较多。

（3）平行移动方式。

运行结束后，得到相应的仿真结果，将所有实体的运行结果全部整理出来，汇成标准报告表，见表 3-24。

标准报告表　　　　表 3-24

运行时间：345.00min					
区域/设备	吞吐量		停留时间		
	输入	输出	最短	平均	最长
发生器 1	0	8	0	0	0
暂存区 2	8	8	0	0	0
暂存区 3	8	8	0	42	84
处理器 4	8	8	12	12	12
暂存区 5	8	8	15	25.5	36

续上表

区域/设备	吞吐量		停留时间		
	输入	输出	最短	平均	最长
处理器6	8	8	5	5	5
暂存区7	8	8	0	21	42
处理器8	8	8	15	15	15
暂存区9	8	8	21	33	45
处理器10	8	8	7	7	7
暂存区11	8	8	0	3	6
处理器12	8	8	9	9	9
暂存区13	8	8	0	3	6
处理器14	8	8	11	11	11
暂存区15	8	8	0	30.5	61
处理器16	8	8	22	22	22
暂存区17	8	8	24	32.5	41
处理器18	8	8	5	5	5
吸收器19	8	0	0	0	0

通过表3-24可以计算出零件在加工时的总等待时间长度为:$42+25.5+21+33+3+3+30.5+32.5=190.5$min,将所有实体的加工强度整理出来,可得所有实体的状态报告表,见表3-25。

状态报告表　　　　　　　　表3-25

区域/设备	空闲时间(%)	加工时间(%)	实体空闲时间(%)	搜集临时实体时间(%)	释放时间(%)
发生器1	0.00	0.00	0.00	0.00	0.00
暂存区2	0.00	0.00	100.00	0.00	0.00
暂存区3	0.00	0.00	75.65	0.00	24.35
处理器4	72.17	27.83	0.00	0.00	0.00
暂存区5	0.00	0.00	71.30	28.70	0.00
处理器6	88.41	11.59	0.00	0.00	0.00
暂存区7	0.00	0.00	71.88	0.00	28.12
处理器8	65.22	34.78	0.00	0.00	0.00
暂存区9	0.00	0.00	63.48	36.52	0.00
处理器10	83.77	16.23	0.00	0.00	0.00
暂存区11	0.00	0.00	93.04	0.00	6.96

续上表

区域/设备	空闲时间（%）	加工时间（%）	实体空闲时间（%）	搜集临时实体时间（%）	释放时间（%）
处理器12	79.13	20.87	0.00	0.00	0.00
暂存区13	0.00	0.00	93.04	0.00	6.96
处理器14	74.49	25.51	0.00	0.00	0.00
暂存区15	0.00	0.00	58.55	0.00	41.45
处理器16	48.99	51.01	0.00	0.00	0.00
暂存区17	0.00	0.00	49.41	51.59	0.00
处理器18	88.41	11.59	0.00	0.00	0.00
吸收器19	0.00	0.00	0.00	100.00	0.00

从表3-24、表3-25中可以看出平行移动方式带来的优缺点。优点：①周期相对较少；②搬运次数少。缺点：①每个工件都有不同的加工路线，生产组织安排比较复杂；②总设备闲置时间相对较长。

  思考题

1. 简述本章讲述的三种物流系统建模的特点和应用场景。
2. 排队系统与库存系统的研究目的有何区别？
3. 结合现实情况，分析如何进一步降低库存成本和利润，在模型中如何体现出来？

第 4 章　Flexsim 仿真建模入门

4.1　基本界面

以最新版的 Flexsim 7.3 为例,主要分为以下四个部分:上方的菜单栏、工具栏,左边的对象库,中间的模型视图、仿真控制栏,如图 4-1 所示。

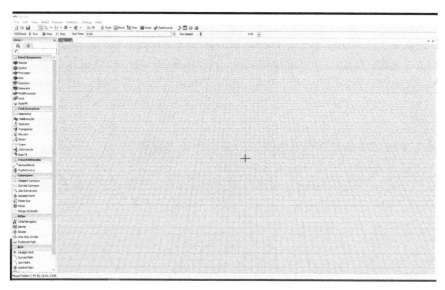

图 4-1　Flexsim 基本界面

4.1.1　菜单栏

1) File(文件)菜单

File 菜单如图 4-2 所示。

New Model(新建):创造一个新的仿真模型。

Open Model(打开):打开一个新的仿真模型(扩展名为.fsm)。

Recent Models(最近的模型):点击此处可以看到最近创建的仿真模型。

Save(保存):保存当前模型文件(扩展名为.fsm)。

自动保存:自动保存当前模型文件(扩展名为.fsm)。

Save Model as(另存为):将当前模型文件(扩展名为.fsm)另存到指定的位置。

状态文件:此选项用来保存模型的状态(当前运行模型),或者装载已保存的模型状态文件,然后接着运行模型。

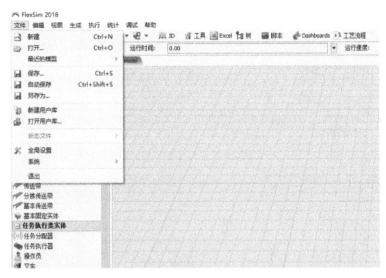

图 4-2　File 菜单

Global Perferences 全局设置：此选项可以打开全局设置窗口，通过此窗口进行选择设置，配置文件亮度等属性，如图 4-3 所示。

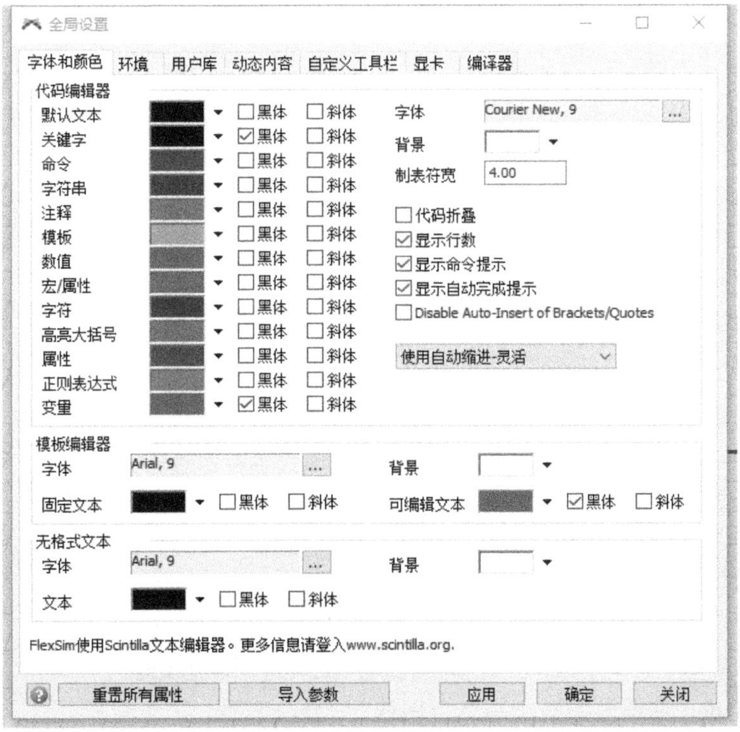

图 4-3　全局表对话框

System（系统）：用来手动装载媒体，断开任何链接到 DLL 切换节点的 DLL。
Exit（退出）：在不进行任何保存的情况下关闭 Flexsim。

2)Edit(编辑)菜单

Edit 菜单如图 4-4 所示。

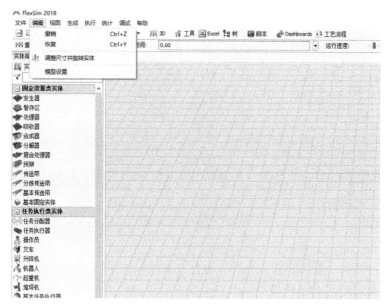

图 4-4　Edit 菜单

Undo(撤销):撤销对模型做的最后一次编辑。

Redo(恢复):恢复对模型的上次操作。

调整尺寸并旋转实体:可以使实体轴显示在俯视图和透视图中,从而用来设计实体的尺寸和旋转实体。

模型设置:设置数值精度、设置模型中的样条张力、长度单位、时间单位、流体单位、模型开始时间、时间格式、日期格式等。模型设置窗口如图 4-5 所示。

3)View(视图)菜单

View 菜单如图 4-6 所示。

Model View(3D):模型视图以 3D 方式显示模型。

Model Tree(模型树):可以打开一个显示模型文件夹的树视图。

实体库:在主页面左侧部分显示实体库视图

工具箱:在主页面左侧部分显示工具箱视图。

4)生成菜单

生成菜单如图 4-7 所示。

Build FlexScript(生成 FlexScript):编写所有 Flexsim 脚本代码。

Compile Model(编译模型):编写所有偶遇的 C++代码。

Compile Entire Session(编译整体会话):在主目录树中编译所有 C++代码。

Open Visual Studio(打开 Visual Studio):打开微软 C++。

5)执行菜单

执行菜单如图 4-8 所示。

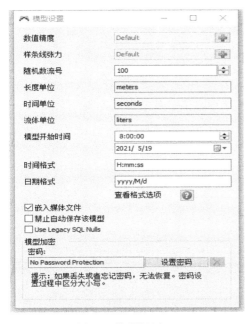

图 4-5　模型设置窗口　　　　　　　图 4-6　View 菜单

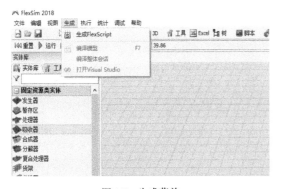

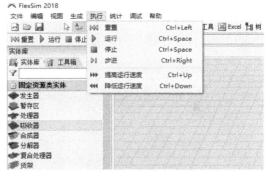

图 4-7　生成菜单　　　　　　　　　图 4-8　执行菜单

Reset(重置):与选择仿真运行控制面板上的"重置"按钮相同。
Run(运行):与选择仿真运行控制面板上的"运行"按钮相同。
Stop(停止):与选择仿真运行控制面板上的"停止"按钮相同。
Step(步进):与选择仿真运行控制面板上的"步进"按钮相同。
Increase Run Speed(提高运行速度):提高模型的仿真运行速度。
Decrease Run Speed(降低运行速度):降低模型的仿真运行速度。

6)统计菜单

统计菜单如图 4-9 所示。

Repeat Random Streams(重复随机流):在每次重置和运行模型的时候重复随机数流。

ExpertFit(打开 ExpertFit 软件):打开由 Averill Law 和 Associates 公司开发的 ExpertFit 软件,ExpertFit 是一个用来确定输入数据的最佳匹配的统计概率分布的程序。

95

图 4-9 统计菜单

7）Debug(调试)菜单

Debug 菜单如图 4-10 所示。

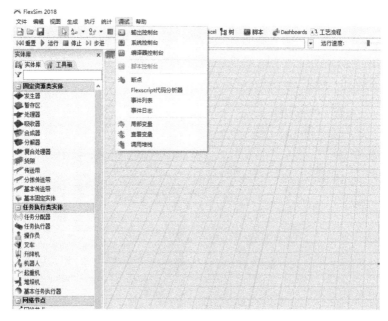

图 4-10 Debug 菜单

Output Console(输入控制台)：打开一个显示输出信息的窗口,可以使用 pt( )、pr( )、pd( )、pf( )等命令在输出控制台里打印自己的信息。

System Console(系统控制台)：打开一个窗口并打印出程序引擎状态的相关信息。

Compiler Console(编译器控制台)：打开一个窗口,模型编译时,相关信息在此窗口里被打印。

Breakpoints(断点)：打开断点窗口,关于这个窗口和断点的更多信息,请查看 Step Debugging(分布调试)。

FlexScript Cond Profile(代码分析器)：此窗口罗列了模型中定义的所有脚本函数,按照模型执行所花费的时间进行排序。

Event List(事件列表)：暂挂事件(触发器将要发生的事件)的分类列表。

Event Log(事件日志)：触发器已经发生的事件的分类列表。

8) Help(帮助)菜单

Help 菜单如图 4-11 所示。

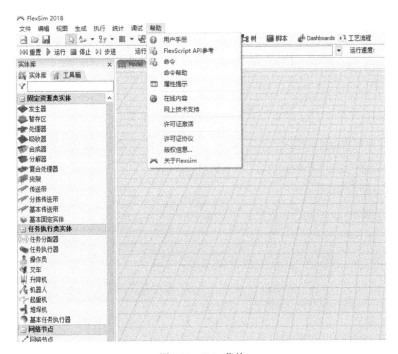

图 4-11 Help 菜单

Users(用户手册):打开 Flexsim 的用户手册。

Commands(命令):打开命令集。

命令帮助:查找各个命令的含义。

Attribute Hints(属性提示):此窗口的列表显示所有的 Flexsim 属性和它们的含义。

网上技术支持:此选项可以在浏览器中打开 Flexsim 网页。

许可证激活:此选项可以打开许可证激活对话框。

许可证协议:此选项可以打开许可证协议。

About Flexsim(关于 Flexsim):打开一个有关 Flexsim 的信息,显示当前运行的 Flexsim 版本信息,此 Flexsim 的注册用户信息、显卡信息以及联系信息。

4.1.2 工具栏

工具栏中常用到的按钮包括

ToolBox:编辑全局表格/变量 ToolBox 。

Commands:Flexsim 命令帮助 Commands 。

Tree:打开模型树 Tree 。

Ortho:打开模型正投影视图 Ortho 。

Persp:打开模型透视图 Persp 。

FlowItem:临时实体库 ．

3D:打开3D模型视图 。

4.1.3 Flexsim 的仿真时间控件

Flexsim 的仿真时间控件如图4-12所示。

图4-12 仿真时间控件

重置:仿真模型整体复位,力图调用各个对象的复位函数,清空缓冲区,数据表格(Global Table,Time Table)参数设置。

运行:运行仿真模型。

停止:仿真模型运行结束,调用各个对象的 OnFinish 函数,按"运行"不可以继续运行模式。

步进:仿真模型步进,它是按照时间步进。

Run Time(运行时间):仿真模型转换在实际环境中运行的真正时间。

Run Speed(运行速度):仿真模型运行的速度。

4.1.4 Flexsim 的对象库

Flexsim 有丰富的对象库(图4-13),其中实体灵活多变,可以满足客户个性需求,且可以自定义实体并保存,方便以后调用。

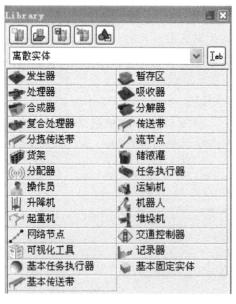

图4-13 Flexsim 对象库

Flexism 的对象可分为资源类、执行类、网络类和图示类。

(1)资源类(Fixed Resources):Fixed Resource 类对象一般是仿真模型中的主干对象,此类对象决定了模型的流程,资源类对象有 Source、Queue、Processor、Sink、Combiner、Separator、MultiProcessor、Conveyor、MergeSort、FlowNode、Rack 和 Reservoir 等(图 4-14)。

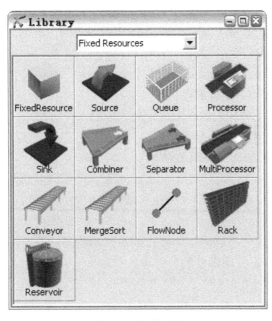

图 4-14 资源类对象

(2)执行类(TaskExecuter):Task Executer 对象可从 Fixed Resource 对象中获取并执行任务,如物料搬运或生产操作等。

一个 Task Executer 对象可以向其他 Task Executor 对象指派任务,或者管理模型中所有的 Task Executers 对象。Task Executers 对象不参与模型中的流程指派。

(3)网络类(NetworkNode):NetworkNode 对象一般用来设定 TaskExecutor 对象的行动路线。

(4)图示类(VisualObject):图示类对象可用在仿真模型中显示各种信息、标识、图片或图表等。

VisualTool 和 Recorder 对象可用来提高仿真模型的直观感,同时可用来实时显示和搜集模型的输出数据。

Flexism 的对象也可以分为离散对象和流体对象。

(1)离散对象。

Source:临时实体/零件生成器,根据临时实体/零件的生成序列生产零件。

Queue:暂存区,临时存放临时实体的地方。

Processor:单道工序处理器,根据零件的类型来加工零件。

Sink:零件吸收器,零件加工工序全部完成后,吸收工件。

Combiner:装配器,把部件装配到零件上。

Separator:衍生器,由一个源零件复制生产多个具有相同性质零件的副本。

MultiProcessor:多道工序处理器,加工零件要多个加工工序来完成。

Conveyor:零件传送带。

FolwNode：流节点，用于将临时实体从一个位置移动到另一个位置。
NetworkNode：网络节点，定义运输机和操作员遵循的路径网络。
Dispatcher：工人调度管理器，根据调度策略派出工人，无需求时召回工人。
TaskExecuter：任务执行器，是模型中共享的、可移动的资源，可以使操作员用来给定步骤中对临时实体进行加工处理，也可以在两个加工步骤之间运输临时实体。
Operator：表示一个具体的工人。
Transporter：铲车，当需要搬运的物件比较多时或比较大时需要使用铲车。
Elevator：升降机，上下运输移动零件。
Robot：机器人手，加工零件或者在搬运距离很近的工件时使用。
VisualTool：以文字的形式显示分析结果。
Recorder：以表格和图的形式显示结果。
ASRSvehicel：堆垛机，专门设计用来与货架一起工作，实现实体堆放和取下。
Crane：起重机，完成输送任务，用来模拟有规梁导引的起重机，如门式、桥式和悬臂式起重机。
BasicFR：固定实体，定义将临时实体拉入到站点并继续发送实体的逻辑。
MergeSort 分拣输送机，实现零件的分类输入和输出。
Rack：货架，储存零件。
Reservoir：储液罐，储存液体。
BasicTE：任务执行器，进行碰撞检测和执行偏移行进。
BasicConveyor：基本传送带，是可以允许临时实体随时随地地移动或移出，可根据用户定义的逻辑移动的一种传输机。
TrafficControl：交通控制器，控制一个交通网络上给定区域的交通。
（2）流体对象。
FluidTicker：时钟，将时间分成小的、相同间隔的单位"tick"。建模者可以定义每一个 tick 的长度。
FluidTank：流体储存器，是一个简单的流体实体，可以同时接收和发送物质。
FluidGenerator：流体发生器，提供无限制的流体供应。可以将流体发生器设置成以固定速率进行填充或者设置成在完全变空之后进行一定时间的填充。
FluidTerminator：流体吸收器，用来销毁模型中加工过的物质，将没有转换成临时实体的流体物质移出模型。
FluidMixer：流体混合器，用于将不同的产品合成一种新的产品。
FluidBlender：流体混合管，用来根据用户设定的百分比（非固定量），混合来自不同的输入端口的物质。流体混合管常用于管内混合，管内混合不需要成批地完成。
FluidSplitter：分解管，根据建模者制定的百分比将物质输送至多个输入端口。
FluidPipe：输送管，用来模拟物质在两个实体之间移动所花费的时间。
FluidProcessor：流体处理器，用来模拟连续接收和输入流体物质的加工步骤（比如连接蒸煮器）。
ItemToFluid：流体转换器，用来在流体实体和离散实体相互转换的工具之一，它接收临时实体,然后将其转换成流体物质。

FluidToItem:实体转换器,用来在流体实体和离散实体相互转换的工具之一,它接收流体,然后将其转换成临时实体,输送至下游实体中。

4.2 基本术语

Flexsim 实体:Flexsim 实体模拟仿真中不同类型的资源。暂存区实体就是一个例子,它扮演储存和缓冲区的角色。暂存区可以代表一队人、CPU(Central Processing Unit,中央处理器)上一个空闲过程的队列、工厂中地面上的一个储存区或客户服务中心的一队等待的呼叫等。另一个 Flexsim 实体例子是处理器实体,它模拟一段延迟或一个处理过程的时间。这个实体可以代表工厂中的一台机器、一位正在给客户服务的银行出纳员、一位邮政分检员等。

Flexsim 实体放在对象库栅格中。对栅格进行了分组管理,默认显示最常用的实体。

临时实体:临时实体是流经模型的实体。临时实体可以表示工件、托盘、装配件、文件、集装箱、电话呼叫、订单或任何移动通过仿真过程的对象。临时实体可以被加工处理,也可以由物料处理设备传输通过模型。在 Flexsim 中,临时实体由发生器产生,在流经模型之后被送到吸收器中。

临时实体类型:临时实体类型是一个放在临时实体上的标志,它可以代表条形码号、产品类型或工件号等。在临时实体寻径中,Flexsim 使用实体类型作为引用。

端口:每个 Flexsim 实体的端口数没有限制,通过端口它们可以与其他的实体通信。有三种端口类型:输入端口、输出端口和中间端口。

输入和输出端口用于临时实体的寻径。例如,一个邮件分拣员依靠包裹上的目的地把包裹分放到几个输送机中上。为了在 Flexsim 中进行仿真,连接处理器实体上的输出端口到几个输送机实体的输入端口,这意味着当一个处理器(或邮件分拣员)完成临时实体(包裹)的处理后,就通过它的一个输出端口将其发送到一个特定的输送机上。

中间端口用来建立从一个实体到另一个实体的引用。中间端口的一个惯常用法是引用可移动实体,如从设备、暂存区或输送机等引用操作员、叉车或者起重机。

端口的建立和连接是通过按住键盘上的不同字母键,并用鼠标点击一个实体,并拖曳到另一个实体上完成的。当按住左键并拖曳鼠标时,如果同时按住"A"键,就可以在第一个实体上建立输出端口,并在另一个实体上建立输入端口,这样两个新端口就自动连接起来。如果按住"S"键,将在两个实体上都建立一个中间端口,并把这两个新端口连接起来。拖曳鼠标并同时按下"Q"键可以删除输入输出的端口和连接,按下"W"键可以删除中间端口和连接。图 4-15 说明了用于连接和断开两种端口连接的键盘字母。

状态	输入-输出	中间
断开	Q	W
连接	A	S

图 4-15 用于连接和断开两种端口连接的字母

模型视图：Flexsim 应用 3D 建模环境。建模时默认的模型视图叫作正投影视图。也可以在一个更真实的透视视图中查看模型。尽管透视视图表达得更真实，但是通常在正投影视图中更容易建立模型布局。当然，任一视图都可以用来建立和运行模型。Flexsim 允许根据需要打开多个视图视窗。不过请记住，当打开多个视窗时会增加对计算机资源的需求。

模型：代表实际系统的 Flexsim 对象集。

对象：具有一定功能，可以定义属性、变量和外观的建模单元。

实体：在模型中流动的实体，可以是零件、顾客、信号等。

4.3 交互控制

4.3.1 鼠标操作

移动实体：要在模型中移动实体，则单击该实体并拖动至需要放置的位置。还可以右键单击并拖动鼠标来旋转此实体。也可以使用鼠标滚动，或同时在实体上按住鼠标左右键并拖动鼠标，可沿 z 轴方向上下移动该实体。

移动窗口：要移动模型的观察点，可单击窗口的一个空白区，并拖动鼠标。要旋转模型视点时，右击空白区并拖动鼠标。要放大或缩小视图时，使用鼠标滚动轮或同时按住鼠标左右键并拖动鼠标。

连接端口：按住键盘上不同字母，单击一个实体并拖动至第二个实体。如果在单击和拖动过程中按住 <A> 键，则将在第一个实体上生产一个输出端口，同时在第二个实体上生成一个输入端口，这两个新的端口将自动连接。如果按住 <S> 键，则将在这两个实体上各生成一个中间端口，并连接这两个新的端口。如果按住 <Q> 键或 <W> 键，输入、输出端口之间或中间端口之间的连接被断开，端口被删除。

4.3.2 键盘交互

在正投影或透视视图中工作时，可以使用若干快捷键来建立、制定和获取模型信息。图 4-16 显示了键盘布局，图中用深色显示的键在与 Flexsim 交互中具有特定的含义。

图 4-16　键盘布局图

注：必须在正投影或透视视图是激活窗口情况下，快捷键才能正常工作。在按下任何键之前，应首先单击窗口的标题栏使得窗口激活。否则，快捷键只有在试第二次时才会生效。

（1）＜A＞＜J＞键：实体连接。

＜A＞键用来连接某些类型的两个实体。按住＜A＞键并单击实体，按住鼠标不放，拖动到另一个实体，在那个实体上释放鼠标键。通常＜A＞键连接是一个实体的输出端口到另一实体的输入端口。对于网络节点，＜A＞键将其连接到作为移动物的任务执行器，或连接到作为移动路径关口的固定资源，或者连接到作为移动路径的其他网络节点上。如果习惯使用左手，也可以使用＜J＞键。如果用＜A＞键连接两个实体，但是没有看见任何变化，首先去查看确认视图设定没有隐藏连接，如果仍没有变化，则可能是那些实体不支持＜A＞键连接。

（2）＜Q＞＜U＞键：断开实体连接。

＜Q＞键用来断开某些类型的两个实体的连接。按住＜Q＞键单击实体，按下并保持鼠标左键拖动到另一个实体上，在其上释放鼠标。通常使用＜Q＞键来断开一个实体的输出端口到另一个实体的输入端口之间的连接。对于网络节点来说，＜Q＞键断开一个网络节点与作为移动物的任务执行器，或者与作为移动网关的固定资源之间的连接，并设定一条移动路径的单行线连接为"无连接"（红色）。如果习惯使用左手，也可以使用＜U＞键。

（3）＜S＞＜K＞键：中间端口连接。

＜S＞键用来连接两个实体的中间端口。中间端口的使用是为了达到引导的目的，采用centerobject()命令可对其进行引用。按下＜S＞键并单击一个实体，按住鼠标键不放，拖动到另一个尸体上，然后释放鼠标。如习惯使用左手，也可以使用＜K＞键。

（4）＜W＞＜I＞键：断开中间端口连接。

＜W＞键用来断开两个实体的中间端口连接。按下＜W＞键并单击一个实体，按住鼠标不放，拖动到另一实体上，然后释放鼠标按钮。如果习惯使用左手，也可以使用＜I＞键。

（5）＜D＞键：网络节点和交通连接。

网络节点和交通控制器都采用＜D＞键连接。

（6）＜E＞键：断开控制器连接。

网络节点和交通控制器都采用＜E＞键断开连接。

（7）＜X＞键：改变实体或实体视图信息。

＜X＞键用来根据实体类型改变一个实体或实体的视图信息。使用方法：按下＜X＞键并单击实体。网络节点将整个网络在不同的显示模式间切换。＜X＞键也在网络路径上创建新的样条节点。货架也将在不同的显示模式间切换。输送机将重新布置下游输送机位置以使输送机末端齐平。

（8）＜B＞键：改变实体或实体视图信息的附加链。

＜B＞键用来根据实体的类型改变实体或实体视图信息的附加链。使用方法：按住＜B＞键单击实体，网络节点将使整个网络在不同的显示模式之间切换。交通控制器也使用＜B＞键。

(9) <V>键:查看输入/输出端口的连接。

<V>键用来查看一个实体的输入/输出端口连接。按住<V>键并单击实体不松开,先释放鼠标按钮,则相关信息消失;先释放<V>键,则会持续显示相关信息。

(10) <C>键:查看中间端口连接。

<C>键来查看一个实体的中间端口连接。按住<C>键并单击实体不松开,先释放鼠标按钮,则相关信息消失;先释放<C>键,则会持续显示相关信息。

4.4 入门案例

4.4.1 案例1描述

在第一个模型中,我们将研究三种产品离开一个生产线进行检验的过程。有三种不同类型的临时实体将按照正态分布间隔到达。临时实体的类型在类型1、2、3三个类型之间均匀分布。当临时实体到达时,它们将进入暂存区并等待检验。有三个检验台用来检验。一个用于检验类型1,另一个检验类型2,第三个检验类型3。检验后的临时实体放到输送机上。在输送机终端再被送到吸收器中,从而退出模型。图4-17是模型1的流程框图。

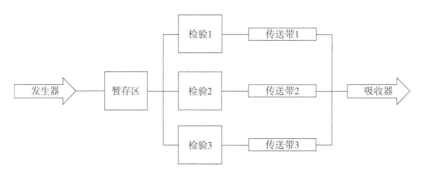

图4-17 模型1流程框图

案例1数据:

发生器到达速率:normal(20, 2)s。

暂存区最大容量:25个临时实体。

检验时间:exponential(0, 30)s。

输送机速度:1m/s。

临时实体路径:类型1到检验台1,类型2到检验台2,类型3到检验台3。

4.4.2 建模步骤

为了检验Flexsim软件安装是否正确,在计算机桌面上双击Flexsim图标打开应用程序。软件装载后,将看到Flexsim菜单和工具按钮、库以及正投影视图的视窗。

步骤1:从库里拖出一个发生器放到正投影视图中,如图4-18所示。

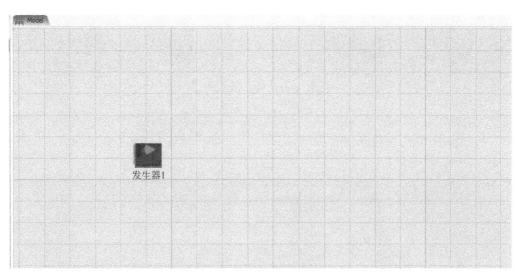

图 4-18 正投影视图

步骤 2：把其余的实体拖到正投影视图视窗中，如图 4-19 所示。

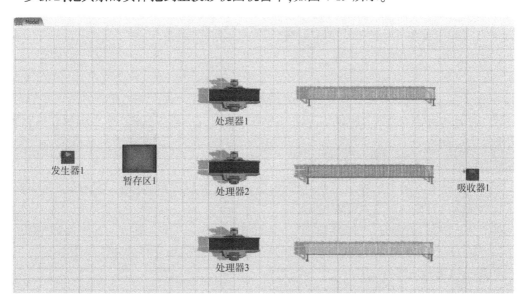

图 4-19 正投影视图

图 4-18 中任务完成后，将看到这样的一个模型。模型中有 1 个发生器、1 个暂存区、3 个处理器、3 个输送机和 1 个吸收器。

步骤 3：连接端口。

下一步是根据临时实体的路径连接端口。连接过程是：按住"A"键，然后用鼠标左键点击发生器并拖曳到暂存区，再释放鼠标键。拖曳时将看到一条黄线（图 4-20），释放时变为黑线（图 4-21）。

连接每个处理器到暂存区，连接每个处理器到输送机，连接每个输送机到吸收器，这样就完成了连接过程。完成连接后，所得到的模型布局应如图 4-22 所示。

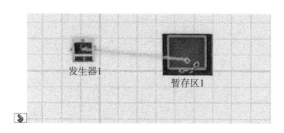

图 4-20 拖曳时出现的黄线　　　　　图 4-21 释放后得到的黑线

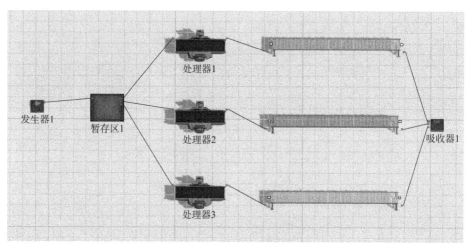

图 4-22 完成端口连接

下一步是根据对实体行为特性的要求改变不同实体的参数。首先从发生器开始设置，最后到吸收器结束。

下面详细定义模型。

每个实体都有其特有的图形用户界面(GUI)，通过此界面可将数据与逻辑加入到模型中。双击实体可打开叫作参数视窗的 GUI。

对于这一模型，想要有三种不同的产品类型进入系统。为此，将应用发生器的"离开触发器"为每个临时实体指定一个 1~3 之间的均匀分布的整数值来作为实体类型。

步骤 4：指定到达速率。

双击发生器键打开其参数视窗(图 4-23)。

所有的 Flexsim 实体都有一些分页或标签页，提供一些变量和信息，建模人员可根据模型的需求来进行修改。在这个模型中，需要改变到达时间间隔和实体类型来产生 3 种实体。根据模型描述，要设定到达时间间隔为 normal(10,2)。现在，按下到达时间间隔下拉菜单中的箭头，选择"正态分布"选项(图 4-24)。

该选项将出现在视窗里。如果要改变分布的参数，可以使用模板改变数值来调整分布。在本模型中改变 10 为 20，随机数流改为 1。

下面我们需要为临时实体指定一个实体类型，使进入系统临时实体的类型服从 1~3 之间的均匀分布。最好的做法是在发生器的"离开触发器"中改变实体类型。

步骤 5：设定临时实体类型和颜色。

图4-23 发生器参数视窗

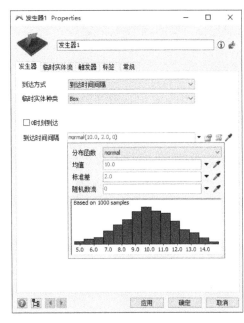

图4-24 发生器达到时间间隔参数设置视窗

选择发生器触发器分页(图4-25)。在"离开触发器"框中,选择"数据设置"-"设置临时实体类型和颜色",以改变临时实体类型和颜色。

在选定设置临时实体类型和颜色的选项后,可以看到下列信息(图4-26)。

图4-25 发生器触发器分页视窗

图4-26 设置实体颜色视窗

点击发生器参数视窗的确定键。

下一步是详细设定暂存区参数。由于暂存区是在临时实体被处理器处理前存放临时实体的场所,因此需要做两件事。首先,需要设定暂存区最多可容纳 25 个临时实体的容量。其次,设定临时实体流选项,将类型 1 的实体发送到处理器 1,类型 2 的实体发送到处理器 2,依此类推。

步骤 6:设定暂存区容量。

双击暂存区打开暂存区参数视窗(图 4-27)。

改变"最大容量"为 25。选择 确定 按钮。

步骤 7:为暂存区指定临时实体流选项。

在参数视窗选择临时实体流(FLOW)分页,在"发送至端口"下拉菜单中选择"根据不同类型 case 选择输出端口"(图 4-28)。

图 4-27 暂存区参数视窗　　　　图 4-28 储存区的 Flow(临时实体流)选项卡

由于我们已经分配实体类型号为 1、2、3,因此,就可以用实体类型号来指定临时实体通过的端口号。类型 1 发送到端口 1,类型 2 发送到端口 2,依此类推。点击确定按钮关闭暂存区的参数视窗。

下一步是设定处理器的时间参数。

步骤 8:为处理器指定操作时间。

双击处理器 1,打开处理器 1 的参数视窗(图 4-29)。

在"加工时间"下拉菜单中,选"Exponential Distribution(指数分布)"(图 4-30)。其默认的时间是 10s,因此,这里需要改变,将比例参数改为 30,随机数流改为 1。按确定按钮关闭处理器参数视窗。

对其他的处理器重复上述过程。

因为输送机的默认速度已经设为每时间单位为 1,所以这次不需要修改输送机的速度。现在可以运行模型了(图 4-31)。

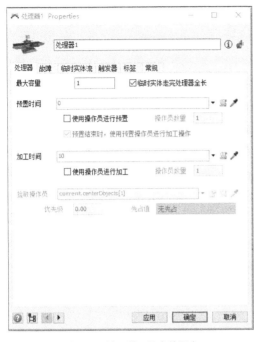
图 4-29 处理器 1 的参数视窗

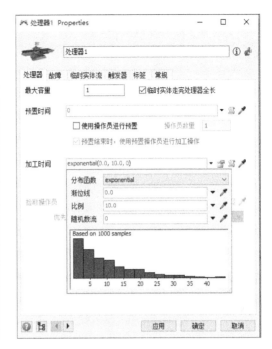
图 4-30 处理区加工时间参数设置视图

图 4-31 主视窗上的运行控制按钮

步骤 9:重置模型。

为了在运行模型前设置系统和模型参数的初始状态,要先点击主视窗底部的 重置 键。

步骤 10:运行模型。

按 运行 按钮使模型运行起来(图 4-32)。可以看到临时实体进入暂存区,并且移动到处理器。从处理器出来,实体将移动到输送机,然后进入吸收器,可以通过主视窗的速度滑动条改变模型运行的速度。

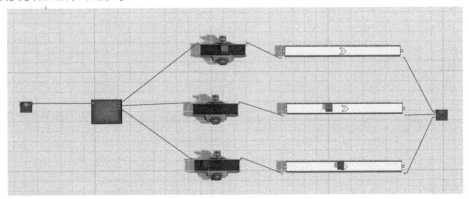
图 4-32 模型运行视图

步骤11：保存模型。

可使用"文件 >模型另存为……"来保存模型。

 思考题

1. 简述 Flexsim 的对象库有哪些？并说明其应用场景。
2. 如何设置将案例改为四种不同的产品并添加操作员进行物流作业？
3. 如果用分配器调度人员搬运货物到处理器上，如何设置？需要几个人？

第5章 仿真数据分析与优化

5.1 仿真输入数据分析

仿真输入数据分析是仿真的重要前提和基础，输入数据的正确与否直接影响仿真输出结果的正确性。几乎所有仿真模型中都包括随机输入，如在排队系统仿真中，典型的输入数据可以是到达时间间隔和服务时间的分布；在库存系统仿真中，典型的输入数据包括需求的分布和提前期的分布等。

5.1.1 仿真输入数据分析概述

离散系统仿真中要使用许多输入变量，有些输入变量是确定型的，但更常见的是随机变量。随机变量分为离散随机变量和连续随机变量。

若随机变量可能取到的值只有有限个(如掷骰子出现的点数)或可数无穷多个(如呼叫中心某段时间接到的呼叫次数)，则称为离散型随机变量。

若随机变量的取值连续地充满了一个区间，不可数(可数的含义是随机变量所有可能的取值可以和正整数集一一对应起来)，则称为连续型随机变量，如餐馆顾客到达时间间隔取值在0到正无穷之间，不仅仅是某些特定值。

仿真输入数据分析通常要收集输入随机变量的一组观察样本值，然后利用这组样本按照一定的操作过程执行分布拟合，确定输入随机变量的概率分布模型。通常要得到一个正确的输入数据的分布模型包括以下4个步骤：

(1) 收集原始数据及数据适用性检验。收集原始数据并进行数据的平稳性检验、独立性检验、同质性检验。

(2) 辨识分布类型。通过点统计法、直方图(线图)法、概率图法等方法确定随机变量的分布类型或分布族。

(3) 分布参数估计。

(4) 拟合优度检验，确定最终分布。

5.1.2 数据收集与检验

1) 数据的收集

数据收集是针对实际问题，经过系统分析或经验总结，以系统的特征为目标，收集与此有关的资料、数据、信息等反映特征的相关数据。数据收集需要对数据进行分析，对收集方法、数据作预先的设计和估算。如果收集到的输入数据不准确，最终造成决策失误和损失，仿真就没有意义。因此，在进行数据收集时应注意以下几个问题：

(1)在收集数据的同时就分析数据,确定收集到的数据是否足够,是否足以确定仿真中的输入分布,而对仿真无用的数据无须收集。

(2)尽量把性质相同的数据集组合在一起,形成不同类型的数据分组,便于数据本身管理和仿真的对比分析。

在进行系统仿真时,收集输入数据的方法主要有以下几种:

(1)通过对原始数据的收集获得数据或实际观测获得系统的输入数据。

(2)由系统管理人员提供实际系统的运行数据。

(3)通过参考文献,从公开发表的研究资料中收集相关系统的输入数据模型。利用研究机构或组织提供的用于测试仿真或算法的数据包进行仿真或算法性能对比,具有较高的可信度和权威性,便于进行对比分析。

2)数据适用性检验

(1)平稳性检验。

平稳性检验用于检查数据的分布特别是分布的参数(如均值)是否随时间变化而变化。如果数据的分布随时间变化,则称该分布是不平稳的。

一个常见的数据不平稳的例子是顾客到达服务设施的时间间隔,一般该间隔服从指数分布,但往往在一天随时段不同而有高峰和低谷之分,高峰期时间间隔均值偏短,低谷期时间间隔均值偏长。也就是说,时间间隔所遵循的指数分布的均值参数随一天中不同的时间而变化。

检验数据平稳性的一种方法是将整个时间划分为若干个时段,然后分别计算各个时段的参数值(如均值),若各时段参数值变化不大,则可以认为数据是平稳的,否则认为数据是不平稳的。对不平稳的数据,要对每一个时段的数据单独进行分布拟合(注:实际上,平稳性检验应该在独立性检验和同质性检验之前进行)。

(2)独立性检验。

独立性检验又称随机性检验,检验观察到的样本数据之间是否互相独立,即是否互相有影响。如果数据之间没有影响,则称数据是独立的或随机的。

独立性检验常用散点图(Scatter Plot)、自相关图(Autocorrelation Plot)等图形化方法进行检验,几种检验都通过才能确认数据独立。

散点图是按照时间排列观察值,在坐标系里绘出所有相邻数据点的图。若散点图显示某种趋势,则说明数据之间存在依赖性、不独立。若散点图散乱、无趋势,则说明数据之间独立。如图 5-1 所示,左边的图散乱则说明数据独立,右边的图有明显的直线趋势则说明数据不独立。

自相关图是反映数据间相关系数(在 -1 和 1 间取值)的图,若所有相关系数都接近于 0,则数据独立;若某些相关系数接近 1 或 -1,则数据存在自相关,不独立。图 5-2 中,左边数据有很强的正相关性,说明数据不独立;右边数据基本不相关,说明数据独立。

(3)同质性检验。

同质性检验是检验数据是否服从同一分布。一种检验同质性的方法是观察数据的频率直方图,如果该图有两个或两个以上的峰值,则认为数据不同质。图 5-3 显示的频率直方图说明数据不同质,即数据不是服从同一分布。出现数据不同质的原因有很多,如机器加工时间可能随不同类型的加工零件而不同,机器维修时间可能随不同故障类型而不同。这时需要对数据按不同情况进行分解,然后对每一种情况分别进行分布拟合。

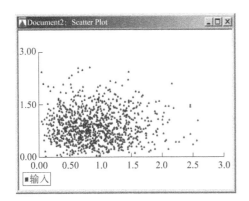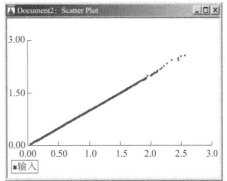

图 5-1　散点图

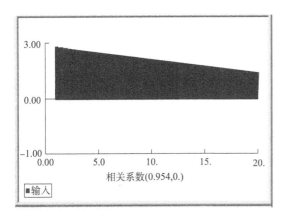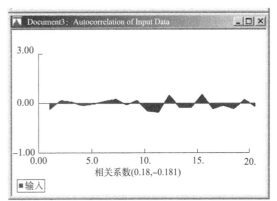

图 5-2　自相关图

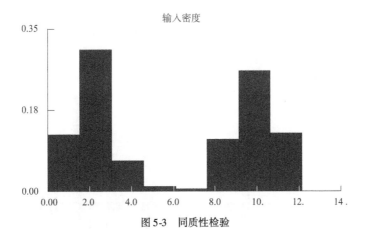

图 5-3　同质性检验

通过对系统输入数据的适用性检验确定输入数据模型,使建立的输入数据模型能够准确反映数据的随机特征。

5.1.3 数据分布的分析与假设

1）连续随机变量分布类型假设

若观测变量为连续随机变量,最常用的预处理方法有三种,即点统计法、直方图法及概率图法。本节介绍比较常用的直方图法。

用观测到的样本数值建立随机变量的概率密度函数分布的直方图,然后把得到的直方图与理论分布的概率密度函数曲线图形作对比,从图形上直观地判断被观测随机变量是否满足某种理论分布。

直方图法将所有观测数值分为 k 个区间长度相等的相邻区间。$[b_{j-1}, b_j)$, $j = 1, 2, \cdots, k$,区间宽度 $\Delta b = b_j - b_{j-1}$。

对于第 j 个区间 $[b_{j-1}, b_j)$,令 g_j 表示在第 j 个区间中的观测数据数量 n_j 占整个观测数据的比例,即 $g_j = n_j/n$,定义函数:

$$h(x) = \begin{cases} 0 & (x < b_0) \\ g_i & (b_{j-1} \leq x < b_j) \\ 0 & (x \geq b_k) \end{cases} \quad (5-1)$$

作出 $h(x)$ 的直方图,在将该图与常见的理论分布的密度函数图形进行比较(先忽略位置及比例尺的差别),观察何种分布与 $h(x)$ 的图形类似,则可假设观测数据服从该类型分布。

在以上分析中,区间数目 k 的取值很重要,其原则是使得直方图尽可能平滑,区间数既不要太多而出现许多凹凸不平的毛刺,也不要太少而看不出确切的形状,通常通过试验的方法来寻找最佳的 k 值。还可以用一些经验公式计算 k,但计算结果仅供参考,可以公式计算的结果作为初始的 k,再根据观察进行调整。由于现代统计软件都允许用户设置不同的 k 以观察直方图效果,所以这种调整很方便。

2）离散随机变量分布类型假设

对离散数据,也是首先画出频率直方图,但是直方图中每个矩形的底边就代表每一个独立的样本值而不是一个区间,高度是该值发生的频率,如图 5-4 所示。

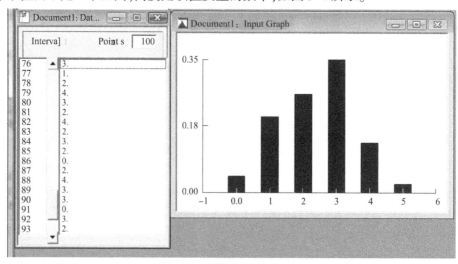

图 5-4 离散数据的频率直方图

观察该直方图与哪个离散分布的概率质量函数图最相像,即可假设数据服从该离散理论分布。

通过以上操作,可能辨识出多个候选分布,对这些候选分布都要进行后续的参数估计和拟合优度检验,最后挑出一个拟合最好的分布。

5.1.4 分布参数的估计

当输入数据变量的理论分布类型确定后,就可以利用样本值来计算该分布的参数了,由于这种计算实际上是一种对分布参数真实值的估计,所以称为参数估计。对连续分布,要估计的是概率密度函数的参数;对离散分布,要估计的是概率质量函数的参数。

连续分布的概率密度函数通常都会含有1个或多个参数,称为分布参数,这些参数根据物理和几何特性可以分类为位置(location)参数 λ、尺度(scale)参数 β 和形状(shape)参数 α。位置参数改变时,密度函数曲线会整体沿横轴移动,即改变位置。尺度参数改变时,密度函数曲线会压缩或扩张,即改变尺度但不会改变形状。形状参数改变时,密度函数曲线会改变形状。不同的理论分布所具有的参数数目可能不同。

例如指数分布的密度函数完整形式如下:

$$f(x) = \frac{1}{\beta} e^{-(x-\lambda)/\beta} \qquad (x \geq \lambda, \beta > 0) \qquad (5-2)$$

式中, λ 是位置参数, β 是尺度参数(均值),指数分布无形状参数。

参数估计方法中,极大似然估计法应用比较广泛,极大似然估计法统计思想符合人们的认识和经验,同时具有大样本性质、极大似然估计的渐进分布是正态分布等性质。极大似然估计法的参数估算过程比较烦琐,可以利用软件来自动计算参数。

5.1.5 拟合优度检验

参数估计出来后,数据的理论分布就确定了。但是,在使用该分布前,还需要通过计算一些指标(即检验统计量)来检验该理论分布与样本数据拟合得是否足够好,如果拟合效果不够好,则不能认为数据服从该理论分布;否则,就不能拒绝该分布。这称为拟合优度检验。

拟合优度检验的思想可以这样理解:首先,根据样本数据和拟合的分布计算某个检验统计量,该统计量可以抽象地理解为样本数据(严格说是样本分布)距离拟合的分布的差异,即偏移距离(不同的检验统计量表示的偏移距离的形式是不同的)。然后,确定一个偏移距离的关键值(临界值),若检验统计量大于关键值(偏移距离过大),则认为拟合效果不好;反之,若检验统计量小于关键值(偏移距离较小),则认为拟合得好。拟合优度检验的步骤如下:

(1)假设随机变量服从选定的理论分布(这称为原假设 H_0,对应的备择假设 H_1 为随机变量不服从选定的理论分布)。

(2)利用样本数据计算检验统计量。在拟合优度检验中,常采用以下几种常见的检验统计量。

① χ^2 检验。

应用最广泛的检验是 χ^2 检验。χ^2 检验适用于所有连续和离散分布,它要求样本数据量要多一些。χ^2检验本质上是比较样本数据的频率直方图与拟合的分布的概率密度函数或概率质量函数的差异,这个差异用χ^2统计量表示,若差异太大,则拒绝原假设。

②K-S 检验。

K-S 检验即 Kolmogorov-Smirnov 检验,要计算 K-S 统计量。K-S 检验本质上是比较样本数据的经验分布函数与拟合分布的分布函数的差异,这个差异用 K-S 统计量表示,若差异太大,则拒绝原假设。

K-S 检验的适用性不如χ^2检验广泛,在不同的分布拟合软件实现中,其适用性可能也不同,故需要参考相关软件手册判断其适用性。例如,在 ExpertFit 软件中,其手册声明其 K-S 检验仅适用于某些连续分布,不适用于离散分布。

③A-D 检验。

A-D 检验即 Anderson-Darling 检验,要计算 A-D 统计量。A-D 检验本质上也是比较样本数据的经验分布函数与拟合分布的分布函数的差异,但是,它对分布函数尾部的差异赋予更大的权重(由于许多分布函数的差异主要体现在尾部),这个差异用 A-D 统计量表示,若差异太大,则拒绝原假设。A-D 检验仅适用于连续分布,具体适用哪些连续分布也要参考软件手册。

(3)确定一个显著性水平α,一般取 0.05 或 0.1。α是犯弃真错误的概率,即原假设为真却被拒绝的概率。在样本数固定的情况下,α越小则犯取伪错误(原假设为假却被接受为真)的概率越大。

(4)将计算的检验统计量与显著性水平α下的对应的关键值(由软件自动给出)比较,若小于关键值则不拒绝原假设;若大于关键值,则拒绝原假设。通常,应该多种检验都通过。要注意的是,显著性水平α越大,则关键值越小,这就是说,如果在一个较大的显著性水平下不拒绝原假设(即检验统计量小于关键值),那么在较小的显著性水平下肯定也不拒绝。反之,若在一个较小的显著性水平下不拒绝原假设,则在较大的显著性水平下未必也不拒绝。

若多个分布都通过了拟合优度检验,可以对每种检验计算一个P值(0~1),对同一检验,P值越大的分布函数拟合越好,因此建议选择P值最大的分布函数作为最终的结果(但这不是绝对的,有时不同检验的P值并不一致,这时就要根据经验和其他因素判断哪个更好。同时,P值一般应该大于 0.05,否则就要考虑经验分布了)。P值实际是拒绝原假设的最小的显著性水平。

通常,以上所有检验统计量和P值都可以利用软件来自动计算(但是 Flexsim 软件附带的 ExpertFit 不能计算P值),并且,统计软件还能够自动计算关键值,并给出是否拒绝原假设的结论。

5.1.6 经验分布

前述分布拟合的过程是将数据拟合成某种理论分布,实际观察中,有些数据没有理论分布能够很好地拟合,这时,可以直接用观察到的数据以及每个数据占全部数据的比例来定义一个分布,这种分布称为经验分布。经验分布可以用"值(区间)/概率"对的形式表达。

对离散随机变量的经验分布,可以用"值/概率"对的形式表达。例如,表 5-1 所示为某系中每份订单订购的产品数量的经验分布表,其中第一列是产品数量,第二列是根据样本计算的该数量发生的频率。

离散变量经验分布　　　　　　　　　　表 5-1

产品数量	概率(频率)	产品数量	概率(频率)
50	0.2	200	0.4
100	0.4		

对连续随机变量的经验分布,可以用"区间/概率"对的形式表达经验分布,例如,表 5-2 所示为某配送中心车辆卸货时间的经验分布表。

连续变量经验分布　　　　　　　　　　表 5-2

车辆卸货时间	概率(频率)	车辆卸货时间	概率(频率)
(0,10]	0.2	(20,30]	0.3
(10,20]	0.5		

5.1.7　输入数据分布拟合实训

FlexsimExpertFit 是一款专用的统计拟合软件,用它可以非常方便快速地执行上述的分布拟合过程。以下介绍如何使用 ExpertFit 根据样本数据进行随机变量的分布拟合。将按照连续随机变量的理论分布、离散随机变量的理论分布、连续随机变量的经验分布、离散随机变量的经验分布分别阐述。

1) 理论分布拟合——连续随机变量

在 ExpertFit 中对连续随机变量进行理论分布拟合的步骤如下。

(1) 建立项目和项目元素。

在 Flexsim 工具栏中的统计中运行 ExpertFit,新建一个项目 Project 1,点击 New...,添加一个项目元素,名字取 myfit1,结果如图 5-5 所示。

ExpertFit 中一个项目可以包含多个项目元素,一个项目元素包含对一个随机变量样本值的分析和拟合内容。如果要拟合多个输入随机变量,可以在一个项目中建立多个项目元素。

(2) 输入原始数据。

通常,收集的原始观测数据都是存放在 Excel 文件中的,打开名称为分布拟合数据的 Excel(注:原始数据应该尽可能超过 100 个,最好达到 200~300 个数据,当输入数据是实数时,ExpertFit 将拟合连续分布,是整数时,将拟合离散分布)。复制 A 列的全部数据(共 450 个,为某项服务的服务时间)到剪贴板,然后单击 Analyze...,进入 Data Analysis 窗体,点击 Enter Data..,弹出 Enter-Data Options,按图 5-6 左边选择,然后点 Apply,弹出 Data Editor,点 Paste at End from Clipboard,如图 5-6 右边所示,点 OK、Done。

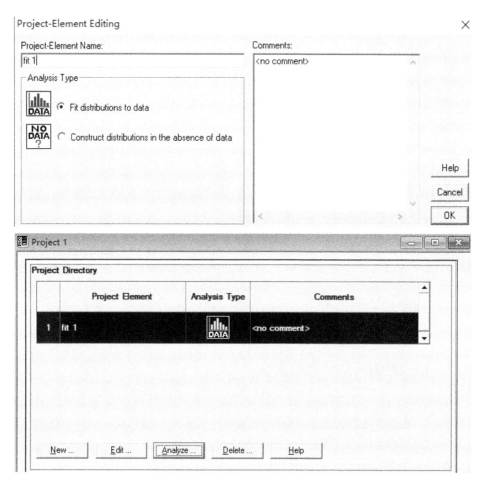

图 5-5 建立项目和项目元素

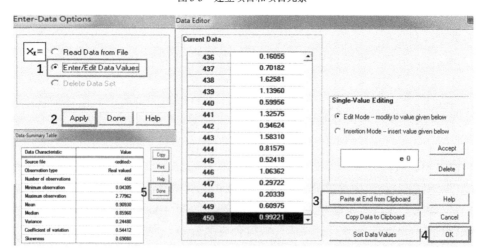

图 5-6 从 Excel 中复制数据

(3) 数据适用性检验。

① 平稳性检验。

ExpertFit 不能自动进行平稳性检验。

平稳性检验检查数据的分布特别是分布的参数(如均值)是否随时间变化而变化。如果数据的分布随时间变化,则数据是不平稳的。

平稳性检验的一种方法是将整个时间划分为若干个时段,然后分别计算各时段的参数值(如均值),若各时段参数值变化不大,则数据平稳,否则数据不平稳。对不平稳的数据,要对每个时间段的数据单独进行分布拟合(如高峰期和平峰期的数据放一起则数据不平稳,需将高峰期和平峰期分别进行分布拟合)。

②独立性检验。

在 Date 页,点击 Assess Independence... 进行独立性检验,弹出如图5-7所示的窗口。

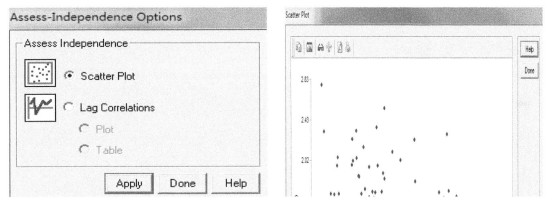

图 5-7　独立性检验——散点图

第一个选项是散点图(Scatter Plot),点击 Apply 后,观察散点图,可以看到数据点散乱无趋势,故判断数据独立。

第二个选项是自相关图(Lag Correlations),点击 Apply 后,可以看到相关系数在0附近波动,可认为数据独立,无相关性。

③同质性检验。

在 Date 页,点击 Histogram... 进行同质性检验,弹出如图5-8所示的窗口。

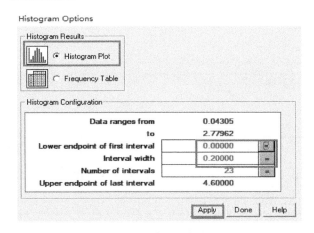

图 5-8　直方图设置

第一个选项是频率直方图。一般情况下,系统自动构造的直方图可能不是最合适的。通常需要对默认直方图进行调整。如果最小的样本值非常接近于0,那么通常设置下端点为0,否则,要根据实际情况设置。区间宽度既不能太小以致直方图有许多凹凸不平,也不能太大以致看不出形状。在图5-8的区间下端点(Lower endpoint of first interval)和区间宽度(Interval width)字段右边单击"="按钮设置宽度,也可以单击Apply按钮可视化地调整宽度。本例中设置下端点为0,区间宽度设置为0.2比较合适。观察调整后的直方图,并无多峰现象,故可以认为数据同质(图5-9)。以上操作完成后可以通过单击 Done 按钮返回到数据分析主窗体界面。

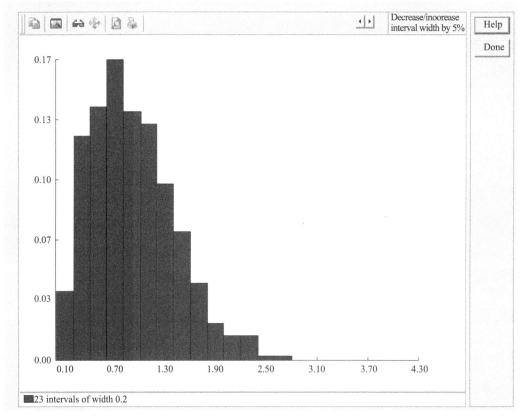

图5-9 频率直方图

观察是否有明显的多峰现象,有则不同质,无则同质。可以看出,图中并无多峰现象,可认为数据同质。

④执行拟合。

在数据分析窗体,选择Models页,点击 Automated Fitting... ,弹出拟合结果窗口,如图5-10所示。列出了按拟合相对好坏排序前三位的分布,以及它们的相对得分和分布参数,拟合最好的是Beta分布。

⑤拟合优度检验。

对Beta分布做拟合优度检验。一般情况下,连续分布需要经过三个检验:A-D检验、K-S

检验、卡方检验(χ^2)。通过则可以接受拟合的 Beta 分布,否则,就拒绝该分布。A-D 检验步骤如图 5-11 所示。

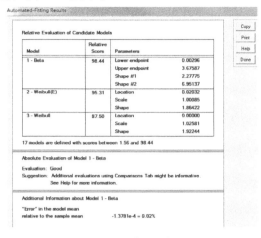

图 5-10　执行拟合

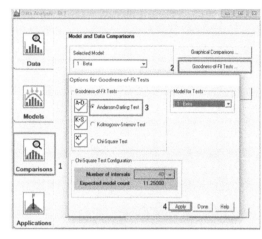

图 5-11　A-D 检验步骤

A-D 检验结果如下:在显著水平 0.05(显著水平一般取 0.05 或 0.1)下,检验统计量 0.1624 小于相应的关键值 2.492,故在 0.05 显著性水平下不拒绝原假设(图 5-12)。

同理,再进行 K-S 检验、卡方检验(χ^2),这两个检验可以在图 5-11 中设置。一般情况下,三个检验都通过,则可以接受拟合的分布;否则,拒绝该分布。

还可以进行图形化的视觉检验,判断拟合的分布是否拟合良好。在 Comparisons 页,单击 Graphical Comparisons... 后如图 5-13 所示,可选择几种图像化工具进行比较。

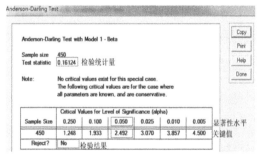

图 5-12　A-D 检验结果

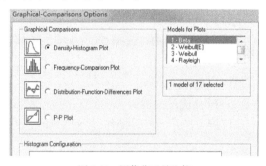

图 5-13　图像化工具比较

⑥获得仿真软件表达式。

选择 Application 页,点击 Simulation Representation...,弹出图 5-14 所示窗体,选择软件名称为 Flexsim。点 Apply,得到拟合分布在软件中的表达式:beta(0.002962,3.675867,2.277753,6.951371)。

2)理论分布拟合——离散随机变量

本节对离散随机变量的观测样本数据进行分布拟合,本例样本数据是某公司每周产品订购数量。

图 5-14　拟合表达式结果

(1) 建立项目和项目元素。

在 ExpertFit 中打开上节建立的项目文件 Project1.efp（也可以新建一个项目文件），在该项目中新建一个项目元素 fit2，如图 5-15 所示。

图 5-15 建立项目元素

(2) 输入原始数据.

复制"分布拟合数据"Excel 中 C 列的全部数据（共有 156 个数据，为某公司每周产品的订购数量）到剪贴板。点击 Paste at End from Clipboard 粘贴数据时，会弹出提示框，询问数据是否考虑为实数（real value），本例是离散数据（销量），是整数，故要选择"否"。

ExpertFit 中将实数数据当作连续随机变量进行拟合，而将整数数据当作离散随机变量进行拟合。有时，收集的原始数据比如加工时间都是被圆整为整数的数据，而其本质上是可以取小数的，当导入到 ExpertFit 时，要选"是"将其考虑为实数，对应连续随机变量。

(3) 数据适用性检验。

数据适用性检验操作方法与连续随机变量-理论分布拟合中的第 3 步相同。

(4) 执行拟合。

在数据分析窗体，选择 Models 页，点击 Automated Fitting...，弹出拟合结果窗口，如图 5-16 所示。图 5-16 中列出了按拟合相对好坏排序前三位的分布及其相对得分和分布参数，拟合效果最好的是 Geometric 分布。

(5) 拟合优度检验。

如图 5-17 所示步骤操作，注意对离散数据只进行了 χ^2 检验。

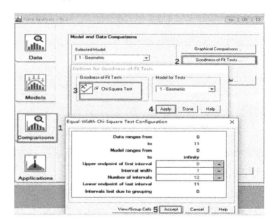

图 5-16 执行拟合结果　　　　　　　　图 5-17 拟合优度检验操作步骤

单击 Accept 按钮后,会给出拟合结果,如图5-18所示。可以看出,在列出的各个显著性水平下都不拒绝几何分布(通常取显著性水平0.05或0.1)。

如前所述,χ^2检验本质上是比较样本数据的频率直方图与拟合的分布的概率密度函数或概率质量函数的差异,因此,χ^2检验要把样本观察值放进若干个区间,而且对等长区间要求每个区间的期望观察值数目都不能少于5,而图5-18中显示有6个区间的期望观察值数少于5,因此图5-18中检验结果不可靠。通过增加样本观察值数目有可能解决此问题,也可以尝试通过合并一些区间解决此问题。以下介绍合并区间的方法。

首先返回到图5-17所示界面,单击 View/Group Cels 按钮,进入图5-19所示界面,每行对应一个区间,带#的行都是期望观察值数少于5的区间。可以选中第一个带#的行,然后单击合并按钮 Merge with Nex 将它与下一行合并,如果还有带#的行,可重复此操作,直到没有带#的行。合并完成后,单击图5-20中的 OK ,再返回图5-17的界面,单击 Accept 按钮,执行χ^2检验即可。这种处理方法也适用于连续随机变量的分布拟合。拟合优度检验结果如图5-21所示。

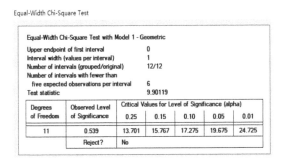

图5-18 拟合优度检验结果

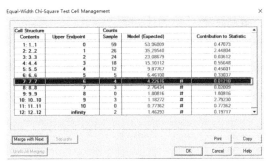

图5-19 χ^2检验区间管理前

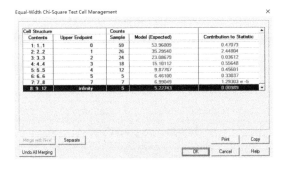

图5-20 χ^2检验区间管理后

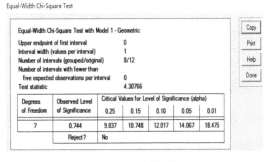

图5-21 拟合优度检验结果

(6)获得仿真软件表达式。

此操作与上节理论分布拟合——连续随机变量相同,如图5-22、图5-23所示。

3)连续随机变量——经验分布拟合

(1)建立项目元素、输入原始数据。

首先在ExpertFit中新建一个项目元素fit3,将"分布拟合数据"Excel中E列的全部数据(机器的维修时间)导入到fit3。这些数据形式上是整数,这是因为企业记录数据时往往对其进行了圆整,实际维修时间是实数类型。当导入数据界面询问是否将整数转为实数时选择

"是"(图 5-24),这样,ExpertFit 将拟合连续分布。

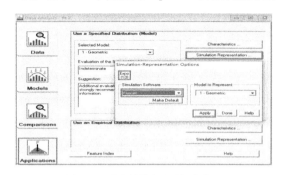

图 5-22　仿真软件表达式拟合步骤

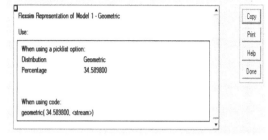

图 5-23　获得仿真软件表达式

(2)数据适用性检验。

数据适用性检验操作方法同理论分布拟合——连续随机变量中的第 3 步相同。

(3)执行拟合。

在数据分析窗体 Models 页,点击 [Automated Fitting...],弹出拟合结果窗口,如图 5-25 所示。

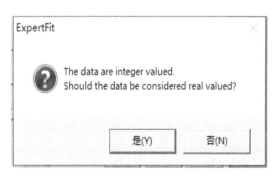

图 5-24　是否转为实数

图 5-25　执行拟合结果

(4)拟合优度检验。

对拟合的三个分布执行三种拟合优度检验(图 5-26 ~ 图 5-28),结果全部被拒绝(至少在 0.1 和 0.05 两个显著性水平下,全部拒绝),说明三个理论分布都不能很好地拟合样本数据。因此,需要采用经验分布来拟合。

(5)拟合经验分布。

按图 5-29 所示步骤操作。

选择基于直方图区间 Histogram Intervals 的拟合方法,首先要调整区间个数(如果选择基于 All Unique Data Values,则无须设置区间个数),以尽可能缩小拟合误差(拟合分布的均值与样本均值的差异)。设置区间个数时要试验几次,使得拟合的误差尽可能小,如何设置呢?

首先设置一个值,比如20,然后在第5步选择比较均值(Comparison of Mean Values),再单击第6步的 Apply ,出现图5-30所示界面。图中误差为1.67%,如果过大,就应该返回去修改区间个数。

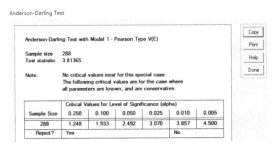

图5-26　A-D检验结果

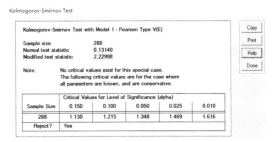

图5-27　K-S检验结果

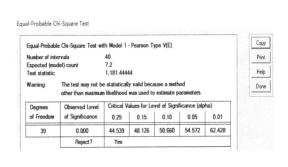

图5-28　卡方检验结果

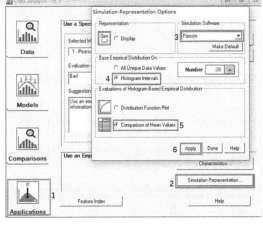

图5-29　设置区间个数

(6)得到拟合结果。

按图5-31所示进行操作。

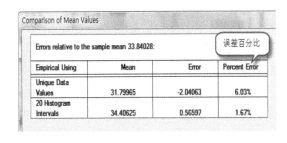

图5-30　区间个数对应的均值误差

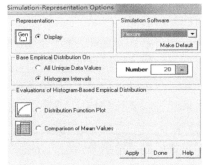

图5-31　拟合经验分布步骤

点 Apply 得到拟合结果(图5-32):该结果说明在[0,5)的概率为0,[5,14)的概率为11.111%,[14,23)的概率为39.931%……

125

4) 离散随机变量——经验分布拟合

离散随机变量的经验分布拟合就更简单了,在项目元素中输入数据后(必须是整数数据),经过数据适用性检验、自动拟合、拟合优度检验后,若发现没有理论分布能够很好地拟合样本数据,则按图 5-33 中数字序号所示步骤操作即可得到以"值/概率"对表示的经验分布。

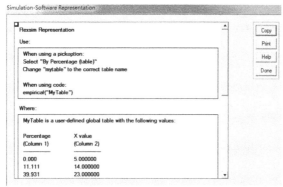

图 5-32 经验分布拟合结果

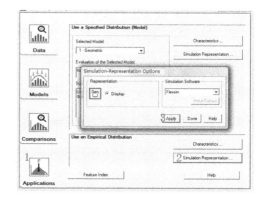

图 5-33 执行离散经验分布拟合

5.2 仿真输出数据分析

5.2.1 概述

仿真输出分析的目的是用适当的统计技术对仿真过程中产生的数据进行统计分析,从而测量一个系统的各项性能或比较多个系统方案的性能。许多仿真系统模型存在一些随机变量,对这类系统的仿真结果进行分析时,一般采用统计方法来估计系统的性能,用随机变量的概率分布、数学期望和方差等统计特征进行描述。

单系统方案输出分析的核心目标是通过仿真运行的输出数据计算出感兴趣的系统性能指标(也称输出变量、响应变量,如平均队长、最大队长、平均等待时间、总产量等)的均值及该均值的置信区间。

应注意严格区分性能指标(或简称性能)和性能指标的均值。性能指标是定义在一次仿真运行之上的如一次运行的平均队长、最大队长、平均等待时间、吞吐量等;性能指标的均值是定义在多次仿真运行之上的,是各次仿真得到的性能再总平均如各次仿真的平均队长总平均后得到平均队长的均值,各次仿真的最大队长总平均后得到最大队长的均值等。

从输出分析的角度,把离散仿真分为两种类型:终止型仿真和非终止型仿真,两种仿真收集输出数据进行输出分析的方法是不同的。

5.2.2 终止型仿真输出分析

终止型仿真运行有一个自然的终止点,自然确定了仿真时间长度,终止点可能是:模型达到结束条件,如银行服务系统到达一天的结束时间结束,或者到达结束时间关门然后服务完最后一个顾客结束;调查期间完成,如超市的高峰期结束;完成指定任务,如生产计划完成,修理了指定数目的机器等。

1)终止型仿真输出分析方法

终止型仿真输出分析的方法称为独立重复法,即独立重复运行多次仿真(每次使用不同的随机数种子),进行输出数据采样,利用这些样本进行系统性能估计,统计性能指标的均值及该均值的置信区间。

终止型仿真输出由于很少能够达到稳态,因此通常关注系统的总产量、高峰低谷的情况以及发展趋势,而整个运行期间的平均行为往往不太重要。例如餐厅通常关注高峰、低谷期的服务情况,以便确定不同时期的服务员数量,它也关注一天能够服务多少顾客(总产量),但是,服务员一天的平均利用率这样的数据却没有多大价值,不能因为一天的平均利用率是40%就要裁剪服务员,因为高峰期的平均利用率可能高达95%。

2)终止型仿真输出分析三要素

进行终止型仿真实验时,要事先明确如下三个方面的设置:确定系统初始状态、确定仿真运行的终止事件、确定仿真重复运行次数。

(1)确定系统初始状态。

由于终止型仿真的初始状态对系统性能有重要的影响,因此,仿真运行时,应该使得初始状态尽可能接近实际。例如,一个银行服务系统在9时开门,初始状态可能是顾客队列为空,服务人员都空闲。

但是,并不是所有系统的初始状态都为空和闲。例如,快餐店在进行11—12时运作高峰期仿真时,初始时排队的顾客数量就不一定为空。一个解决方案是在模型开始运行时,在队列里设置一个接近实际的顾客数目。另一个解决方案是让仿真从8时开门时的空且闲状态开始运行,这样运行到11时时,队列里就会有一些顾客(即初始状态不为0),而收集统计数据还是从11时开始到12时为止(例如,只收集11时到12时的顾客等待时间来计算平均等待时间)。

(2)确定仿真运行的终止事件。

终止事件可能就是简单的仿真运行时间达到10h结束,这时,仿真运行时间长度就是固定的10h。终止事件也可能是生产了1000个产品结束,这种情况下每次仿真运行时间长度可能不是固定的,而是随机的。终止事件还可能是仿真运行到10h时不再接受新顾客,但服务完现有顾客结束,这种情况下每次仿真运行时间长度也不是固定的,而是随机的。

(3)确定仿真重复运行次数。

运行次数越多,性能指标的置信区间半宽越窄,即误差越小,也就是精度越高。如果用户并无误差要求,这时建模人员可以根据情况灵活确定运行次数,建议至少25次。如果用户对性能估计的误差有要求,那么,确定运行次数的原则是:运行次数要达到使得性能指标置信区间的半宽达到误差要求。

性能估计的误差可以用两种方式表达,一种是绝对误差,即置信区间半宽;一种是相对误差,即置信区间半宽与样本均值的比例。

一旦确定了误差要求,即置信区间的半宽后,实践中常用试验法和近似计算法来确定运行次数。

试验法就是主观猜测试验所需的运行次数,直到误差满足要求。例如,先运行 10 次,看看置信区间半宽能否达到要求,如果不能,就增加运行次数直到达到精度要求。由于现在的计算机性能非常好,多运行几次不会花费多少时间,因此试验法已成为实际操作中比较常用的方法。

近似计算法就是利用公式近似计算所需的运行次数,可以根据绝对误差计算仿真重复运行次数或根据相对误差计算仿真重复运行次数。

3)终止型仿真输出分析实训

假设某仓库有两个装卸台,仓库一天工作 8h(9—17 时)。货车按照均值 10min 的指数分布到达仓库,排成一队,然后到装卸台进行装卸,装卸时间服从 14~20min 的均匀分布。早晨仓库开始运营时,仓库外一般已经来了货车,车辆数目服从区间 2~4 的离散均匀分布。现在想知道货车在队列中的平均等待时间的均值及该均值的置信区间、平均队长的均值及该均值的置信区间。这是一个终止型仿真模型。仓库装卸模型如图 5-34 所示。

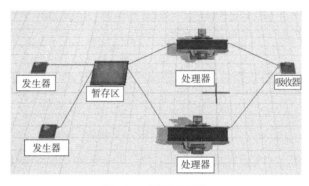

图 5-34 仓库装卸模型

该模型的仿真输出分析步骤如下。

(1)确定仿真初始状态。

用一个发生器来初始化队列。打开发生器的属性窗体,在到达方式中选择到达时间表,默认生成一个仅有一行的到达时间表,如图 5-35 所示,表示在时间 0 会生成一个临时实体(Quantity 为 1)。

图 5-35 初始化货车数量

但我们的目标是每次运行模型时,将数量 Quantity 设为 2~4 间的一个随机数,这就需要写一段代码来设置到达时间表的 Quantity 值。在发生器的重置触发的最右边单击 ![icon],进入代码编辑窗口,编写如图 5-36 所示代码。

图 5-36　代码

第四行代码的意思就是将 schedule 表的 1 行 4 列的值设为函数 duniform(2,4)的返回值。这样每次运行模型开始时,重置触发器都会运行,将到达时间表的实体数量设为 2~4 间的一个随机数。

(2)定义性能指标。

点击工具栏上的统计→实验器。在绩效指标页,单击 ![icon] 增加一个性能指标,命名为"avgWaitTime",在绩效指标下拉列表框中选择"统计单个实体",在弹出模板中实体设置为暂存区 Queue,统计设为平均等待时间(图 5-37)。

图 5-37　定义平均等待时间

"平均队长"可采用同样方式定义。

(3)确定仿真终止事件。

该仿真有一个自然的终止点,即仓库一天 8h 工作结束,故总仿真时间可以设为 8h,即 480min。

(4)确定仿真运行次数。

由于题目并无明确提出误差要求,这里将仿真次数设为 25 次(建议至少运行 25 次)。如果用户对性能估计的误差有要求,运行次数要达到使得性能指标置信区间的半宽到达误差要求。

在实验管理器的实验运行页,设置仿真实验长度为 480min,方案重复运行次数设为 25 次(图 5-38)。

(5)查看输出。

单击"开始实验",系统会自行重复运行 25 次。运行结束后,单击"查看结果",即可查看各项性能指标的计算结果,包括均值和置信区间。图 5-39 所示是平均等待时间的均值和

90%置信区间,图 5-40 所示是平均队长等统计结果。

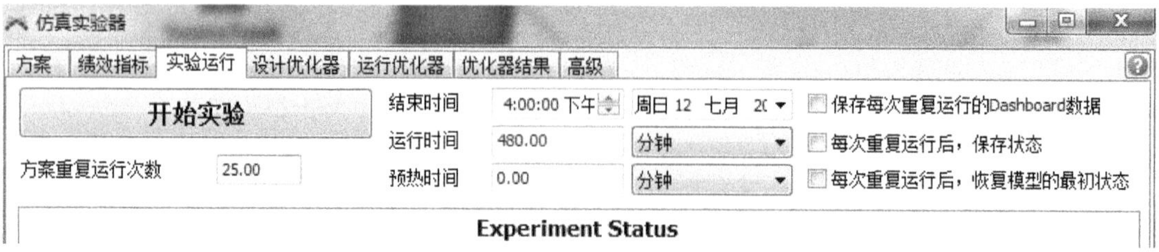

图 5-38　实验运行参数设置

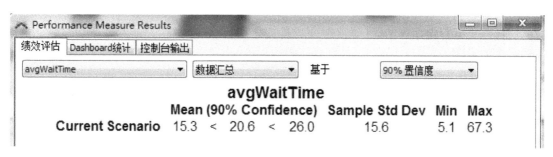

图 5-39　平均等待时间输出结果

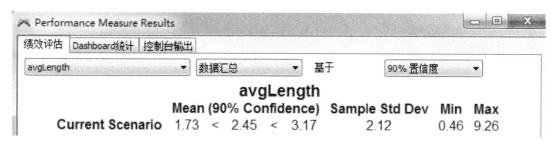

图 5-40　平均队长输出结果

5.2.3　非终止型仿真输出分析实训

非终止型仿真没有自然的终止点来确定仿真长度,如果非终止型仿真从空且闲状态开始运行,那么它通常都要从初始的不稳定状态(称为瞬态)运行到稳态。在初始瞬态期间,输出变量的分布是变化的(例如分布的均值在变化),而到达稳态后,输出变量的分布就几乎不变了(注意,分布不变并不意味着输出变量的取值本身不变)。

系统运行从开始到稳态的时间段称为预热期(warm-up period),预热期也就是初始瞬态持续的时间。稳态仿真关注的是长期的稳态性能,因此,在采样统计数据时,要把初始预热期的数据排除掉,只采集稳态期间的数据。如果能够将仿真的初始状态设置成和稳态近似的状态,而不是简单的空且闲的状态,那么,就无须设置预热期。

1)非终止型仿真输出分析方法

非终止型仿真输出分析的方法有两种,重复删除法和批均值法。

重复删除法就是重复运行多次(使用不同的随机数种子)仿真,进行输出数据采样,但每次采样时要去除预热期的数据,然后利用这些样本进行性能估计。

批均值法只运行一次仿真,但时间要特别长。将整个仿真时间长度分成 n 个批次(一般是等长时段),求出每一批次的输出变量的均值,这样得到 n 个批均值样本,利用这些样本即可进行性能估计,即计算输出变量(性能指标)的均值和置信区间(前面几批可能要作为预热期数据剔除)。

2)非终止型仿真输出分析三要素

本教材以后的内容采用重复删除法进行输出分析。重复删除法进行非终止型仿真输出分析考虑三要素:确定预热期、确定仿真运行时间长度、确定仿真重复运行次数。

(1)确定预热期。

非终止型仿真通常主要关注稳态性能,因此,在每次运行仿真计算性能时,应排除预热期数据,从稳态开始采集数据。以下简单介绍两种确定预热期的方法。

第一种方法是直接观察法,虽然不太准确,但简单实用。直接观察性能指标随时间变化的曲线,如观察平均队长随时间变化的曲线,当曲线进入到相对稳定的状态时,预热期就结束了,此时就可估计预热期长度。这里要注意的是,我们感兴趣的性能指标可能有多个,因此应该对每个感兴趣的性能指标各运行几次(如3~5次)仿真,取最长的预热期作为最终的预热期。

有时有经验的用户还能够根据经验判断系统需要多长时间才能进入稳定状态,将直接观察法和用户经验判断相结合就更加准确了。

第二种方法是跨轮次平均法,操作相对复杂,但更加准确,操作过程如下:

①首先选择一个绩效指标,如平均队长;
②然后将运行时间分成等长的 m 个时间段(如1h一段);
③运行 n 次仿真(5~10次),计算各次运行各时段的平均队长;
④将多次仿真相同时段的平均队长再进行平均,得到一个平均后的平均队长的时间序列;
⑤以时段号为横坐标,画出该时间序列的曲线;
⑥曲线走平的时候就是预热期结束了。

需要说明的是,应对需要研究的每个性能指标进行如上操作,取最长的预热期为最终确定的预热期。

(2)确定仿真运行时间长度。

理论上,非终止型仿真应该执行无限长,但实际操作只需系统运行到稳态后,持续足够的时间即可,一个经验规则是要稳态持续时间长度需足够让每一种事件(包括最少见的事件)至少发生许多次(最好几百次)。另一个经验规则是让稳态时间至少是预热期时间的10倍或者稳态数据量至少是预热期的数据量的10倍。总之,只要时间允许,应该使得运行时间尽可能长一些。

(3)确定仿真重复运行次数。

非终止型仿真重复运行次数的确定方法与终止型仿真重复运行次数的确定方法是一样的,读者可以参考前面终止型仿真重复运行次数的确定方法,包括试验法、近似计算法。

3) 非终止型仿真输出分析实训

假设某港口只有一个泊位(图5-41)船舶按均值1h的指数分布时间间隔到达港口，先排队，然后在泊位进行装卸活动，装卸时间服从均值0.8h的指数分布，完工后离开系统，港口日夜运作。现在想知道船舶在队列中的平均等待时间的均值及该均值的置信区间，平均队长的均值及该均值的置信区间。这是一个非终止型仿真模型。

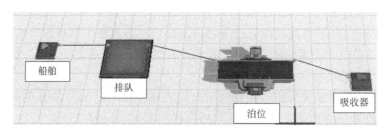

图5-41 船舶装卸模型

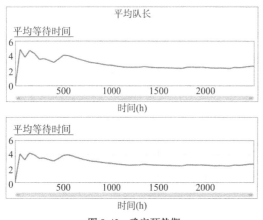

图5-42 确定预热期

(1) 确定预热期。

这里采用直接观察法确定预热期，用Dashboard显示队列(Queue)的平均队长和平均等待时间随时间变化的曲线，如图5-42所示，大约在500h处，曲线走平，因此预热期定为500h(还有跨轮次平均法、经验估计法、Welch移动平均法等)。

(2) 确定仿真运行时间长度。

按照经验规则，稳态时间取预热期的10倍，即5000h，这样总仿真运行时间长度可设为5500h。

(3) 确定仿真运行次数。

由于题目并无明确提出误差要求，这里将仿真次数设为25次(建议至少运行25次)。图5-43所示为实验运行参数设置界面。

图5-43 实验运行参数设置界面

(4) 定义性能指标。

由于已在Dashboard中定义了两个指标，因此在实验管理器中可以直接引用Dashboard中的定义，在绩效指标页，单击 按钮，选择平均容量VS时间，然后选暂存区1(Average

Content)即可定义好平均队长。平均等待时间的定义与之类似。

（5）查看输出。

在实验运行页，单击实验运行，系统会自动重复运行 25 次，运行结束后，单击查看结果按钮，即可查看各项性能指标的计算结果，包括均值和置信区间。图 5-44、图 5-45 所示分别为平均队长、平均等待时间输出结果。

图 5-44　平均队长输出结果

图 5-45　平均等待时间输出结果

5.3　仿 真 优 化

5.3.1　仿真优化概述

在仿真模型中，一组决策变量的一组特定的取值（如：$x1=3, x2=5, x3=7$）称为一个解，也称为一个方案（scenario，或称场景）。仿真优化就是由优化软件自动生成不同的方案（或解），并寻找使得目标函数（如利润）最优的方案。Flexsim 内含优化软件 OptQuest，可以自动在解空间搜索模型的优化方案（最优解）。

需要指出的是，OptQuest 采用启发式方法搜索解空间，由于解空间通常巨大，因此在指定的时间内，经常只能得到近优解，运行优化程序的时间越长，它找到全局最优解的概率越大（其他仿真优化算法也是如此）。在 Flexsim 中，可在实验管理器（Experimenter）中访问 OptQuest。

5.3.2　仿真优化的步骤

这里用一个仿真优化的例子来演示 Flexim 中仿真优化的步骤。本例子模型很简单，某生产线中,原材料(假设无限)被送入第一道工序的机器处理器1进行加工(该工序可能有多台机器,即最大容量大于1。这是一个决策变量,初始设为2)。每个零件的加工时间服从均值为10min的指数分布。加工后的零件放进一排插槽(用暂存区1表示)中的一个,插槽的数量有限,因为每个插槽是有成本的,插槽数即最大队列长度(最大容量)也是决策变量,初始设为2。然后,零件进入一台抛光机处理器2进行抛光,抛光时间服从均值为3min、标准差为0.1min的正态分布,抛光时间均值也是决策变量,在处理器2上建立一个标签(label) polishtime 记录该抛光时间均值,初始设置为3(min)。完成抛光的零件被销售掉。整个仿真运行一个班次的时间是1000min,为终止型仿真,模型界面如图5-46所示。

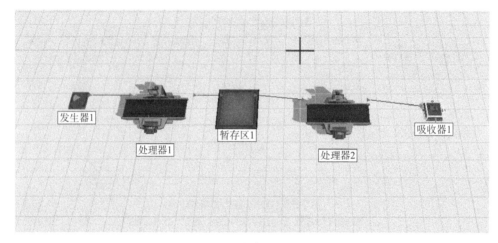

图5-46 仿真优化模型

我们要研究如何设置第一道工序的机器数、插槽数和抛光时间均值,才能使得运行一个班次后净利润最大。

这里先列出模型的一些假设条件(抛光完成后,每个产品售价5美元);对于第一道工序来说,每台机器运行一个班次花费100美元;队列中每个插槽运行一个班次消耗10美元;抛光机运行一个班次的成本是5000美元/(平均抛光时间)^2。假设系统还受到一个约束,即第一道工序的机器数+插槽数之和小于15。

上述模型很容易建立,其中处理器2需要建立一个数值类型的标签polishtime,如图5-47所示。

处理器2的处理时间设置如图5-48所示,可以看到处理时间(抛光时间)服从正态分布,其均值取自标签值。

仿真优化步骤如下。

1)定义目标函数

首先定义目标函数,目标函数的方程形式为:最大利润 = 5×售出数 − 100×机器数 − 10×槽数 − 5000/(平均抛光时间)^2。

或目标函数:

$MaxProfit = 5 \times NumShipped - 100 \times NumMachines - 10 \times NumHoldingSlots - 5000/(PolishTime \times PolishTime)$

图 5-47 设置标签

图 5-48 设置标签

2) 定义影响目标函数的变量

(1) 决策变量。

影响目标函数中的变量有决策变量和输出变量两类,首先要区分这两种变量。决策变量是用户需要优化的变量,其值可事先给定。本例中的决策变量有 NumMachines、NumHoldingSlots、PolishTime。决策变量在实验管理器的方案 Scenarios 页定义(选择菜单命令 Statistics→Experimenter 进入),如图 5-49 所示,注意初始方案 1(Scenario1)也设定了几个决策变量的初始值。

图 5-49 定义决策变量

(2) 输出变量(性能指标)。

输出变量是反映系统输出的量,也就是性能指标,其值不能事先给定,而是系统运行过程中自动生成的。本例的 NumShipped 就是输出变量,输出变量要在 Experimenter 中定义为性能指标,如图 5-50 所示。

3) 设置决策变量、约束和目标函数

在实路管用路选择 Optimizer Design 页,可以设置决重变量的束和目标函数,如图 5-51 所示,图中标注了不同区域。

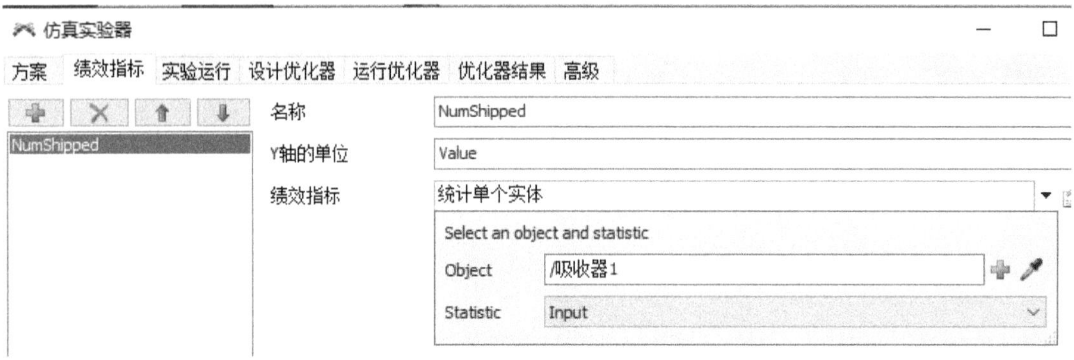

图 5-50　定义输出变量(性能指标)

图 5-51　优化模型设计

(1)设置决策变量。

在决策变量区会自动显示前面已定义好的决策变量,在这里要对这些变量设置类型、上下界、步长等属性。在 OptQuest 中,决策变量的类型有如下几种:Continuous,连续变量;Integer,整数变量;Discrete,离散变量,需要定义步长 Step,如取值为 1.0,1.5,2.0,2.5…则 step=0.5。注意,离散变量不一定为整数;Binary,只能取 0 或 1 的二值变量;Design,变量的取值本质上不代表数字,如 1 表示 red、2 表示 green 等;Permutation,排序变量,变量的取值代表某种排序。

(2)输入约束方程(如果有)。

如果有约束,还需要在约束区输入约束方程;如果没有,则无须输入。输入约束方程的方法是单击约束区(ostrins)的按钮增加约束,然后输入约束方程。这里输入一个约束方程,即 NumMachines + NumHoldingSlots < 15。

(3)输入目标函数。

在目标函数区输入目标函数:

MaxProfit = 5 × NumShipped − 100 × NumMachines − 10 × NumHoldingSlots − 5000/(PolishTime × PolishTime) 可以在首列输入目标函数名称 revenue。方向 Direction 选择最大化 Maximize。提示:目标函数中不一定要出现决策变量,只要上面第(1)步中定义的决策变量能够影响目标函数值即可,但目标函数必须包含输出变量。

4)设置优化参数

在运行优化器页(图 5-52)设置优化运行参数。先设置仿真运行时间(RunTime)为 1000。对随机仿真,由于优化过程通常是比较每个方案多次重复运行的目标函数的均值,因此要选中每个方案运行多次复选框,并选中显示高级选项复选框,以下设置都是针对随机仿真。

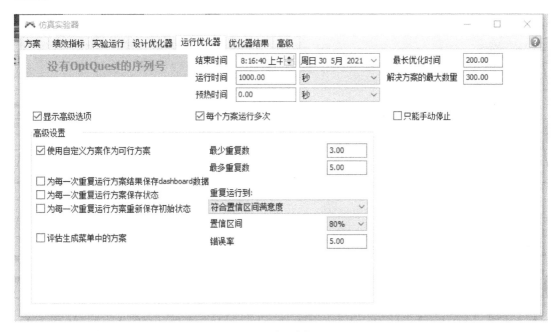

图 5-52 优化参数设置

最长优化时间设置优化搜索的实际最长时限,解决方案最大的数量设置优化器最多搜索多少个解(方案),这两个限制任何一个到达,就会停止优化搜索过程。在重复运行到下拉列表框中设置何时结束一个方案的重复运行,例如若设为符合置信区间满意度,则当方案运行到目标函数均值的置信区间达到给定置信度下的误差百分比错误率(指目标函数均值的置信区间半宽/目标函数均值)时,停止重复运行。其暗含的思想是,当目标函数的均值达到指定精度时,就停止重复运行,并与以往最佳值进行比较(若比以往最佳值优,则更新以往最佳值。所谓以往最佳值是以往搜索到的最佳的目标函数均值)。

若选择了置信区间外的最佳方案,则当方案运行次数达到目标函数均值(在指定置信度和误差的)置信区间不包含以往最佳值时,停止此方案的重复运行。其暗含的思想是当目标函数的均值与以往最佳值有显著区别时,就停止重复运行,并与以往最佳值进行比较。其他设置的含义都是自明的,这里不再赘述。

5)执行优化,观察结果

配置了上述参数后,单击优化按钮执行优化,就会切换到优化结果页,等待模型运行,一直到弹出一条消息告知优化过程结束,这时就可以查看优化结果了,如图5-53所示。

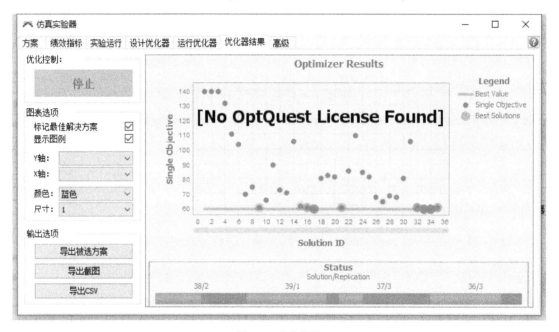

图 5-53 优化结果

单击 ExportasCSV 按钮,可将结果输出到 Excel 文件(实际是 csv 文件),打开该文件,按照目标值(Single Objective)排序后,即可看到最佳方案。

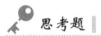

1. 简述数据适用性检验的内容并分析应用场景。
2. 试着分析从哪些方面可以对模型进行优化?这样做的目的是什么?
3. 以上题为基础,试着建一个优化模型,并进行仿真数据分析。

第6章 Flexsim 仿真进阶

6.1 脚本编辑基础及消息编程

6.1.1 用 Flexsim 编写逻辑

Flexsim 编写自定义逻辑的方式有:Flexsim 脚本、C++。通常,Flexsim 脚本更受欢迎,因为它编写完成后,会立即在模型中生效,不需要进行编译。此节将讲述 Flexsim 脚本中提供的编程选项。

注意:当想要知道用什么命令以及怎么使用而需要帮助时,可以通过 Flexsim 的帮助菜单找到参考"命令"文档。

1)一般规则

当用户创建自己的逻辑时需要了解的一般规则:

(1)字母大小写代表不同的含义。
(2)不需要特殊的格式(鼓励灵活运用空格、制表位以及语句换行)。
(3)如果不明确说明,数值都是双精度的浮点值。
(4)文本字符串通常会用双引号,如"rack"。
(5)函数之后有圆括号,括号内部为用逗号分隔的参数。
(6)函数或命令总是以分号结尾。
(7)圆括号可以在数学或逻辑表达式中自由应用生成组合。
(8)大括号用来定义复合语句模块。
(9)用//将一行的其余部分注释掉。
(10)在命名时不要使用空格或特殊字符(_除外)。
(11)名称变量和明确的值可以在表达式中互换使用。

2)变量类型

Flexsim 使用四种类型的变量。

(1)一元变量,见表6-1。

一元变量 表6-1

类型	描述	类型	描述
Int	整数类型	String	文本字符串
Double	双精度浮点类型	Treenode	指向一个 Flexsim 节点或者实体

(2)数组变量,见表6-2。

数组变量 表6-2

类型	描述	类型	描述
Intarray	整数类型的一个数组	Stringarray	字符串类型的一个数组
doublearray	双精度浮点类型的一个数组	Treenodearray	树节点类型的一个数组

3)定义和设置变量

(1)下面是声明和设置变量的示例:

Int index = 1;

Double weight = 145.3;

String category = "groceries";

Treenode nextobj = next(current)。

(2)以下是使用数组类型的示例:

intarray indexes = makearray(5);//生成带有5的数组

indexes[1] = 2;//in Flexsim,数组基于1

indexes[2] = 3;

indexes[3] = 2;

indexes[4] = 6;

indexes[5] = 10;

doublearray weights = makearray(3);

fillarray(weights,3.5,6.7,1.4);//fillarray 是快速设定数组值的方式

stringarray fruits = makearray(2);

fruits[1] = "Orange";

fruits[2] = "Watermelon";

treenodearray operators = makearray(4);

operators[1] = centerobject(current,1);

operators[2] = centerobject(current,2);

operators[3] = centerobject(current,3);

operators[4] = centerobject(current,4)。

4)数学符号

表6-3给出了用于数值计算的各种数学运算符。

用于数值计算的各种数学运算符 表6-3

运算符	浮点数示例(=结果)	整数示例(=结果)
+	2.1+5.3(=7.4)	3+5(=8)
-	6.5-3.7(=2.8)	6-4(=2)

续上表

运算符	浮点数示例(= 结果)	整数示例(= 结果)
*	1.5 * 2.2(= 3.3)	2 * 5(= 10)
/	6.0/4.0(= 1.5)	20/6(= 3)
%(integer mod)		34%7(= 6)
sqrt( )	sqrt(5.8)(= 2.4)	
pow( )	pow(3.0,2.2)(= 11.2)	pow(3,2)(= 9)
round( )	round(5.6)(= 6)	
frac( )	frac(5.236)(= 0.236)	
fabs( )	fabs(-2.3)(= 2.3)	
fmod( )(浮点数取余)	fmod(5.3,2)(= 1.3)	

注意：Flexsim 中默认数值为双精度浮点数，所以编写逻辑的时候通常要把运算符当作是适用于浮点数运算的。

注释：当运算符用于浮点数时，可能会发生精度不够的情况。当整数类型与浮点数类型相混合或者仅使用整数类型时，使用这些运算符需要注意。

5）对比变量

表6-4 给出了用于比较两个数值或变量的不同的运算符。

用于比较两个数值或变量的不同运算符　　　表6-4

运算符	含义	示例(结果)
>	大于	1.7 > 1.7(假)
<	小于	-1.7 < 1.5(真)
> =	大于或等于	45 > = 45(真)
< =	小于或等于	45 < = 32(假)
= =	等于	45 = = 45(真)
! =	不等于	45！= 35(真)

注意：如果正在比较两个双精度浮点值，并且这两个值都（或其中一个值）已经使用数学符号进行了计算，"== operator"经常会导致一些问题。当进行数学运算时，浮点值可能会发生精度不够的情况。只有当每个值的64 个"bits"完全一致时，"== operator"才将返回真，即使有一点精度达不到，也会导致"== operator"返回假。在这种情况下，用户将核实两个值是否在彼此的一个范围之内。例如：如果两个值差不多相等，fabs(value1-value2) < 0.000001 将会返回真。

6）关系变量

表6-5给出了连接几个变量比较的不同运算符号。

连接几个变量比较的不同运算符号　　　　　　　　　表6-5

运算符	示例	运算符	示例
&&（逻辑 AND）	x > 5 && y < 10	min( )	min(x,y)
‖（逻辑 OR）	x = =32 ‖ y >45	max( )	max(x,y)
！（逻辑 NOT）	！(x = =32‖ y >45)		

7）设置和修改变量

表6-6给出了设定和修改变量的方式。

设定和修改变量的方式　　　　　　　　　表6-6

符号	示例	符号	示例
=	x = x + 2;	/=	x/ = 2;(same as x = x/2)
+ =	x + = 2;(same as x = x + 2)	+ +	x + + ;(same as x = x + 1)
- =	x - = 2;(same as x = x - 2)	- -	x - - ;(same as x = x - 1)
* =	x * = 2;(same as x = x * 2)		

8）执行命令

在Flexsim执行命令分为如下几步。首先键入命令的名称,后面跟括号;然后在括号内键入命令的参数,用逗号隔开,每个参数都可以是变量、表达式,甚至也可以是另一命令;括号后跟分号。在Flexsim的"帮助"主菜单下参考命令集可获取有关命令的详细信息以及它们的功能和参数列表。参考基本建模函数可快速获取常用命令信息。表6-7为句法及其示例。

句法与示例　　　　　　　　　表6-7

句法	示例

commandname(parameter1, parameter2,parameter3...);	coloryellow(current);
	 setrank(item,3 +7);
	 setitemtype(item,getlabelnum(current," curitemtype"));

9）程序的结构和逻辑语句

下面为一些程序结构,可供用户修改自己的程序代码流程。

(1)逻辑 If 语句。

If 语句(表6-8)用来在表达式为真时,执行某些代码,而表达式为假时,执行另一部分代码。此结构的其他部分具备可选择性。

If 语句程序结构及示例　　　　　　　　　　　　　　　　表 6-8

程序结构	示例

if(test expression)
{
　　代码块
}
else
{
　　代码块
}
	if(content(item) = = 3)
	{
	　　colorred(item) ;
	}
	else
	{
	　　colorblack(item) ;
	}

（2）逻辑 While 循环。

While 循环将一直在其程序块内循环直到表达式为假时才停止（表6-9）。

While 循环程序结构及示例　　　　　　　　　　　　　　表 6-9

程序结构	示例

while(test expression)
{
　　Code block
}
	while(content(current) = = 3)
	{
	　　destroyobject(last(current)) ;
	}

（3）For 循环。

For 循环（表6-10）与 while 循环相似，不同之处在于 For 循环通常用于明确知道循环次数的情况。开始表达式只执行一次以初始化循环。在每次循环开始时执行测试表达式，如其为假则终止循环，这和 While 循环一样。在每次循环的最后执行记数表达式，通常是递增某些变量，来标记一次重复的结束。

For 循环程序结构及示例　　　　　　　　　　　　　　　表 6-10

程序结构	示例

for(start expression ;
　　test expression ;
　　count expression)
{
　　代码块
}
	for(int index = 1 ;
	　　index < = content(current) ; index + +)
	{
	　　colorblue(rank(current , index)) ;
	}

（4）Switch 语句。

Switch 语句用来在几种备选的代码段中选择一段执行，这要根据一个变量来切换。Switch 变量必须是整数。表6-11 的例子给临时实体设定颜色，类型1 设为黄色，类型5 设为红色，其他类型都为绿色。

Switch 语句程序结构及示例 表 6-11

程序结构	示例

switch(switchvariable)
{
  case casenum：
  {
    代码块
    break；
  }
  default：
  {
    代码块
    break；
  }
}
	int type = getitemtype(item)；
	switch(type)
	{
	  case1：
	  {
	    coloryellow(item)；
	    break；
	  }
	  case5：
	  {
	    colorred(item)；
	    break；
	  }
	  default：
	  {
	    colorgreen(item)；
	    break；
	  }
	}

(5) 定向。

上面描述的每种流程结构在执行到中间部分时，可以使用一个 continue、break 或者 return 语句进行重新定向。表 6-12 对这些语句进行了描述。

定向语句及描述 表 6-12

语句	描述
continue；	仅在 For 和 While 中有效。停止当前的循环，继续行进到下一循环中重复。For 循环中，在继续之前，计算器是递增的
break；	仅在 For、While 和 Switch 语句中有效。中断当前的 For、While 或者 Switch 模块，转而执行紧随被终止代码模块的下一个模块。嵌套语句结构仅中断当前语句，继续执行"容器"语句
return；	完全摆脱当前方式，返回和继续调用此方式的代码之后的语句。如果此方式返回一个值，那么可能会要求一个返回值

6.1.2 基本建模函数

本小节会介绍一些 Flexsim 中常用命令的快捷参考。

1）实体引用

以下命令和变量用来引用 Flexsim 中的实体。

current：引用的是当前实体。通常在下拉列表选项中被访问。

item：指向触发器或函数所涉及的临时实体。通常在下拉列表选项中被访问。

2）引用命令

常见引用命令说明及示例见表6-13。

常见引用命令说明及示例　　　　表6-13

命令（参数列表）	说明	示例
first(node)	返回的是所传递的实体中排序第一的对象的引用	first(current)
last(node)	返回的是所传递的实体中排序倒数第一的对象的引用	last(current)
rank(node,ranknum)	返回的是所传递的实体中某给定排序的对象的引用	rank(current,3)
inobject(object,portnum)	返回的是与所传递的实体的输入端口号相连的对象的引用	inobject(current,1)
outobject(object,portnum)	返回的是与所传递的实体的输出端口号相连的对象的引用	outobject(current,1)
centerobject(object,portnum)	返回的是与所传递的实体的中间端口号相连的对象的引用	centerobject(current,1)
next(node)	返回的是所传递的实体排序下一个对象的引用	next(item)
prev(node)	返回排列在参数实体前面的实体	prev(item)
node(path,startnode)	以 startnode 为起始点，按照路径，找到模型中的实体	node("/Floor1/Processor",model())

（1）实体属性见表6-14。

实体属性　　　　表6-14

命令（参数列表）	说明
getname(object)	返回实体的名称
setname(object,name)	设定实体的名称
getitemtype(object)	返回实体中临时实体类型的值
setitemtype(object,num)	This sets the itemtype value of the object
setcolor(object,red) setcolor(object,green) setcolor(object,blue) ...	设置实体的颜色
colored(object)green,blue,white...	设定实体的颜色为红、绿、蓝、白等
setobjectshapeindex(object,indexnum)	设定实体的3D形状
setobjecttextureindex(object,indexnum)	设定实体的3D纹理

(2)实体空间属性见表6-15。

实体空间属性 表6-15

命令(参数列表)	说明
xloc(object) yloc(object) zloc(object)	这些命令返回实体x、y、z轴向的位置
setloc(object,xnum,ynum,znum)	此命令设定实体x、y、z轴向的位置
xsize(object) ysize(object) zsize(object)	这些命令返回实体x、y、z轴向的尺寸大小
setsize(object,xnum,ynum,znum)	此命令设定实体x、y、z轴向的尺寸大小
xrot(object) yrot(object) zrot(object)	这些命令返回实体围绕x、y、z轴向的旋转角度
setrot(object,xdeg,ydeg,zdeg)	此命令设定实体围绕x、y、z轴向的旋转角度

(3)实体统计见表6-16。

实体统计 表6-16

命令(参数列表)	说明
content(object)	返回实体当前数量
getinput(object)	返回实体的输入统计
getoutput(object)	返回实体的输出统计
setstate(object,statenum)	设定实体的当前状态
getstatenum(object)	返回实体的当前状态数值
getstatestr(object)	返回实体的当前状态字符串
getrank(object)	返回实体的排序
setrank(object,ranknum)	设定实体的排序
getentrytime(object)	返回实体进入到当前所在实体中的时刻
getcreationtime(object)	返回实体的创建时刻

(4)实体标签见表6-17。

实体标签 表6-17

命令(参数列表)	说明
getlabelnum(object,labelname) getlabelnum(object,labelrank)	返回实体的标签值
setlabelnum(object,labelname,value) setlabelnum(object,labelrank,value)	设定实体的标签值
getlabelstr(object,labelname)	获得实体标签的字符串值
setlabelstr(object,labelname,value) setlabelstr(object,labelrank,value)	设定实体标签的字符串值
label(object,labelname) label(object,labelrank)	返回一个作为节点的标签的引用,此命令常用在把标签当作一个表来使用的情况下

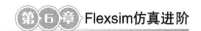

续上表

命令(参数列表)	说明
assertlabel(object,"labelname",DATATYPE_NUMBER) assertlabel(object,"labelname",DATATYPE_STRING)	判断当前实体上是否存在名为"labelname"的标签。如果存在,就返回这个标签

(5)实体控制,见表6-18。

实体控制　　　　　　　　　　　　　　　　　　　　　　　表6-18

命令(参数列表)	说明
closeinput(object)	关闭实体的输入端口
openinput(object)	打开实体的输入端口
closeoutput(object)	关闭实体的输出端口
openoutput(object)	打开实体的输出端口
sendmessage(toobject,fromobject,parameter1,parameter2,parameter3)	触发实体的消息触发器
stopobject(object,downstate)	无论实体在进行什么操作,都令其停止,并进入指定的状态
resumeobject(object)	使实体恢复其原来的无论什么操作
stopoutput(object)	关闭实体的输出端口,并累计停止输出的请求
resumeoutput(object)	在所有停止输出请求都恢复以后,打开实体的输出端口
stopinput(object)	关闭实体的输入端口,并累计停止输入的请求
resumeinput(object)	在所有停止输入请求都恢复以后,打开实体的输入端口
insertcopy(originalobject,containerobject)	往容器里插入新的实体复制品
moveobject(object,containerobject)	将实体从当前容器移到它的新容器中

(6)实体变量,见表6-19。

实体变量　　　　　　　　　　　　　　　　　　　　　　　表6-19

命令(参数列表)	说明
getvarnum(object,"variablename")	返回附有给定名称的变量的数值
setvarnum(object,"variablename",value)	设定附有给定名称的变量的数值
getvarstr(object,"variablename")	返回附有给定名称的变量的字符串值
setvarstr(object,"variablename",string)	设定附有给定名称的变量的字符串值
getvarnode(object,"variablename")	返回指向一个附有给定名称的作为一个节点的变量的引用

3）其他

（1）表格见表6-20。

表格　　　　　　　　　　　　　　　　　　　　　　　　　　　　表6-20

命令（参数列表）	说明
gettablenum(tablename,rownum,colnum) gettablenum(tablenode,rownum,colnum) gettablenum(tablerank,rownum,colnum)	返回表中特定行列的值
settablenum(tablename,rownum,colnum,value) settablenum(tablenode,rownum,colnum,value) settablenum(tablerank,rownum,colnum,value)	设定表中特定行列的数值
gettablestr(tablename,rownum,colnum) gettablestr(tablenode,rownum,colnum) gettablestr(tablerank,rownum,colnum)	返回表中特定行列的字符串值
settablestr(tablename,rownum,colnum,value) settablestr(tablenode,rownum,colnum,value) settablestr(tablerank,rownum,colnum,value)	设定表中特定行列的字符串值
settablesize(tablename,rows,columns) settablesize(tablenode,rows,columns) settablesize(tablerank,rows,columns)	设定表的行列数大小
gettablerows(tablename) gettablerows(tablenode) gettablerows(tablerank)	返回表的行数
gettablecols(tablename) gettablecols(tablenode) gettablecols(tablerank)	返回表的列数
clearglobaltable(tablename) clearglobaltable(tablenode) clearglobaltable(tablerank)	将表中所有数字值设为0

（2）提示和打印，见表6-21。

提示和打印　　　　　　　　　　　　　　　　　　　　　　　　表6-21

命令（参数列表）	说明
（text string）	向输出控制台打印文本
pf（float value）	向输出控制台打印浮点数值
pd（discrete value）	向输出控制台打印一个整数数值
pr（）	在输出控制台中建新的一行

续上表

命令(参数列表)	说明
msg("title","caption")	打开一个简单的"是、否、取消"消息框
userinput(targetnode,"prompt")	打开一个可以设定模型节点值的对话框
concat(string1,string2,etc.)	返回两个或多个字符串的字符串连接

(3)高级函数。

表 6-22 所列是部分高级函数。

部分高级函数　　　　　　表 6-22

命令	函数
节点命令	node(),nodeadddata(),getdatatype(),nodetopath(),nodeinsertinto(),nodeinsertafter(),getnodename(),setnodename(),getnodenum(),getnodestr(),setnodenum(),setnodestr(),inc()
数据修改命令	stringtonum(),numtostring(),tonum(),tonode(),apchar()
节点表格命令	setsize(),cellrc(),nrows(),ncols()
模型运行命令	cmdcompile(),resetmodel(),go(),stop()
3D 自定义绘制代码命令	drawtomodelscale(),drawtoobjectscale(),drawsphere(),drawcube(),drawcylinder(),drawcolumn(),drawdisk(),drawobject(),drawrectangle(),drawline(),spacerotate(),spacetranslate(),spacescale()
Excel 命令	excellaunch(),excelopen(),excelsetsheet(),excelreadnum(),excelreadstr(),excelwritenum(),excelwritestr(),excelimportnode(),excelimporttable(),excelclose(),excelquit()
ODBC 命令	dbopen(),dbclose(),dbsqlquery(),dbchangetable(),dbgetmetrics(),dbgetfieldname(),dbgetnumrows(),dbgetnumcols(),dbgettablecell(),dbsettablecell()
运动学	initkinematics(),addkinematic(),getkinematics(),updatekinematics(),printkinematics()

6.1.3 代码编辑器

代码编辑器窗口允许在 Flexsim 软件中为参数选项表和触发器编辑代码。窗口可用作浮动窗口(默认),或者在任何配置中都可以停靠在主要的 Flexsim 窗口。仅仅需要点击选项卡或者主题条线并拖拽至 Dock Windows 图标上。

Flexsim 软件中有▇图标。点击此图标就会打开代码编辑窗口并允许编辑参数选项表或者触发器的代码。或者,许多右键的菜单(类似于树窗口)都可以进入 Explore > As Code 并打开代码编辑窗口。

打开代码编辑器(图 6-1)时,可以看到一些标题语句类似如下描述:

treenode current = ownerobject(c);

treenode item = parnode(1);

1)代码创建器

当在代码编辑器中编辑代码时,或者在参数选项表框中输入数值时,实体库图标表格发生变化,显示出一系列代码创建器(图6-2)。

图6-1 代码编辑器　　　　　　图6-2 代码创建器

可以将这些代码创建器拖入代码编辑器或者参数选项表框中,它可以提供格式正确的命令。使用选项卡键来选择每个模板代码的主食部分,如图6-3所示的/*"labelname"*/。

也可以在▽区域输入来过滤代码创建器(图6-4)。

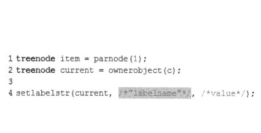

图6-3 选项卡　　　　　　图6-4 过滤编码创建器

2)DLL功能

当获取DLL功能时,可以对指定区域进行具体说明。创建这种DLL,需要使用特殊的可视化C++程序。这个程序可以从用户论坛中获取。代码区域自身需要具体说明两种引用的字符串。第一种字符串是DLL的路径,第二种字符串就是功能的名称。按DLL录音机按钮时会弹出一个对话框,提示允许创建阐述二种字符串的模板。

3)代码锁定

视图底部有一个"锁住"选项框(图6-5),这个选项框只适用于FlexScript或者C++代码。它允许用户把区域代码状态锁住成为 FlexScript 或者 C++。在主要创建菜单中有两个选项,可以把所有代码变成 C++ 或者 FlexScript。用户可以根据选项来轻松使用 FlexScript 和 C++ 的运行速度,在建模阶段拟可以使用 FlexScript,这样编写之后代码就会立刻被诠释出来。一旦模型可以运行,可以选择"the Build > Make all code C++"选项编译,然后运行至 C++ 的速度,但是,也许有些代码不能从 FlexScript 转化成 C++,反之亦然,这是因为代码使用了语言的特殊性能。这种情况下,可以点击 来锁住指定区域的代码状态。选择其中一个选项也很重要:所有代码变成 C++ 语言或者所有代码变成 FlexScript 语言。

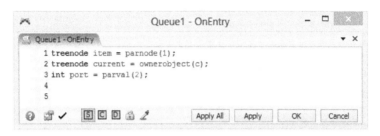

图 6-5 代码锁定

选项卡条线(暂存区 1-进入触发):显示当前实体和触发器/参数选项表已经被编辑。

:显示此帮助页面。

:删除所有的模板代码。模板代码可能以/ * * * popup:Conditional * /and/ * * \nCondition 和 * // * * * tag:expression * // * * /的形式存在于参数选项表和触发器中。

:检查编译句法错误。

:当前代码切换为 FlexScript。

:当前代码切换为 C++ 模式,编辑 C++ 代码要求编译模型,查看何时编译。

:当前代码切换到连接 DLL 模式。

:锁住代码切换状态功能。此操作不会锁住正在被编辑的代码,但会锁住 FlexScript、C++ 和 DLL 的切换。属性编辑会自动切换代码为 FlexScript 语言,所以如果想把实体触发器变成 C++ 代码语言,此操作会很必要。

:此取样器允许在代码编辑器中插入代码来应用实体,设置标签,或者获取数值等。
应用于所有:保存停靠在当前同样窗口的所有代码编辑器的所有更改。
应用:保存更改并应用于当前激活状态的代码。
确认:保存更改并关闭当前激活的代码。
取消:取消所有未保存的更改并关闭当前激活的代码。

6.1.4 调试

1)调试概况

(1)作用方式。

在 Flexsim 代码编辑器窗口中,行号的左侧有空白区域。在空白处点击,即可给对应的行代码添加断点(图6-6)。断点显示为 ●,点击 ●,即可将它删除。当执行带有断点的那行代码时,Flexsim 进入步骤调试模式。分步调试过程中,只能与代码窗口进行交互,不能查看任何其他程序。代码窗口将显示用于分步调试的工具。窗口的标题栏显示正在查看的代码。

(2)关于调试的命令。

可以把 debug( )命令放在任何脚本代码中。它的作用就像是断点。执行时将会暂停模型,打开调试窗口。然而,即使没有激活断点调试功能,模型也将暂停。使用这个命令,可以设置条件断点(图6-7)。

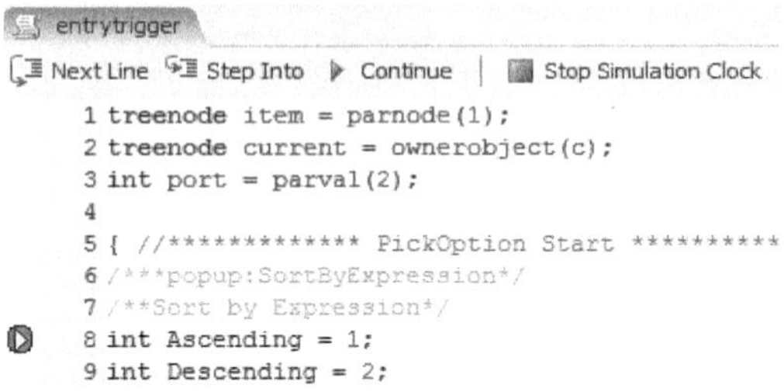

图6-6 添加断点 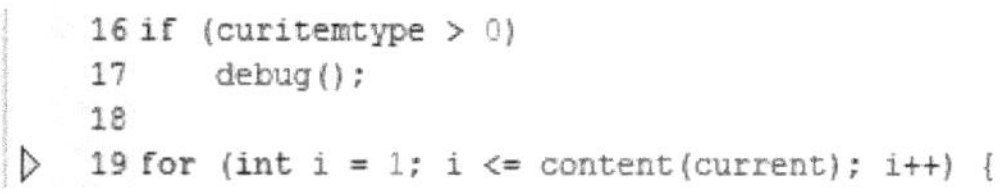　　　　　　　　　图6-7 条件断点

(3)控件。

Next Line:黄色箭头指向将要被执行的那行代码。点击 Next Line,那行代码就会执行,黄色箭头就会移动到下一行将要执行的代码(图6-8)。

图6-8 Next Line 命令

Step Into:该按钮可以用来当一行代码包含特定的函数调用。它允许按照代码执行到函数和逐行进行。

Continue:点击此按钮,即可继续执行脚本,直到遇到另外一个断点。如果目前执行的代码结束,那么它将离开分布-调试模式。

Stop(停止仿真钟):使用这个按钮停止模型的仿真钟。如果模型运行的速度非常快,这个按钮就非常有帮助,因为 Continue 按钮可能会导致 Flexsim 再次进入调试模式(图6-9)。

2)断点

通过主菜单调试菜单,打开断点窗口。这是一个包含复选框的树视图,显示了模型代码中添加的断点。点击行号旁边的框,即可取消执行某个断点。撤销选中"启用断点调试"框,即可取消执行所有的断点。是否选中这些框,只会影响是否启用断点,不会将断点删除。要删除断点,先在窗口中高亮选中它,按下删除键或直接点击代码窗口中的 ●。禁用了的断点将显示为 ●,不会在执行 FlexScript 时停止进行调试。

3)调用堆栈(Call Stack)

Call Stack:这里显示的是当前的调用堆栈(Stack)(图6-10),也就是函数调用记录。最后调用的函数通常位于列表的最上方。在这个列表中，OnEntry 函数被 Onreceive 函数调用，OnReceive 函数被 OnTimerEvent 函数调用。

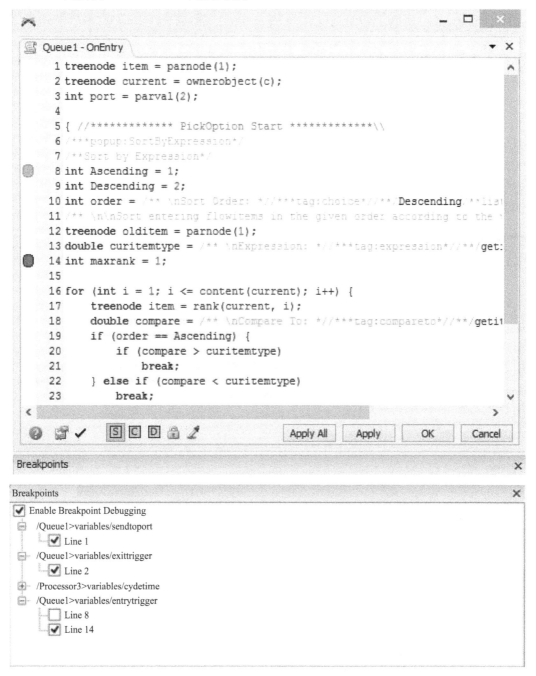

图 6-9　调试模式

可以右键点击调用堆栈中的任何一行，查看相关的代码或者树中的节点(图 6-11)。

4)代码分析器

使用代码分析窗口对模型中执行的所有代码进行解析(图 6-12)。

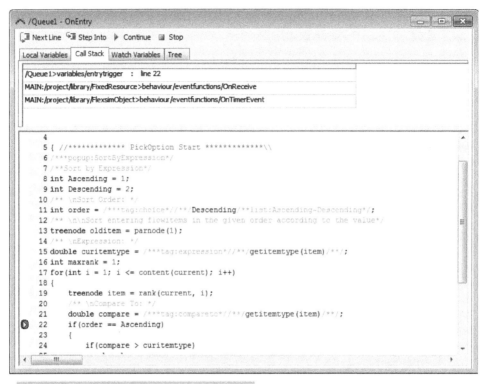

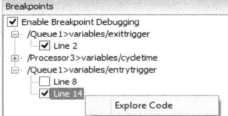

图 6-10　调用堆栈

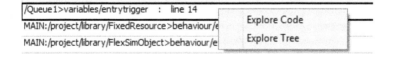

图 6-11　查看代码或节点

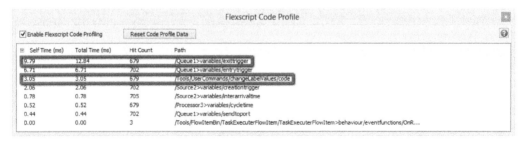

图 6-12　代码分析器

启动脚本代码分析:选中此框,启动代码分析功能。即使关闭代码分析窗口,这个功能也会处于启动的状态。

重置代码分析数据:清除当前收集的分析数据。

Self Time(ms):以毫秒(ms)为单位,记录自从模型开始运行,执行代码的总时间。

Total Time(ms):Total Time 等于 Self Time 加上调用其他函数的时间,比如代码中的用户命令。

Hit Count:代码的执行次数。

Path:关于执行的脚本代码的路径。

大部分时间,Self Time 和 Total Time 是相等的。然而图 6-12 中 Queue1 > variables/exittrigger 的 Self Time 和 Total Time 不同,这是由于在离开触发器中,调用了名为 changeLabelValues 的用户命令,暂存区的离开触发器的 Total Time 等于 Self Time + changeLabelValue 的 Self Time。

6.2 任务序列及实训

1)任务序列

任务序列是指一个任务执行器按一定顺序执行的一系列任务,如图 6-13 所示。任务执行器是指任务执行器类实体,如操作员、叉车、起重机、堆垛机、机器人、升降机和其他可移动资源。如果实体的属性窗口中包含任务执行器选项卡,那它就是一个任务执行器。

图 6-13 任务序列

除了一系列任务之外,每个任务序列还有一个优先级。优先级定义了此任务序列对比其他任务序列的重要程度。每个任务车序列还有一个先占值,用来定义那个任务序列是否要抢占其他正在执行的任务序列。

2)自动创建任务序列

固定实体拥有创建任务序列的默认机制,实现把临时实体搬运到下游设备。打开固定实体的属性窗口,点击临时实体流选项卡中的"使用运输工具",就可以执行这个默认的任务序列了。处理器还拥有另外一种默认机制,就是在执行加工、预热和维修操作时调用操作员。这是通过修改处理器、合成器或者分解器上的第一个选项卡完成的。每个默认机制都会触发创建一种任务序列。

3)任务序列如何工作

选择了临时实体流选项卡中的"使用运输工具"后(图 6-14),会创建以下的任务序列:

(1)行驶到当前临时实体所在的实体。

(2)从那个实体装载临时实体。

(3)中断。

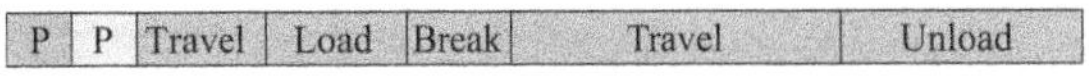

图 6-14 任务序列工作图

(4)行进到目的地实体。

(5)卸载临时实体到目的地实体。

当任务执行器执行这个任务序列时,将按顺序执行每个任务。上面的每个任务都对应一种特定的任务类型。在上面例子中有两个 Travel 任务、一个 Load 任务、一个 Unload 任务和一个 Break 任务。

4)行进任务(TravelTask)

Travel 任务是告诉任务执行器行走到模型中的某个实体。根据模型的逻辑,完成任务的方式有多种。如果任务执行器连接到一个网络路径,那么它会沿着网络行走,直到与目标实体相连的那个网络节点停止。如果任务执行器是一个起重机,那么它会升到用户定义的高度,然后行走到目标实体的 x/y 位置。所以,Travel 任务可以代表不同类型的事件,这取决于模型设置和实体类型。然而,有一点请注意,所有 Travel 任务都会涉及一个目标实体。

5)装载和卸载任务(Load 和 Unload 任务)

Load 和 Unload 任务告诉任务执行器从一个站点装载临时实体,或将一个临时实体卸载到一个站点。这通常需要任务执行器行进一段距离,目的是在正确的位置捡取或卸载临时实体,同时在移动之前完成用户定义的装载/卸载时间。虽然所有任务执行器执行装载/卸载时间的方式相同,但是因为实体类型不同,所以它们的偏移方式也会有所不同。例如,叉车会行进到捡取/放置临时实体的位置,在这个过程中,载货平台抬升到捡取/放置临时实体的高度;而机器人将转动到需要捡取/放置临时实体的位置。

6)中断任务(Break 任务)

Break 任务告诉任务执行器它是否需要"中断"去执行其他任务序列。例如,如果在同一个位置有两个临时实体等待装载,而叉车确实可以装载两个或更多的临时实体,那么它有两个任务序列要执行。这两个任务序列都和上面提到的任务序列一样。第一个是捡取第一个临时实体的任务序列,另一个则放在它的任务序列队列中,叉车一完成活动的任务序列就来执行队列中的其他任务序列。使用 Break 任务,叉车在装载第一个临时实体后停止第一个任务序列,开始去执行第二个任务序列,也就是行驶到第二个临时实体的站点,装载第二个临时实体。如果任务序列中不包含中断任务,任务执行器就必须先完成第一个任务序列,然后再去装载第二个临时实体。

7)操作员任务序列(Operator Task Sequences)

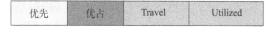

图6-15 操作员任务序列图

操作员任务序列是自动创建任务序列的又一个示例。处理器创建任务序列,请求一个操作员来加工站点工作(图6-15)。任务序列描述如下:

(1)行进到加工站点。

(2)然后被占用,直到被释放。

和前面的例子一样,第一个任务告诉任务执行器行驶到站点。第二个任务是一个新任务,在前面的例子中没有提到。这是一个 Utilize 任务,它让任务执行器进入定义的状态,如 Utilized 或 Processing,然后等待被释放。调用 freeoperators( )命令时可释放操作员。由于处理器自动创建任务序列,它也会自动释放操作员。

注释：创建任务序列并不完全像上面所描述的那样。在实际应用中，会添加更多的任务。但为了简化，只给出上面的示例。参见命令集中 requestoperators 命令的相关介绍，可以获得更多有关操作员任务序列的信息。

在仿真运行中的任何时刻，一个任务执行器可以有一个活动的任务序列和其他排队等候的任务序列（图 6-16、图 6-17）。任务分配器可以拥有正在排队的任务序列，但它不能执行。它是将任务序列队列分配给连接到其输出端口的任务执行器。这是区别分配器实体和任务执行器的方法。

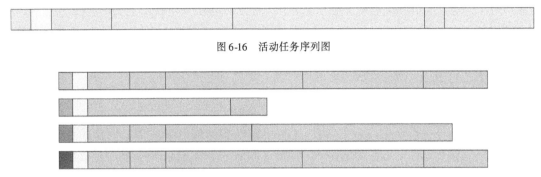

图 6-16　活动任务序列图

图 6-17　正在等待的任务序列列队图

如果没有先占类型的任务序列，那么任务执行器将会执行当前活动的任务序列。完成之后，把队列中的第一个任务序列变为活动的任务序列，开始执行。如此重复，直到完成队列中的所有的任务序列。

6.2.1　自定义任务序列

本节介绍如何创建和定制自己的任务序列。

可以使用 3 个简单的命令创建自己的任务序列：

createemptytasksequence( )；

inserttask( )；

dispatchtasksequence( )；

首先，使用 createemptytasksequence( ) 创建一个任务序列。然后，使用 inserttask( ) 命令向任务序列中插入任务。最后，使用 dispatchtasksequence( ) 分配任务序列。

下面的例子是让一辆叉车行驶到一个"station"，然后装载一个 item。

treenodenewtasksequence = createemptytasksequence(forklift,0,0)；

inserttask(newtasksequence,TASKTYPE_TRAVEL,station)；

inserttask(newtasksequence,TASKTYPE_LOAD,item,station,2)；

dispatchtasksequence(newtasksequence)；

treenodenewtasksequence 创建一个指向 Flexsim 节点的引用或者指针，在添加任务时就可以直接引用。

createemptytasksequence 命令有三个参数。第一个参数是处理任务序列的实体，它是一个分配器或任务执行器。第二个和第三个参数是数字，分别指优先级和先占值。此命令返回一个创建的任务序列。

inserttask 命令将一个任务插入到任务序列的末尾(图 6-18)。每个插入的任务都有几个相关的参数。第一个是类型值,用来定义任务的类型。它还涉及另外两个对象的引用,

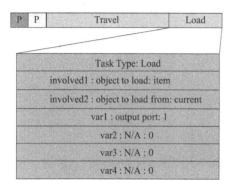

图 6-18 inserttask 命令添加任务

分别是 involved1 和 involved2。它们的含义都取决于任务类型。对于一些任务类型,这两个参数都需要,并有一定的含义;而对于另一些类型,就不需要这些参数。有些任务类型只引用一个 involved 对象,有些类型的 involved 对象具有可选择性。每个任务最多又可以有四个数值。这些任务变量表示为 var1、var2、var3 和 var4。它们的含义取决于任务的类型。请看下面的 load 任务,注意,var1 指定为 1。对于 load 任务来说,它是指临时实体要离开的那个输出端口。

inserttask 命令包含两个或多个参数,用来指定任务的值。第一个参数是任务要插入到哪个任务序列中。第二个参数是任务的类型,可以从任务类型列表中查询。第三个与第四个参数引用的是两个 involved 对象。如果对于某个任务类型来说,不需要使用 involved 对象或者这个对象具有可选择性,那么可以直接输入 NULL,甚至在不需要定义数值变量时,直接省略掉这个参数。第五到第九个参数是可选的,用来定义 var1~var4。默认情况是 0。

关于可选择性参数:尽管 inserttask 命令的很多参数都具有可选择性,但是根据任务类型,仍然需要对它们进行定义。另外,还需要按正确顺序指定。例如,如果要指定任务的 var1,但并不关心 involved1 或 involved2 是什么,也仍然需要把参数 3 和参数 4 设置为 NULL,尽管它们是可选的,这样才能正确设置第五个参数,也就是 var1。

6.2.2 先占任务序列

每个任务序列都有一个先占值。先占用来中断任务执行器正在执行的当前操作,转而去执行另一个更重要的操作。例如,操作员 A 最重要的职责是维修机器。然而,当没有机器要维修时,它应该在模型中运输原料。如果在操作员 A 正在某处运输原料时,有一台机器发生故障,那么操作员会停下正在做的事情去维修机器。要做到这点,需要使用先占任务序列,使操作员从当前操作中中断并被释放出来。

要创建一个先占任务序列,在 createemptytasksequence() 命令中给先占参数指定一个非零值。

createemptytasksequence(operator,0,PREEMPT_ONLY);

有四种可能的先占值。通过这些值,任务执行器决定在原始任务序列被先占之后要执行什么操作。

0-PREEMPT_NOT:0 表示无先占。

1-PREEMPT_ONLY:如果先占值为 PREEMPT_ONLY,那么任务执行器将会抢占当前活动的任务序列,并将其放回到任务序列队列的最前面。当任务执行器返回到最初的任务序列时,会继续执行先前没有完成的任务。同样,也可以使用 TASKTYPE_MILESTONE 任务指

定在回到任务序列的时候要继续完成的一系列任务。这是最常用的参数。

2-PREEMPT_AND_ABORT_ACTIVE：如果任务序列有REEMPT_AND_ABORT_ACTIVE值，那么任务执行器将会停止当前激活任务序列并销毁它，这样它就不会再回到此原始任务序列。

3-PREEMPT_AND_ABORT_ALL：如果任务序列有PREEMPT_AND_ABORT_ALL值，则任务执行器将会停止当前激活的任务序列并销毁它，并且销毁任务序列队列中的所有任务序列。

查询或改变一个任务序列的先占值和/或优先值，可以使用getreempt( )、setpreempt( )、getpriority( )和setpriority( )命令。

1) 多个先占任务序列间交互

如果一个任务执行器当前正在执行一个先占任务序列，而这时接收到一个新的先占任务序列，它将使用任务序列的优先级值来决定首先执行哪一个任务序列。如果新接收到的任务序列的优先级的值比正在执行的任务序列的优先级的值更高，那么任务执行器将抢占当前执行的任务序列，转而去执行新的任务序列。如果新接收到的先占任务序列的优先级值低于或者等于当前正在执行的任务序列的优先级值，则任务执行器不会抢占当前激活的任务序列，而是将新接收到的任务序列像其他任务序列一样放入任务序列队列中。如果必须对任务序列排队，除非明确地指定排队策略，否则在排队策略中不会考虑先占值。

关于先占任务序列排队的注释：如果一个先占任务序列实际上并没有抢占到任务执行器，那么它就与其他任务序列一样进行排队等待。如果想要将先占任务序列排到队列的前面，则要么使先占任务序列比其他所有的任务序列的优先级更高，要么将先占纳入排队策略中进行考虑。

2) 交通控制下网络路径上的行进任务先占

假如先占发生时，任务执行器正在网络路径上行进，这时先占就会产生一些副作用。如果当任务执行器正沿着网络路径边缘行进时，发生先占，那么任务执行器将被强制"脱离"此边缘路径，在"未激活"（红色线）的状态下连接至下一个网络节点（此网络节点是如果不发生先占，它行进完成边缘后本应该到达的节点）。如果此网络节点是交通控制器的一个成员，并且交通控制器起始于此网络节点（换句话说，当任务执行器被先占时它并不在此区域中），那么任务执行器将被"强行"进入交通控制区域，意思是这可能导致区域内的实体数量超出任务控制区允许的实体最大量。为了避免这种情况的发生，任务执行器的先占机制中已经添加了特殊逻辑，以至于如果发生先占，任务执行器将不从路径边缘脱离并连接至下一个节点，取而代之，先占将调用redirectnetworktraveler( )命令，此命令将使执行器继续进行于路径边缘，但是它的最终目的地将被改变，即当它到达边缘结束时，它将继续在一条新的路径上行进直至新的目的地。请注意，只有当先占机制可以探测到先占之后，任务执行器将执行的第一个持续性任务为行进任务时，这种情况[调用redirectnetworktraveler( )命令]才会发生。持续性任务是指需要一定的时间去执行的任务，如TASKTYPE_TRAVEL、TASKTYPE_LOAD、TASKTYPE_UTILIZE、TASKTYPE_DELAY等为持续性任务，然而TASKTYPE_SETNODENUM、TASKTYPE_TAG、TASKTYPE_MOVEOBJECT、TASKTYPE_SENDMESSAGE、TASK-

TYPE_NODEFUNCTION 为非持续性任务。如果先占机制探测到下个持续性任务不是一个行进任务,那么如上文所讲,任务执行器将脱离边缘,从而被强制进入交通指控区内。

3)任务分配器先占

如果发送一个先占任务序列给任务分配器,分配器将不考虑任务序列的先占值,除非用户明确"告诉"它。如果设置分配器为分配到第一个可用的任务执行器,那么它仅仅会按照此设置进行工作,不会将先占任务序列立刻发送给一个任务执行器。如果想让分配器马上分配先占任务序列,则需要在"发送到"函数中指定下面的逻辑。

通过从任务执行器拖拽 A 连接至分配器,任务执行器可以被反方向连接到分配器。连接完毕,当任务执行器接收到一个先占任务时,它将会把当前的任务退回给任务分配器。分配器将根据它的分配逻辑重新将退回的任务进行分配。为了使下一个任务执行器接着前一个任务执行器退出时的状态继续工作,以此方式退回到分配器的任务将返至当前的状态。这可能会引起一些奇怪的现象,当分配先占任务时应当予以考虑。例如,如果一个任务执行器被先占时正在运输一个临时实体,接收到此任务的那个任务执行器将继续执行运输和卸载的任务,而不执行捡取操作。另外,当卸载操作完成后,此临时实体将会"神奇地"出现在正确的位置。为了防止出现这些奇怪的情况,在分配新任务之前,可以咨询任务执行器的状态,来确定它是否处于一种"可先占"的状态。

6.2.3 协同任务序列

协同任务序列用来完成需要两个或多个任务执行器进行复杂协作的操作。这些任务序列用来实现这样一些概念,如任务执行器的分派和取消分派,又如共同完成多个操作等。

用一系列的命令建立和分配协作任务序列,这些命令与默认的任务序列命令相互排斥。适用于协作任务序列的命令如下:

(1) createcoordinatedtasksequence();

(2) insertallocatetask();

(3) insertdeallocatetask();

(4) insertsynctask();

(5) insertproxytask();

(6) dispatchcoordinatedtasksequence()。

1) createcoordinatedtasksequence(创建协作任务序列)

createcoordinatedtasksequence 命令有一个参数,是一个实体的引用。此实体被指定为"任务协调器",它持有任务序列,并同时协调这些任务。任务协调器也可以是在任务序列中进行分派的实体之一。任务协调器可以是任意分配器或任务执行器。注意,选择一个任务协调器并不意味着分派那个任务协调器。一个任务协调器可以在任意时刻协调任意数量的协作任务序列。同时,与常规任务序列不同,协同任务序列不进行排队。当用户分配了任务协调器后,它将立即开始执行协同任务序列,无论它正在协调多少其他的协同任务序列。

2) insertallocatetask(插入分派任务)

insertallocatetask 命令有四个参数。第一个参数是任务序列。第二个参数是任务执行器或分配器,将给它一个"分派(allocated)"任务。当任务协调器执行到一个分派任务时,它实际上创建一个单独的任务序列,里面有一个"分派(allocated)"任务,并将那个任务序列传递给指定的任务执行器或分配器。如果它是一个分配器,则意味着用户需要分派几个任务执行器中的任何一个,这时可以使用此命令的返回值作为一个关键词,来引用被分派的几个任务执行器中特定的那个,这是由于在创建任务序列时还不能确切地知道是哪一个。第三和第四个参数是将要创建的那个单独任务序列的优先级和先占值。第五个参数是可选的,它指定任务是否被阻塞。默认情况(0)下,任务是阻塞的。如果传递1,则任务不阻塞。

3) insertproxytask(插入代理任务)

insertproxytask 命令与 Inserttask 命令类似,有一个参数,另外又添加了第二个参数。第二个参数用来指定想要分派哪个实体去执行此任务。由于任务协调器实际上是"执行"此任务序列的那个实体,所以,一旦它获得一个代理任务,它将通知所分派的实体来"通过代理"执行此任务。注意,对于 involved1 和 involved2,可以传递一个关键字,也可以传递一个实体的引用。

4) insertsynctask(插入同步任务)

insertsync 命令中断任务序列的执行,直到一个用关键字引用的特定任务被完成。它有两个参数:任务序列和一个给定的代理任务的关键值。重点指出,在默认情况下,为不同的任务执行器指定的代理任务将并行完成,除非指定了一个同步任务,否则,分配给同一个任务执行器的代理任务将按顺序执行,而不需要同步任务。

5) insertdeallocatetask(插入取消分派任务)

insertdeallocatetask 命令取消一个用关键字引用的指定的任务执行器。第一个参数引用协作任务序列。第二个参数是想要取消分派的资源的分派关键字。第三个参数是可选的,指定任务是否阻塞。

默认情况(0)下,任务是阻塞的。如果传递1,则任务不阻塞。上面的代码创建一个协作任务序列,它组织了两个任务序列,如图6-19所示。

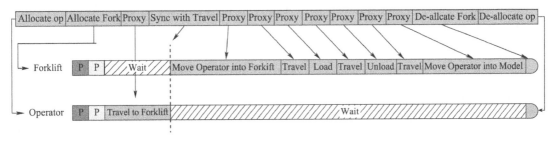

图6-19 协同任务序列

请尝试用协同任务序列完成下列内容:

一个由三个操作员组成的小组共用两辆叉车。一项操作需要一个操作员和一辆叉车。操作员要前往叉车位置,叉车将操作员移入其内。然后叉车行进到装载地点,拣取临时实体行进到卸载地点,放下此临时实体。然后叉车再回到停车位置,放下操作员。

请注意,在两个协同任务序列中,存在一些这样的部分:一个资源需要等待而不进行操作,而另一个资源则进行各种操作。

注意事项：

(1) 在给任何资源分配代理任务之前，必须做的第一件事是分派那个资源。

(2) 必须从每个分派任务中返回关键字，因为以后要使用它。Insertproxytask 命令为代理任务的执行器获得一个关键字。这是分派任务返回的关键字。在取消分派此实体时也要使用此关键字。

(3) 同一个分派资源的所有代理任务是按顺序执行的，而不同的分派资源的代理任务，除非明确地在协作任务序列中加入阻塞任务，否则都是并行执行的。

(4) 阻塞任务是用来阻塞协作任务序列并行执行的任务类型。任务协调器直接遍历任务序列，并将代理任务分给适当的分派资源，直到遇到一个阻塞任务。它将一直等待，直到那个任务的阻塞请求被满足，然后继续此任务序列。阻塞任务以及其阻塞条件如下所示。

①分派任务(AllocationTask)：默认情况下，此任务将一直阻塞，直到指定的资源被分派。不过，如果 insertallocatetask 的第五个参数是 1，分派任务就不会阻塞。

②同步任务(SyncTask)：此任务将一直阻塞，直到由它的关键字指定的代理任务完成。

③取消分派任务(De-allocationTask)：默认情况下，此任务将一直阻塞，直到指定的资源完成了所有代理任务且被取消分派。不过，如果 insertallocatetask 的第三个参数是 1，取消分派任务就不会阻塞。

(5) 插入任务的顺序有着细微但却重要的含义，尤其是在把代理任务放到与阻塞任务的相互关系中进行考虑时，更是如此。放在特定阻塞任务后面的代理任务与把这些代理任务插入到阻塞任务之前相比，执行起来相差甚大。

(6) 确保取消分派所有已分派的实体，否则，任务序列将不能正确地释放它分派的实体。一旦取消分派了一个资源，就不要再给它任何代理任务。

6.2.4 访问任务序列

一旦分配了任务序列，就可以查询和改变这些任务序列中的特定值。下列命令用来进行这样的查询和修改：

treenode gettasksequencequeue(treenodedispatcher)

此命令返回一个指向分配器/任务执行器的任务序列的队列，可将其当作常规的 treenode。例如，我是一个任务执行器，我想查询我的队列中的第一个任务序列，则可以这样获得此任务序列：

first(gettasksequencequeue(current))

treenode gettasksequence(treenodedispatcher, int rank)

此命令是获取任务序列的另一种方式。rank 是任务序列在队列中的排序序号。如果 rank=0，则返回任务执行器当前的任务序列，或者说是正在执行的任务序列。

Treenodegettaskinvolved(treenodetasksequence, intrank, intinvolvednum)命令是返回任务序列中某个任务的 involved 对象。rank 是任务在任务序列中的序号。involvednum 是 1 或 2。例如，一个任务执行器将要执行一个 load 任务，但它想知道要从哪个实体装载此临时实体。在 load 任务中，involved1 代表此临时实体，involved2 代表装载站点。我们还假设，此 load 任

务在任务序列中的序号为3,而此任务序列是当前活动的任务序列。要获得此站点的引用,可以用下面的代码:

gettaskinvolved(gettasksequence(current,0),3,2)

用户需要了解任务类型与给定任务类型中involved对象的含义。

Int gettasktype(treenodetasksequence,intrank)

此命令返回给定任务的类型。Rank是任务序列中任务的序号。可以与宏指令TASKTYPE_LOAD、TASKTYPE_TRAVEL等进行比较。

Int getnroftasks(treenodetasksequence):返回任务序列中尚未完成的任务的数量。

Intgettotalnroftasks(treenodetasksequence):返回任务序列中任务的总数。

Intgettaskvariable(treenodetasksequence,intrank,intvarnum):返回任务序列中某个任务的变量值。rank是任务序列中任务的排序序号。varnum是一个1~4之间的值,是变量序号。与involved对象一样,变量值及其含义取决于任务类型。

Intgetpriority(treenodetasksequence):返回给定任务序列的优先级。

Voidsetpriority(treenodetasksequence,doublenewpriority):设定任务序列的优先级。

Int getpreempt(treenodetasksequence):返回任务序列的先占值。

Voidsetpreempt(treenodetasksequence,intnewpreempt):设定任务序列的先占值。需要将前面提到的宏指令指定为newpreempt。

6.2.5 任务序列实训

本小节将学习如何创建基本的任务序列。

实训任务概述:

操作员从暂存区拿起一个临时实体,把它放到一张桌子上,进行检查,然后将其送到一个处理器。在执行下一个任务序列之前,操作员将待在处理器上加工临时实体。接着,操作员将从处理器上拣取货物,然后送到第二个暂存区。我们将整个任务分为三个具体实训来完成。

1)任务序列实训一

在本实训中,需要完成以下内容:操作员从暂存区拿起一个临时实体,把它放到一张桌子上,进行检查,然后把它送到一个处理器。通过编写任务序列,将整个任务分配给一名操作员完成。

分步建模:

第一步:预置模型。

(1)创建一个发生器、一个暂存区、一个BasicFR、一个处理器、一个处理器、一个操作员和一个吸收器,按照图6-20所示对它们进行布局。这个BasicFR将作为我们的桌子,它没有任何逻辑,不产生任何作用。它仅仅是操作员要去的一个地方,也可以使用可视化工具或其他任何固定实体代替。

(2)按照图6-20连接实体,确保将操作员和BasicFR连接到第一个暂存区的中间端口。

第二步:编辑实体。

(1)单击第一个处理器,打开快捷属性窗口。

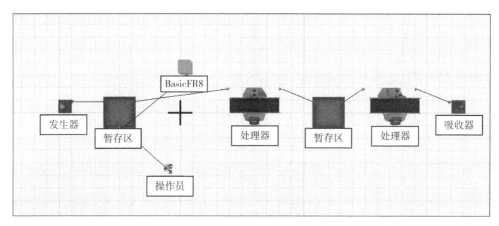

图 6-20 模型布局图

(2) 在处理器模块中,将最大容量改为 10(图 6-21)。
(3) 单击第二个处理器,打开快捷属性窗口。
(4) 在处理器部分,将加工时间改为 50(图 6-22)。

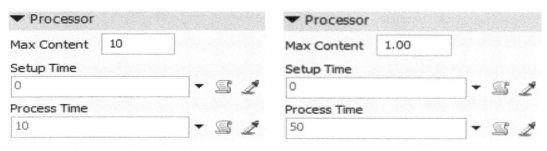

图 6-21 处理实体最大容量　　　　图 6-22 处理器加工时间

第三步:编写任务序列。

为了简化整个过程,将使用基本的任务序列示例,创建任务序列。按照需要,对示例的代码进行修改和添加。

(1) 点击第一个暂存区,打开它的快捷属性窗口。

(2) 在临时实体流部分,选中使用运输工具,并在列表中选择任务序列示例 1。默认情况下,这个任务序列的作用和引用一个操作员的作用相同。操作员行走到当前实体,装载临时实体,行走到下游的实体并卸载临时实体。可以对它稍加修改,如图 6-23 所示。

(3) 点击下拉列表右侧的代码编辑按钮,打开代码编辑器。在这个模型中,操作员只做这个任务。所以,需要删除第 21 行中的所有代码,也就是删除 Break 任务。如图 6-24 所示。

操作员装载了临时实体之后,我们希望他能走到 BasicFR,延迟 10s 后走到下游的处理器。

(4) 在第 21 行键入以下内容:
inserttask(ts,TASKTYPE_TRAVEL,centerobject(current,2),NULL);

(5) 按下 Enter 键去下一行,如图 6-25 所示。

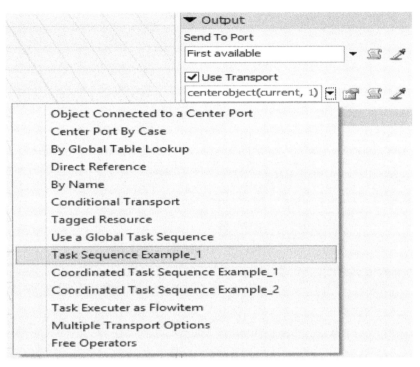

图 6-23　选择任务序列

```
 1 treenode item = parnode(1);
 2 treenode current = ownerobject(c);
 3 int port = parval(2);
 4 /**Task Sequence Example 1*/
 5 /**Creates a standard task sequence manually.*/
 6 /**If this "Request Transport From" field returns a 0 rather than a valid pointer
 7 to either a dispatcher or taskexecuter, then no call is made, and it is assumed
 8 that the user will dispatch their own tasksequence.
 9
10 This example shows the code that is required to create the exact same tasksequence
11 that is normally created automatically and dispatched to the object referenced by this fiel
12
13 treenode dispatcher = centerobject(current,1); // the dispatcher or task executer
14 double priority = getvarnum(current,"transportpriority"); // read the Priority value on the
15 int preempting = getvarnum(current,"preempttransport"); // read the Preemption mode on the
16
17 treenode ts = createemptytasksequence(dispatcher,priority,preempting);
18
19 inserttask(ts,TASKTYPE_TRAVEL,current,NULL);
20 inserttask(ts,TASKTYPE_FRLOAD,item,current,port);
21
22 inserttask(ts,TASKTYPE_TRAVEL,outobject(current,port),NULL);
23 inserttask(ts,TASKTYPE_FRUNLOAD,item,outobject(current,port),opipno(current,port));
24
25 dispatchtasksequence(ts);
26 // return a 0 so this object will know that you made your own tasksequence and it doesn't n
27 //to make the standard tasksequence automatically
28 return 0;
```

图 6-24　删除 Break 任务

```
1  treenode item = parnode(1);
2  treenode current = ownerobject(c);
3  int port = parval(2);
4  /**Task Sequence Example 1*/
5  /**Creates a standard task sequence manually.*/
6  /**If this "Request Transport From" field returns a 0 rather than a valid pointer
7  to either a dispatcher or taskexecuter, then no call is made, and it is assumed
8  that the user will dispatch their own tasksequence.
9
10 This example shows the code that is required to create the exact same tasksequence
11 that is normally created automatically and dispatched to the object referenced by this fiel
12
13 treenode dispatcher = centerobject(current,1); // the dispatcher or task executer
14 double priority = getvarnum(current,"transportpriority"); // read the Priority value on the
15 int preempting = getvarnum(current,"preempttransport"); // read the Preemption mode on the
16
17 treenode ts = createemptytasksequence(dispatcher,priority,preempting);
18
19 inserttask(ts,TASKTYPE_TRAVEL,current,NULL);
20 inserttask(ts,TASKTYPE_FRLOAD,item,current,port);
21 inserttask(ts,TASKTYPE_TRAVEL,centerobject(current,2),NULL);
22
23 inserttask(ts,TASKTYPE_TRAVEL,outobject(current,port),NULL);
24 inserttask(ts,TASKTYPE_FRUNLOAD,item,outobject(current,port),opipno(current,port));
25
26 dispatchtasksequence(ts);
27 // return a 0 so this object will know that you made your own tasksequence and it doesn't n
28 //to make the standard tasksequence automatically
```

图 6-25 载入 TASKTYPE_TRAVEL 临时实体

(6) 如图 6-26 所示, 在第 22 行键入:

inserttask(ts,TASKTYPE_DELAY,NULL,NULL,10,STATE_BUSY);

```
1  treenode item = parnode(1);
2  treenode current = ownerobject(c);
3  int port = parval(2);
4  /**Task Sequence Example 1*/
5  /**Creates a standard task sequence manually.*/
6  /**If this "Request Transport From" field returns a 0 rather than a valid pointer
7  to either a dispatcher or taskexecuter, then no call is made, and it is assumed
8  that the user will dispatch their own tasksequence.
9
10 This example shows the code that is required to create the exact same tasksequence
11 that is normally created automatically and dispatched to the object referenced by this fiel
12
13 treenode dispatcher = centerobject(current,1); // the dispatcher or task executer
14 double priority = getvarnum(current,"transportpriority"); // read the Priority value on the
15 int preempting = getvarnum(current,"preempttransport"); // read the Preemption mode on the
16
17 treenode ts = createemptytasksequence(dispatcher,priority,preempting);
18
19 inserttask(ts,TASKTYPE_TRAVEL,current,NULL);
20 inserttask(ts,TASKTYPE_FRLOAD,item,current,port);
21 inserttask(ts,TASKTYPE_TRAVEL,centerobject(current,2),NULL);
22 inserttask(ts,TASKTYPE_DELAY,NULL,NULL,10,STATE_BUSY);
23 inserttask(ts,TASKTYPE_TRAVEL,outobject(current,port),NULL);
24 inserttask(ts,TASKTYPE_FRUNLOAD,item,outobject(current,port),opipno(current,port));
25
26 dispatchtasksequence(ts);
27 // return a 0 so this object will know that you made your own tasksequence and it doesn't n
28 //to make the standard tasksequence automatically
```

图 6-26 载入 TASKTYPE_DELAY 临时实体

(7)单击确定按钮,关闭代码窗口。

(8)点击确定按钮,关闭属性窗口。

第四步:重置并运行模型。

(1)重置和运行模型。操作员现在应该走到暂存区,装载临时实体,行走到 BasicFR,延迟 10s 之后,前往处理器卸载临时实体。

(2)保存模型。

2)任务序列实训二

在本实训中,将继续完善在任务序列实训一中建立的模型。操作员在执行下一个任务序列之前,将待在处理器上加工临时实体。

分步建模:

第一步:装载模型。

请打开实训一中完成的模型。

第二步:添加 Utilize 任务。

(1)点击第一个暂存区,打开快捷属性窗口。

(2)在临时实体流部分中,点击使用运输工具右侧的按钮,打开代码编辑器(图6-27)。

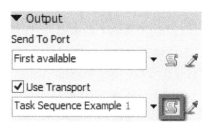

图 6-27 临时实体流设置

(3)如图 6-28 所示,在第 24 行后面添加新的一行,在第 25 行中键入:

inserttask(ts,TASKTYPE_UTILIZE,item,outobject(current,1),STATE_UTILIZE);

```
1  treenode item = parnode(1);
2  treenode current = ownerobject(c);
3  int port = parval(2);
4  /**Task Sequence Example 1*/
5  /**Creates a standard task sequence manually.*/
6  /**If this "Request Transport From" field returns a 0 rather than a valid pointer
7  to either a dispatcher or taskexecuter, then no call is made, and it is assumed
8  that the user will dispatch their own tasksequence.
9
10 This example shows the code that is required to create the exact same tasksequence
11 that is normally created automatically and dispatched to the object referenced by this fiel
12
13 treenode dispatcher = centerobject(current,1); // the dispatcher or task executer
14 double priority = getvarnum(current,"transportpriority"); // read the Priority value on the
15 int preempting = getvarnum(current,"preempttransport"); // read the Preemption mode on the
16
17 treenode ts = createemptytasksequence(dispatcher,priority,preempting);
18
19 inserttask(ts,TASKTYPE_TRAVEL,current,NULL);
20 inserttask(ts,TASKTYPE_FRLOAD,item,current,port);
21 inserttask(ts,TASKTYPE_TRAVEL,centerobject(current,2),NULL);
22 inserttask(ts,TASKTYPE_DELAY,NULL,NULL,10,STATE_BUSY);
23 inserttask(ts,TASKTYPE_TRAVEL,outobject(current,port),NULL);
24 inserttask(ts,TASKTYPE_FRUNLOAD,item,outobject(current,port),opipno(current,port));
25 inserttask(ts,TASKTYPE_UTILIZE,item,outobject(current,1),STATE_UTILIZE);
26
27 dispatchtasksequence(ts);
28 // return a 0 so this object will know that you made your own tasksequence and it doesn't n
```

图 6-28 载入 TASKTYPE_UTILIZE 临时实体

(4)点击确定,关闭代码编辑窗口。

(5)如果现在运行模型,会发现卸载并加工临时实体之后,操作员一直待在处理器的位置。这是因为没有释放操作员,操作员将一直处于被应用(Utilized)的状态,直到被实体释放为止。设置释放的最佳位置是处理器的 OnProcessFinish 触发器。

第三步:编辑处理器,释放操作员。

(1)将操作员和第一个处理器进行中间端口连接(图 6-29)。

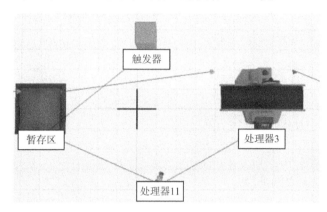

图 6-29 端口连接

(2)双击第一个处理器,打开属性窗口,然后点击触发器选项卡。在加工结束触发列表中,选择释放操作员。使用默认的触发参数就可以。Involved 是 TASKTYPE_UTILIZE 命令的第一个参数。为了释放操作员,involved object 必须匹配,这里选择 item(图 6-30)。

(3)点击确定,关闭属性窗口。

第四步:重置并运行模型。

(1)重置并运行模型。操作员应该走到暂存区,卸载临时实体,然后走到 BasicFR,延迟 10s,行走到处理器,卸载临时实体,然后停留在处理器的位置(停留时间等于加工时间)。

(2)保存模型。下一个实训紧接着这个模型建模。

3)任务序列实训三

在本实训中,将使用实训二中完成的模型继续建模。操作员将从处理器上拣取货物,然后送到第二个暂存区。

分步建模:

第一步:装载模型。

打开实训二中创建的模型。

第二步:删除 OnProcessFinish 触发器中的逻辑。

因为将在任务序列中添加内容,所以需要修改从 Utilized 任务中释放操作员的方式。需要把 freeoperator( )命令移到 Request Transport From 区域中,才能保证模型正确运行。

(1)双击第一个处理器,打开属性窗口,单击触发器选项卡。

(2)在 OnProcessFinish 触发器上,点击 ,然后单击 将这个触发器中的函数删除。

(3)先不要关闭属性窗口。

第三步:编写临时实体流逻辑。

现在,需要在 Request Transport From 中释放操作员。另外,因为将添加的下一组任务会覆盖处理器的临时实体流逻辑,特别是 Request Transport From 逻辑,所以需要告诉处理器,它不需要创建任务序列。

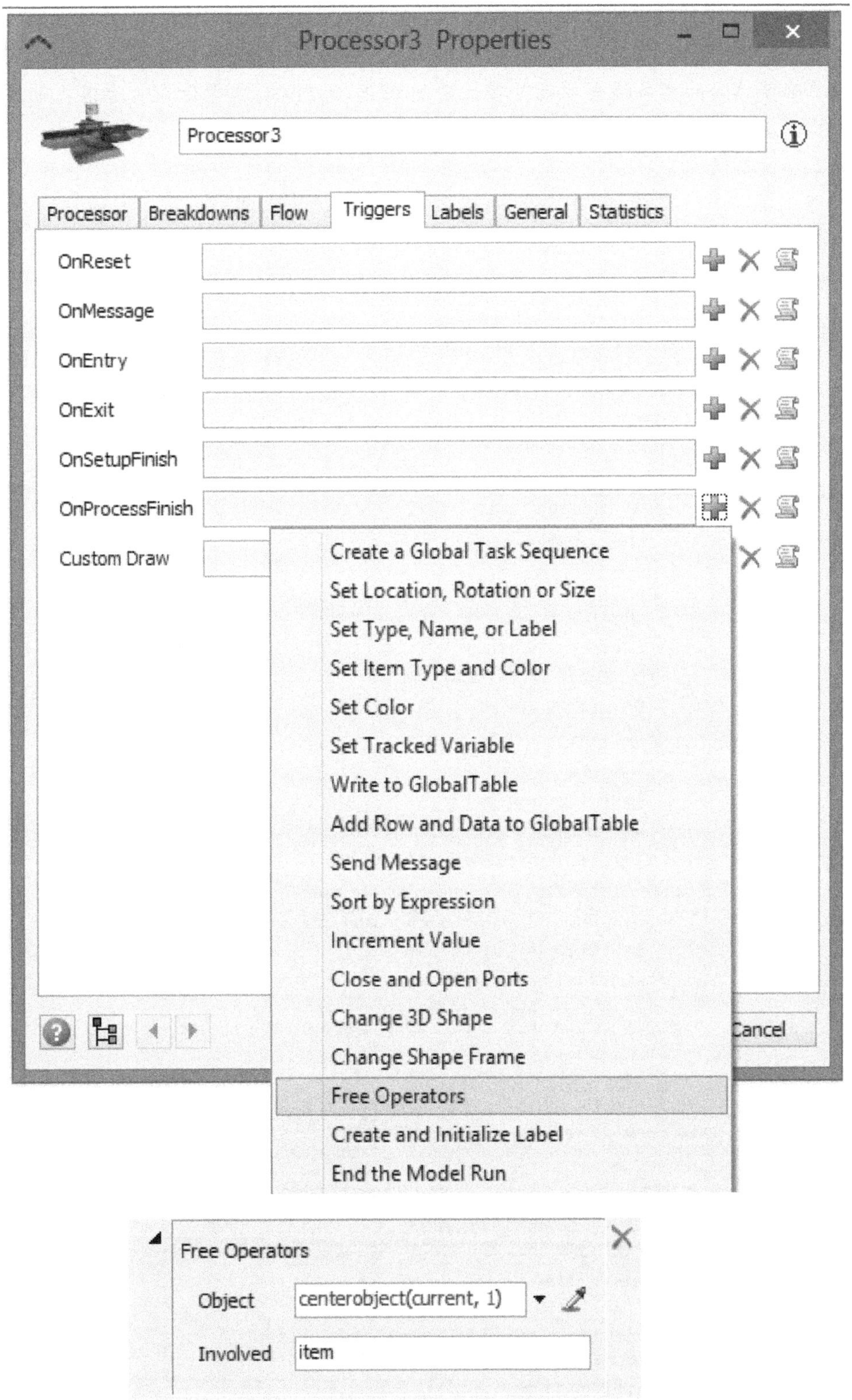
Processor3 Properties
Processor3
Processor
Breakdowns
Flow
Triggers
Labels
General
Statistics
OnReset
OnMessage
OnEntry
OnExit
OnSetupFinish
OnProcessFinish
Custom Draw
Create a Global Task Sequence
Set Location, Rotation or Size
Set Type, Name, or Label
Set Item Type and Color
Set Color
Set Tracked Variable
Write to GlobalTable
Add Row and Data to GlobalTable
Send Message
Sort by Expression
Increment Value
Close and Open Ports
Change 3D Shape
Change Shape Frame
Free Operators
Create and Initialize Label
End the Model Run
Cancel
Free Operators
Object
centerobject(current, 1)
Involved
item

图 6-30 处理器设置

注意：每当编写控制实体输出而不是 Request Transport From 的任务序列时，Request-Transport From 必须返回 0，否则，会出现严重的问题。在本例中，你正在暂存区上编写任务序列，但下面要添加的任务将会影响处理器的运输逻辑，所以，尽管你在暂存区上创建任务序列，仍然需要将处理器的 Request Transport From 逻辑返回 0。如果你在触发器中编辑任务序列，也需要这样做。

（1）双击第一个处理器，打开属性窗口，点击临时实体流选项卡。

（2）选中使用运输工具，然后从下拉列表中选择释放操作员（图 6-31）。保持默认参数即可。注意，选项默认返回 0，不必对其进行修改。

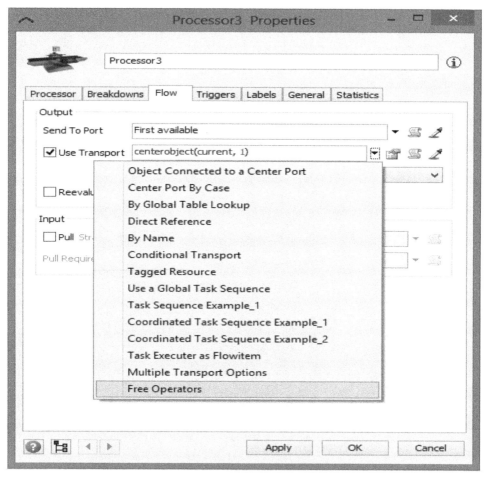

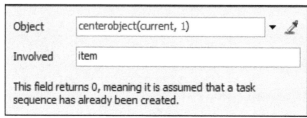

图 6-31　释放操作员设置

(3)点击确定,关闭属性框。

第四步:编写任务序列的剩余部分。

(1)点击第一个暂存区,打开属性窗口。

(2)点击临时实体流部分中,使用运输工具列表右侧的代码编辑按钮（图6-32）。

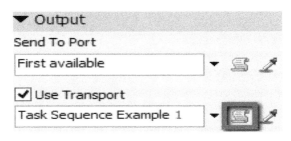

图6-32　代码编辑按钮图

(3)需要创建一个局部变量,这样在任务序列中引用第二个暂存区会更容易些。如图6-33所示,在第17行输入：

downQueue = outobjecttreenode(outobject(current,1),1);

```
1  treenode item = parnode(1);
2  treenode current = ownerobject(c);
3  int port = parval(2);
4  /**Task Sequence Example 1*/
5  /**Creates a standard task sequence manually.*/
6  /**If this "Request Transport From" field returns a 0 rather than a valid pointer
7  to either a dispatcher or taskexecuter, then no call is made, and it is assumed
8  that the user will dispatch their own tasksequence.
9
10 This example shows the code that is required to create the exact same tasksequence
11 that is normally created automatically and dispatched to the object referenced by this fiel
12
13 treenode dispatcher = centerobject(current,1); // the dispatcher or task executer
14 double priority = getvarnum(current,"transportpriority"); // read the Priority value on the
15 int preempting = getvarnum(current,"preempttransport"); // read the Preemption mode on the
16
17 treenode downQueue = outobject(outobject(current,1),1);
18 treenode ts = createemptytasksequence(dispatcher,priority,preempting);
19
20 inserttask(ts,TASKTYPE_TRAVEL,current,NULL);
21 inserttask(ts,TASKTYPE_FRLOAD,item,current,port);
22 inserttask(ts,TASKTYPE_TRAVEL,centerobject(current,2),NULL);
23 inserttask(ts,TASKTYPE_DELAY,NULL,NULL,10,STATE_BUSY);
24 inserttask(ts,TASKTYPE_TRAVEL,outobject(current,port),NULL);
25 inserttask(ts,TASKTYPE_FRUNLOAD,item,outobject(current,port),opipno(current,port));
26 inserttask(ts,TASKTYPE_UTILIZE,item,outobject(current,1),STATE_UTILIZE);
27
28 dispatchtasksequence(ts);
```

图6-33　创建局部变量

(4) 从 27 行开始,输入:
inserttask(ts,TASKTYPE_FRLOAD,item,outobject(current,1));
inserttask(ts,TASKTYPE_TRAVELdownQueue,NULL);
inserttask(ts,TASKTYPE_FRUNLOAD,item,downQueue,1);
如图 6-34 所示。

```
5 /**Creates a standard task sequence manually.*/
6 /**If this "Request Transport From" field returns a 0 rather than a valid pointer
7 to either a dispatcher or taskexecuter, then no call is made, and it is assumed
8 that the user will dispatch their own tasksequence.
9
10 This example shows the code that is required to create the exact same tasksequence
11 that is normally created automatically and dispatched to the object referenced by this fiel
12
13 treenode dispatcher = centerobject(current,1); // the dispatcher or task executer
14 double priority = getvarnum(current,"transportpriority"); // read the Priority value on the
15 int preempting = getvarnum(current,"preempttransport"); // read the Preemption mode on the
16
17 treenode downQueue = outobject(outobject(current,1),1);
18 treenode ts = createemptytasksequence(dispatcher,priority,preempting);
19
20 inserttask(ts,TASKTYPE_TRAVEL,current,NULL);
21 inserttask(ts,TASKTYPE_FRLOAD,item,current,port);
22 inserttask(ts,TASKTYPE_TRAVEL,centerobject(current,2),NULL);
23 inserttask(ts,TASKTYPE_DELAY,NULL,NULL,10,STATE_BUSY);
24 inserttask(ts,TASKTYPE_TRAVEL,outobject(current,port),NULL);
25 inserttask(ts,TASKTYPE_FRUNLOAD,item,outobject(current,port),opipno(current,port));
26 inserttask(ts,TASKTYPE_UTILIZE,item,outobject(current,1),STATE_UTILIZE);
27 inserttask(ts,TASKTYPE_FRLOAD,item,outobject(current,1));
28 inserttask(ts,TASKTYPE_TRAVEL,downQueue,NULL);
29 inserttask(ts,TASKTYPE_FRUNLOAD,item,downQueue,1);
30
31 dispatchtasksequence(ts);
32 // return a 0 so this object will know that you made your own tasksequence and it doesn't n
```

图 6-34 输入命令

(5) 点击代码窗口和属性窗口中的确定按钮,将窗口关闭。

注意:修改 OnProcessFinish 里面 freeoperators() 命令的原因是编写的任务序列可以覆盖实体的内部逻辑。当处理器加工结束时,如果下游的暂存区不可用,处理器仍然会释放操作员,将临时实体装载/卸载到暂存区上,这会导致暂存区中的货物过满,出现一些其他问题。所以,通过把 freeoperators() 命令移到 Request Transport From 中,只有当下游暂存区准备好接收临时实体时,操作员才能执行装载或卸载任务。解决这个问题的最佳办法是设置两个 Utilize 任务,在 OnProcessFinish 和 Request Transport From 里面都设置释放操作员。使用这种方式,只有当下游实体变为可用时,操作员才去搬运东西。想了解更多信息,请查看固定资源类实体。

第五步:重置并运行模型。

(1) 重置并运行模型。操作员应该会行走到暂存区,装载临时实体,行走到 BasicFR,延迟 10s 之后,行走到处理器,卸载临时实体,在处理器停留一段时间(加工时间),装载临时实体,行走到下一个暂存区,卸载临时实体。

(2) 保存模型。

6.3 建模辅助工具

6.3.1 全局工具

1) 全局表

点击工具主菜单>全局表,即可访问全局表(图 6-35)。不能通过拖拽到模型的方式创建全局表对象,只能通过工具菜单或者通过全局表窗口创建它们。

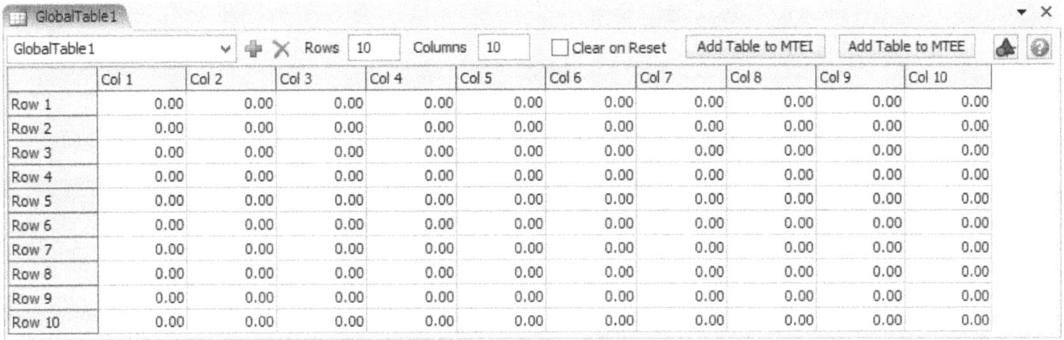

图 6-35 全局表

全局表可以存储数值型或字符串型数据。使用不同的表格命令,可以在任何一个实体上访问这些数据。一个模型可以有多个全局表。

(1)编辑表格。

要编辑表格中的单元格,应先点击需要修改的单元格,然后开始输入内容,覆盖里面的所有数据,或者双击单元格选中单元格中的内容。使用箭头按键,在不同的单元格之间进行移动。默认情况下,单元格中储存的是数值数据,但是右键点击单元格,然后选择"分配字符串数据",即可储存字符串数据。通过右键菜单,也可以插入/删除行和列,清除单元格数据,按列排序等。

名称组合框:这里显示的是表格名称以及模型中所有的全局表。名称应便于记忆,具有描述性。用于读取和写入全局表的命令都是通过名字来访问的。你可以点击名字旁边的向下的箭头,浏览窗口中的其他全局表。

：给模型添加一个全局表。

：从模型中把当前的全局表删除。

行数:这是全局表的行数。

列数:这是全局表的列数。

重置时清零:如果选中此框,重置模型时,表中的所有数值会重置为零,所有字符串数据都会清除掉。

把表格添加到 MTEI:点击此按钮,可以把表格作为一行添加到 Multiple Table Excel Import。

把表格添加到 MTEE：点击此按钮，可以把表格作为一行添加到 Multiple Table Excel Export。

⬥：点击这个按钮，可以把表格作为一个可拖拽图标或者一个自动安装控件添加到实体库中。点击用户库文档可以获得更多信息。

（2）命令。

表 6-23 中的命令都可以用于全局表。当指定全局表的时候，可以使用全局表的字符串名称或者使用在 reftable( ) 命令中输入双精度数值参数【它返回的是树节点，参数可以是字符串、排序序号和节点】（这个方式比引用表格的名字速度更快）。这些命令也可以通过输入表格节点，用于 Flexsim 中的其他表格。

可以用于全局表的命令　　　　　　　　　　　　　　表 6-23

命令	含义
reftable("GlobalTable")	返回全局表的引用，可以作为下面这些命令的参数
gettablenum(table,row,col)	返回单元格中的数值数据，单元格为 row 和 col 指定
gettablestr(table,row,col)	返回单元格中的字符串，单元格为 row 和 col 指定
settablenum(table,row,col)	在单元格中设置数值数据，单元格为 row 和 col 指定
settablestr(table,row,col)	在单元格中设置字符串值，单元格为 row 和 col 指定
gettablecell(table,row,col)	返回单元格（节点）的引用，单元格为 row 和 col 指定
settablesize(table,row,col)	按照指定的行数和列数，设置表格的尺寸。查看命令文档
gettablecols(table)	返回表格中的列数
gettablerows(table)	返回表格中的行数
clearglobaltable(table)	在所有的数值单元格中写入 0，删除所有字符串单元格中的字符串
addtablecol(table)	在表格中添加新列
addtablerow(table)	在表格中添加新行
deletetablecol(table,col)	把表格中指定的列删除
deletetablerow(table,row)	把表格中指定的行删除
movetablecol(table,col,newcol)	把表格中指定的列移动到新的一列
movetablerow(table,row,newrow)	把表格中指定的行移动到新的一行
executetablecell(table,row,col)	按照脚本执行表格中的单元格

2）全局任务序列

点击工具→全局任务序列，打开全局任务序列(GTS)窗口（图 6-36）。

使用全局任务序列可以不用编程，只通过图形用户界面就可以建立任务序列（图 6-37）。一旦创建了 GTS，就可以通过固定资源实体的使用运输工具下拉列表，把它分配给任务执行器。

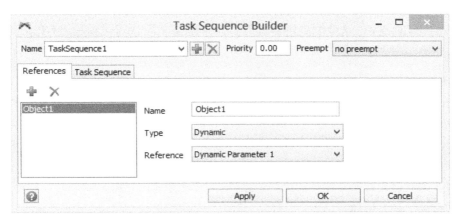

图 6-36 全局任务序列窗口

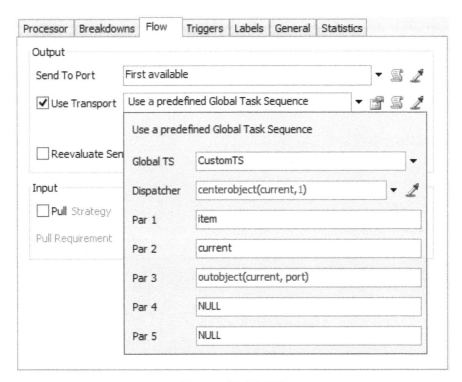

图 6-37 建立任务序列

建立全局任务序列,首先创建实体引用的名称,然后创建与引用关联的任务。实体引用分为 Dynamic 和 Static。

①Dynamic:每当创建 GTS 示例时,动态引用(dynamicreferences)就会作为 dynamic 参数传递到 createglobaltasksequence( )命令里,并发生变化。

②Static:每次创建 GTS 示例时,Static 引用都不会发生变化。

从图 6-32 中可以看出,GTS 中最多可以使用五个动态参数。这些参数引用的是模型中的节点或实体。如果需要,使用这些参数定义的一个 GTS 可以用于模型中的多个实体。一个 GTS 可以用任意数量的 static 变量。

Name:GTS 的名字。这个框中包含模型中所有的 GTS,可快速跳到其他 GTS。

:添加一个新的 GTS。

:删除当前的 GTS。

Priority:这个值设置的是 GTS 的优先级,运输工具和分配器一般会根据这个值排列多个 GTS 的执行顺序。值越大,执行得越早。优先级相同的两个 GTS,就按照接收顺序执行。

Prempt:如果设置先占值,那么运输工具一接收到这个任务序列会马上执行,不管它当时是否在执行任务。这样,运输工具可以执行一些特殊任务,比如搬运超过自身容量的临时实体数量。要获得先占任务序列的更多信息,请查看任务序列先占。

Apply:保存 GTS 的所有修改。

OK:保存对 GTS 的所有修改并关闭窗口。

Cancel:取消所有没有保存的 GTS 修改并关闭窗口。请注意,GTS 窗口的很多地方是不受 Cancel 影响的。例如,添加任务,重新命名引用变量的名称。

(1)References 选项卡。

References 选项卡界面如图 6-38 所示。

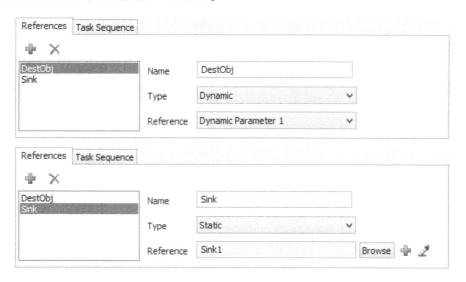

图 6-38　References 选项卡界面

:添加一个新的引用。

:把选中的引用删除

References 列表:显示所有的 GTS 引用,对 Static 参数的数量没有限制,但是最多只能有五个 Dynamic 参数。

Name:这是 Reference 的名字。这个名字可在 TaskSequence 选项卡上使用,用于定义每个任务序列类型的参数。

Type:把 Reference 设置成 Static 或 Dynamic 类型。

Reference:对于 Dynamic 类型,这是一个在 1~5 之间的参数值。对于 Static 类型,这是指向模型中一个实体的路径。

▸:只用于 Static 类型。打开树浏览对话框,从树里面选择一个节点。可以选择任何节点或实体属性。

▸:只用于 Static 类型。在弹出的小框里,可以选择模型中的一个实体。

▸:只用于 Static 类型。点击进入采样模式,然后采集实体,节点或者属性的某些特征。

（2）任务序列选项卡。

任务序列选项卡界面如图 6-39 所示。

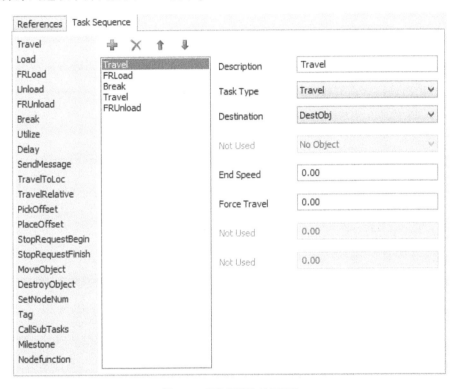

图 6-39　任务序列选项卡界面

任务列表:这是可用的任务序列类型的列表。直接把列表中的任务拖拽到当前任务列表中添加任务。要获得这些任务的更多信息,请查看任务类型选项卡。

▸:添加一个新任务。

▸:删除选中的任务。

▸:把列表中的任务上移或者下移。

CurrentTaskList:显示 GTS 包含的所有任务。一旦分配,任务执行器就会按照列表中显示的顺序去执行。

Name:输入任务的描述性名称,将显示到当前的任务列表中。

TaskType:选中的当前任务的任务类型。

剩下的部分是根据当前选中的任务类型而发生变化的。例如上面显示的 Destination 复选框,它包含了所有 Dynamic 和 Static 参数的列表。最后的四个框必须包含数值数据。它们不执行脚本。

(3)示例。

点击工具→全局任务序列→添加,创建一个全局任务序列(GTS),就会出现图 6-40 所示的窗口。

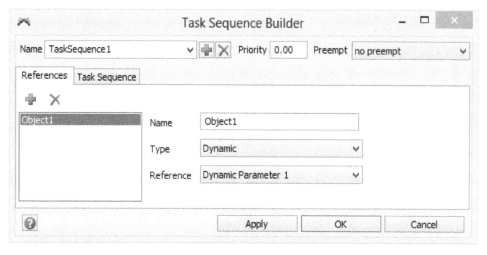

图 6-40　创建全局任务序列

首先,给 GTS 定义一个合适的名字:

点击添加和删除按钮,添加或者删除实体引用。对于每个实体引用,可以给它设置一个名字和类型(Dynamic 或 Static)。对于 Dynamic 类型,可以选择一个引用作为 DynamicParameters 1～5 中的一个。当创建一个 GTS 示例时,这些参数会传递到 createglobaltasksequence()里面。对于 Static 引用,选择右边的一个按钮,选择模型中的实体。

一旦创建了需要的引用,就打开任务序列选项卡。默认情况下,任务序列是空的。左边是可以拖拽的任务网格。通过把它们从左边拖拽它们并放置在列表中,来添加任务。列表的右面就会出现一个属性面板(图 6-41)。

要编辑每个任务的属性,请点击列表中的任务,然后编辑右边的属性。使用列表上面的按钮,重新排序或者删除列表中的任务。

一旦创建了任务序列,就可以(固定资源实体的属性窗口或快捷属性窗口)在临时实体流选项卡的"使用运输工具"框中选择"创建全局任务序列"选项。只需要输入 GTS 名字和正确的 Dynamic 参数即可(图 6-42)。

3)全局变量

全局变量窗口如图 6-43 所示。

点击工具菜单→全局变量,即可打开全局变量窗口。

在全局变量窗口中,创建全局变量和定义宏,使用脚本和 C++都可访问它们。一旦创建了一个变量,可以在代码编辑器窗口或者脚本控制台中获取和设置那个变量的值。

注意:窗口中显示的值是变量的初始值,不是当前值。变量的当前值存储在内存中,可以通过把它返回到脚本窗口或者打印到代码中,进行查看。变量的当前值不存储在树里。当打开重置或编译模型时,全局变量值也被重置。

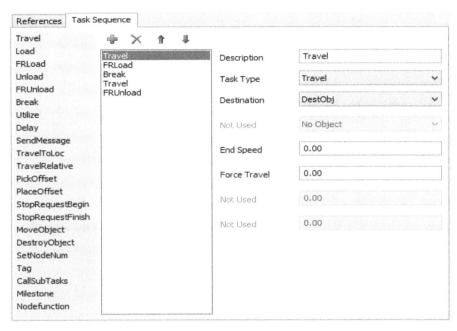

图 6-41　任务序列属性面板

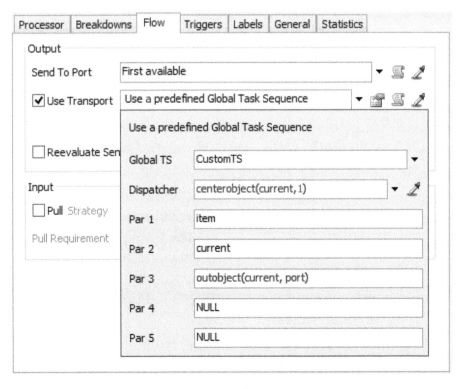

图 6-42　创建全局任务序列设置

图 6-43　全局变量窗口

有 8 种可用的变量类型：integer、double、treenode、string、integerarray、doublearray、treenodearray 和 stringarray。

对于 array 类型的变量，可以设置 array 的尺寸和每个 array 组成部分的初始值。

注意：Flexsim 使用宏定义设定这些变量，一旦出现重名的现象，就有可能导致编译错误。

：添加一个新的全局变量。

：删除一个全局变量。

：把全局变量在列表中的位置上移或下移。

变量列表：显示模型中所有的全局变量。通过点击，进行编辑。

变量名称：全局变量的名字。这是编写代码时使用的名称。

类型：指定全局变量的类型。

值：全局变量的初始值。

：当使用 TreeNode 类型才可用。打开树浏览对话框，可以从树中选择一个节点。可以选择任何节点或者实体属性。

：当使用 TreeNode 类型时才可用。在弹出窗口中，可以选择模型中的一个实体。

：使用 TreeNode 类型时才可用。点击进入"采样"模式，然后复制实体、节点或者属性。如果选择 array 类型，全局变量窗口将会显示如图 6-44 所示。

图 6-44　选择 array 类型

Add：在 array 的末尾添加一个空值。

Remove：删除选中的值。

Browse：只有选择 TreeNode 类型时才可用。打开一个树浏览对话框，从树中选择一个节点。可以选择任何节点或者实体属性。

：只有使用 TreeNode 类型时才可用。在弹出的对话框中，可以选择模型中的实体。如果在列表中选中了一个选项，那么那个选项就会设置成在模型中选择的值。否则，将在 array 列表的最后面添加一条包含新值的条目。

🖊:只有使用 TreeNode 类型的时候才可用。点击进入"采样"模式,然后采集模型中的实体、节点或属性。如果列表中有选中的条目,那么那个条目就会设置成采集的属性,否则将在 array 列表的末尾添加一个新值。

4)全局宏

全局宏选项卡可以用来创建宏(图 6-45)。

图 6-45 全局宏

可以通过下面的#define 语句定义宏:

#defineMACRO_VAL5

#defineBLAHBLAHBLAH6

#defineSOME_DESCRIPTIVE_NAMEgettablenum("GlobalTable1",1,1)

一旦完成这些定义,就可以在代码中使用了。

gettablenum(PROCESS_TIME_TABLE,1,PAINTER_COLUMN)

注意:宏定义不能以分号结尾。如果在宏定义中出现分号,会出现意想不到的结果。宏最基本的用途是使用指定文本替换代码中的给定文本。如果在语句的结尾使用分号,那么分号会出现在错误的地方。

6.3.2 用户事件

本节我们将学习如何在仿真中使用用户事件。

1)模型概述

我们会在每次重置模型时,重新设置操作员的位置,以及设置到达时间间隔速率和要使用的处理器的数量。在模型运行的特定时间点,修改零部件到达的速率和启动其他的处理器。

2)分步建模

点击工具栏中的 🗋 按钮,开始创建新模型。我们在这里使用软件的默认单位,因此,可直接点击模型单位窗口中的确定选项。

第一步:创建实体。

(1)按照图 6-46 所示向建模区拖拽实体。

(2)按照图 6-46 所示重新命名实体。

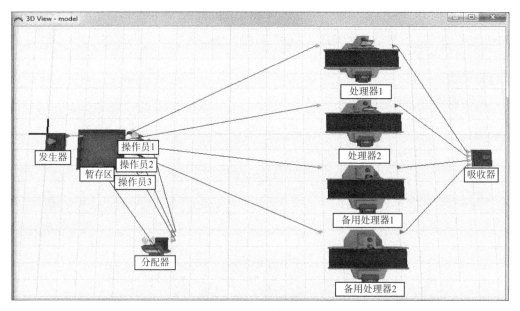

图 6-46 实体布局图

按照图 6-41 的显示,连接实体:

(1) 连接发生器到排队。

(2) 连接排队到处理器 1、处理器 2、备用处理器 1 和备用处理器 2。

(3) 连接处理器 1、处理器 2、备用处理器 1 和备用处理器 2 到吸收器。

(4) 对排队和分配器进行中间连接(S 键)。

(5) 使用 A 键把分配器连接到操作员 1、操作员 2 和操作员 3。

第二步:预置全局变量。

我们将为实体设置全局变量,在用户事件中进行访问。另外,也可以通过节点命令访问实体。treenodeOp1 = node("/Operator1",model());

(1) 打开全局变量窗口(工具→全局变量)。

(2) 分别为每个操作员、两个备用处理器和发生器创建全局变量。它们的类型都是 TreeNode,命名如图 6-47 所示。

图 6-47 创建全局变量

第三步:预置 Source 和 Queue。
(1)打开 Source 属性窗口。
(2)打开标签选项卡。
(3)创建一个数值型标签,命名为"arrivalTime",值为0。
(4)切换到发生器选项卡。
(5)把 Inter-ArrivalTime(到达时间间隔)设置成 getlabelnum(current,"arrivalTime")。
(6)点击确定,保存修改并关闭属性窗口。
(7)打开 Queue 属性窗口。
(8)打开临时实体流选项卡。
(9)选择使用运输工具。
第四步:创建用户事件。
我们将创建三个用户事件,其中一个用于触发模型重置的时间,另外两个用来启动模型的"繁忙"模式。
(1)打开用户事件窗口(工具→用户事件)。
(2)添加三个用户事件,命名为"ResetModel""BusyTime""SlowTime"。
(3)选中 ResetModel,勾选右侧的 Executeeventonresetonly(仅重置时执行事件,图6-48)。每次点击重置按钮,就会执行这段代码。

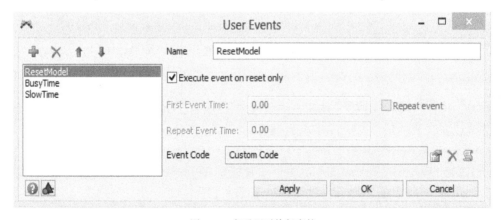

图6-48 仅重置时执行事件

(4)点击 代码编辑按钮,编写图6-49所示代码:
setloc(Op1,5,0,0);
setloc(Op2,5,-1,0);
setloc(Op3,5,-2,0);
setlabelnum(source,"arrivalTime",10);

通过这段代码,使每个操作员的位置紧挨着暂存区(如果两个操作员的暂存区不一致【x:2.00,y:0.00,z:0.00】,请适当调整 x、y 和 z 轴的坐标值)。这个用户事件将把 source 上的标签值设置为10,所以 Inter-arrival time

```
1 /**Custom Code*/
2 treenode current = ownerobject(c);
3
4 setloc(Op1, 5, 0, 0);
5 setloc(Op2, 5, -1, 0);
6 setloc(Op3, 5, -2, 0);
7
8 setlabelnum(source, "arrivalTime", 10);
```

图6-49 代码设置图

也将发生变化。

(5)选择 BusyTime，把 First Event Time(第一次事件时间)设置为 100，Repeat Event Time(事件重复频率)为 200s。从第 100s 开始，每 200s 模型就会执行一次这个事件(图 6-50)。

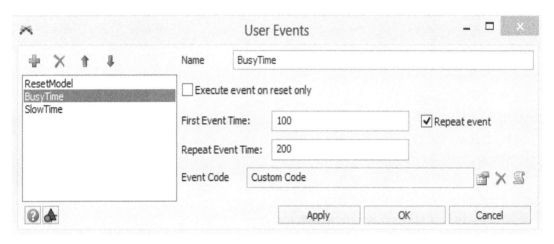

图 6-50　BusyTime 参数设置

(6)点击代码编辑按钮，并写下图 6-51 所示代码：

```
/**Custom Code*/
treenode current = ownerobject(c);

setlabelnum(source, "arrivalTime", 5);

openinput(extraProc1);
openinput(extraProc2);

msg("Busy Time", "It's Busy Time!");
```

图 6-51　代码设置图

setlabelnum(source,"arrivalTime",5);

openinput(extraProc1);

openinput(extraProc2);

msg("BusyTime","It's BusyTime!");

这将把 inter-arrivaltime 设置成 5，所以零件的到达速度会快一倍。Extraprocessor(备用处理器)将会投入使用。你还有收到一条消息，告诉你现在是 busytime(繁忙期)。

(7)选择 SlowTime，把 First Event Time 设置成 0，Repeat Event Time 设置成 200。这说明从 0 时刻开始，每隔 200s 就执行一次 Slowltime 事件(图 6-52)。

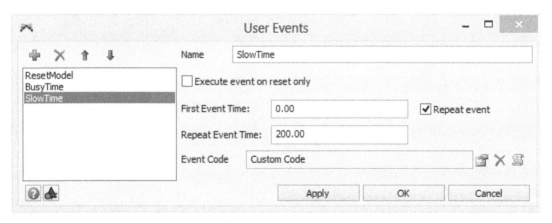

图 6-52　SlowTime 参数设置

(8)点击代码编辑按钮,并编写以下代码:

closeinput(extraProc1);

closeinput(extraProc2);

setlabelnum(source,"arrivalTime",10);

这将把 inter-arrivaltime 设置成 10,所有零件会再次以慢速度到达。在执行 slowtime 期间,备用的处理器(extraprocessors)将停用。

(9)点击用户事件窗口中的确定,关闭并应用修改。

(10)重置并运行模型(图 6-48)。注意重置时,操作员总是回到相同的位置,并且在 Busytime 和 Slowtime 两个事件之间进行切换(图 6-53)。

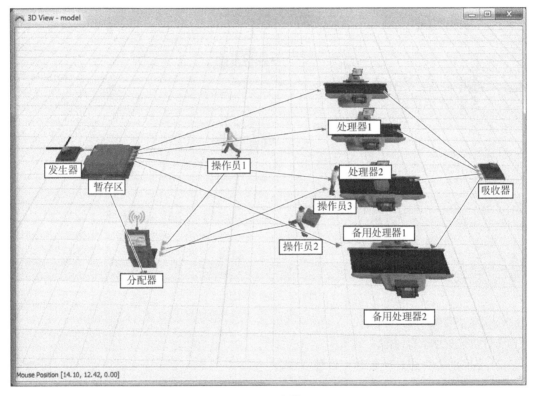

图 6-53　运行模型

6.3.3　时间表

本节我们将学习如何创建 TimeTable 并分配成员实体;如何使用 TimeTable 指定处理器和操作员的中断时间。

使用时间表可以指定固定资源实体(FixedResource)或任务执行器(TaskExecuter)发生中断的时间。中断的原因可以是故障、维护或维修等。

1)模型概况

在这个模型中,我们将用几个操作员来执行一个任务。创建一个 TimeTable 来指定操作员发生中断的时间。使用另外一个 TimeTable 用来对处理器的维护进行规划。

2) 分步建模

创建时间表模型:

点击工具栏中的 ![icon],开始一个新模型。点击模型单位窗口上的确定按钮,我们将使用默认的单位。

第一步:创建实体。

按照图 6-54 所示的布局向建模区拖拽实体。

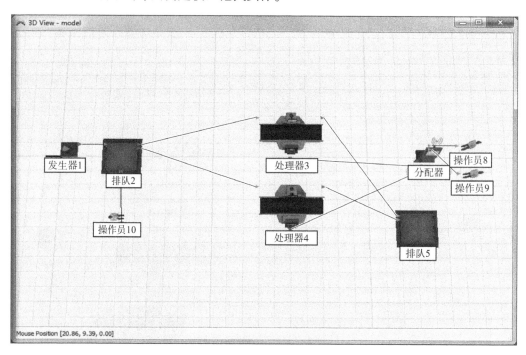

图 6-54 实体布局图

实体的连接顺序如下:

(1)连接发生器 1 到排队 2。

(2)连接排队 2 到处理器 3 和处理器 4。

(3)连接处理器 3 和处理器 4 到排队 5。

(4)连接分配器 6 到操作员 8 和操作员 9。

(5)连接排队 2 到操作员 10(S 键中间端口连接)。

(6)连接处理器 3 和处理器 4 到分配器 6(S 键中间端口连接)。

第二步:预置暂存区和处理器(排队和处理器)。

一位操作员负责把临时实体从排队 2 搬运到两个处理器上,另外两个操作员负责在处理器上加工临时实体,然后把加工完毕的产品从处理器搬运到排队 5。

(1)点击 Q2,在快捷属性窗口中打开的属性。

(2)在 Flow(临时实体流)模块中,选择 UseTransport(使用运输工具),保持默认的 centerobject 选项。

(3)打开处理器 3 的属性框。

(4)在处理器选项卡上,选择UseOperator(s)forProcess(使用操作员进行加工)并且保持默认的centerobject选项(图6-55)。

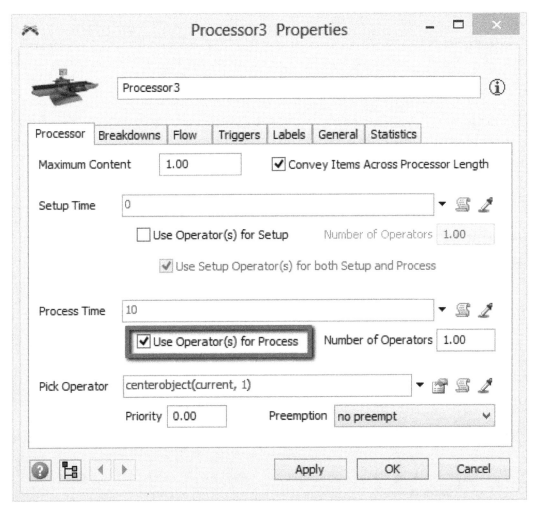

图6-55 处理器3参数设置

(5)打开临时实体流选项卡。

(6)选择Use Transport(使用运输工具)并且保持默认的centerobject选项。

(7)打开触发器选项卡。

(8)点击加工结束触发器旁边的 ➕ 按钮。

(9)选择Set Color选项并保持默认设置(图6-56)。

注意:点击属性下面的左右箭头,可以轻松切换处理器(或者其他类似的实体)。

(10)对处理器4重复上面的设置。

(11)点击确定,保存并关闭属性窗口。

(12)重置并运行模型,确保操作员从排队2往处理器上搬运箱子,加工箱子并把加工完毕的箱子运到排队5去。在加工完毕之后,这些箱子的颜色应该发生变化。

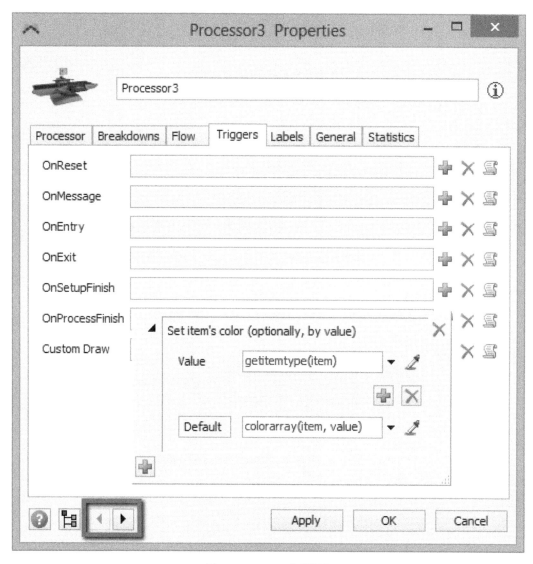

图 6-56　Set Color 选项设置

第三步：创建一个 TimeTable。

现在要为操作员 10 创建一个 TimeTable。

(1)点击工具→时间表，然后点击添加，打开时间表窗口。

(2)把 TimeTable 重命名为 Operator10Break。

(3)在 Members ➕ 按钮，添加一个成员实体。高亮选中操作员 10，点击选中(Select)，如图 6-57 所示。

(4)点击 Table 选项卡，在第一行中，把 Time 设置成 200，State 设置成 12，Duration 设置成 30。

(5)把 Repeat 设置为 Custom，把 Value 改为 200。会导致操作员每隔 200min 中断一次。

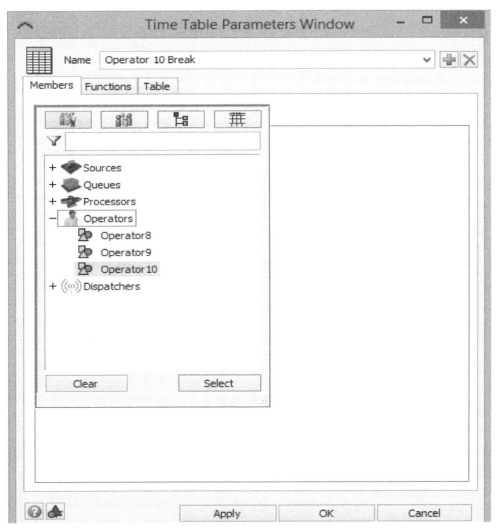

图 6-57 添加成员实体

(6)点击 Functions(函数)选项卡,在 DownFunction(中断函数)下拉列表中,选择 Travel-toLocation,DelayUntilDownTimeComplete(行走到指定位置,直到中断结束)。只是把坐标改成 2,-8,0。这 x,y 和 z 左边就是操作员在中断的时候要去的地方。

(7)在 Resume Function(恢复函数)下拉列表中,选择 Do Nothing(无操作)。

(8)点击确定,应用并关闭 TimeTable 窗口。

重置并运行模型。当你运行模型时,你会发现,当运行到 200s 时,操作员会从工作区离开 30s,然后回去工作。

注意:如果操作员正在执行一个任务,他将在中断时间执行之前完成这个任务。

第四步:更新时间表(TimeTable)。

我们也可以让操作员中断去一个特定的实体,而不是去往由一系列坐标值指定的位置。

(1)创建一个网络节点并放置到工作区之外的地方。

(2)打开 Operator10Break 时间表。

(3)在(DownFunction)故障函数下拉列表中,选择 Travel to Object,Delay Until Down Time Complete(去往某个实体,知道故障时间结束)。把 Destination Name 改为 NN1(图6-58)。

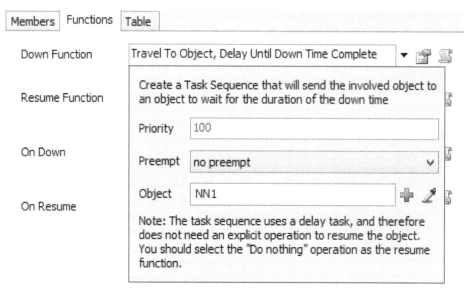

图6-58　DownFunction 设置

(4)保持 ResumeFunction(恢复函数)为 DoNothing(无操作)。

(5)点击确定,保存修改并关闭窗口。

(6)重置并运行模型。请注意操作员会行走去 NN1。

警告:操作员中断的时间,就是它在指定位置停留的时间。如果它去那里花费10s的事件,那么他仍然会在到达之后,在那里停留30s。加上他返回也需要10s,所以在完成上一个任务和开始新任务期间,他总共需要花费50s的时间。

第五步:处理器维护。

(1)我们将给处理器3设计一段中断时间进行设备维护。

(2)添加另外一个 TimeTable。

(3)重命名为 ProcessorDownTime(处理器中断时间)。

(4)把处理器3添加为成员实体。

(5)在表格选项卡上,表格中的第一行中,把 Time 设置成200,把 State 设置成12,把 Duration 设置成100。

(6)把 RepeatTime 设置成 Custom300。意思是在第一次维护之后,每隔300s中断一次处理器。

(7)在 DownFunction(故障函数)下拉列表中,选择 StopInput(停止输入)。

(8)在 ResumeFunction(恢复函数)下拉列表中,选择 ResumeInput(恢复输入)。

(9)点击确定,应用并关闭 TimeTable 窗口。重置并运行模型(图6-59)。

停止和恢复实体的输入,意思是说,它会继续加工它里面的产品,但是在中断时间结束之前,它不会再接收任何临时实体了。如果在 TimeTable 中选择 Stop/ResumeObject(停止实体和恢复实体),那么在中断时间结束之前,它本身的临时实体会一直存在。

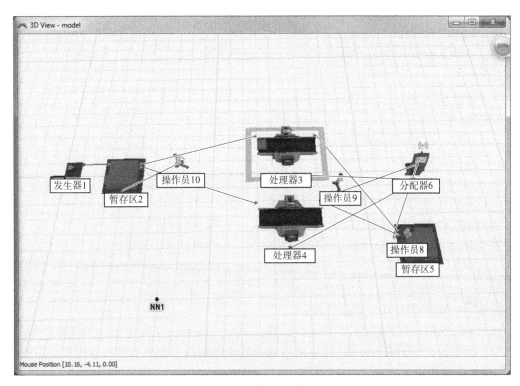

图 6-59 模型运行图

6.4 其他内容

6.4.1 触发器

1）故障/维修触发器

使用场景：

故障触发器：每次实体中断停机时执行这段代码。

维修触发器：每次实体完成维修时间执行这段代码。

访问变量：

current：当前的实体。

2）碰撞触发器

使用场景：

当实体执行碰撞检测，发现与它的一个碰撞成员发生碰撞时，就触发此触发器。

访问变量：

thisobject：当前实体。

otherobject：与当前实体碰撞的那个实体。

thissphere：涉及当前实体的碰撞球。

othersphere：与当前实体碰撞的实体的碰撞球。

3) 创建触发器

使用场景：

创建临时实体时执行此代码。

访问变量：

current：当前实体。

item：创建的临时实体。

rownumber：任务序列表的到达的行号（如果应用）。

rownumber：到达序列的行号。

4) 停机/恢复触发器

使用场景：

停机触发器：当 MTBFMTTR 的成员实体发生中断时执行此函数。

恢复触发器：当 MTBFMTTR 的成员实体恢复操作时执行这个函数。

访问变量：

current：MTBFMTTR。

members：MTBFMTTR 的成员实体。

involved：或是 MTBFMTTR，或是成员实体。

curmember：当前的成员实体（将在所有成员之间循环），不是所有选项都可用。

index：当前成员实体在列表中的排序序号。

5) 进入/离开触发器

使用场景：

进入触发器：当临时实体进入实体时，执行此函数。

离开触发器：当临时实体离开实体时，执行此函数。

访问变量：

current：当前实体。

item：刚刚进入/离开的临时实体。

port：临时实体进入/离开的端口号。

注意：关于进入/离开触发器的注释：通常，在实体的接收/发送事件刚开始时，优先执行进入和离开触发器。这意味着可以修改实体的变量、标签，并将这些修改在事件逻辑中正确应用。然而，那些会影响其他事件的命令不能在进入和离开触发器中执行，因为执行进入/离开触发器时，还没有创建这些事件。因为这些时间必须在实体的事件逻辑中创建，所以应该在创建了这些事件之后才去执行这些命令。这时，应该向实体发送一条延迟时间为 0 的消息（使用 senddelayedmessage( ) 命令），然后在消息触发器执行函数。这样，实体在执行命令前就能完成事件逻辑。设置过程中会用到的命令如 stopobject( )、requestoperators( )、openoutput( )、openinput( )、resumeinput( )、resumeoutput( )。根据任务类型，优势还会涉及任务序列的创建和分配。

6) 装载/卸载触发器

使用场景：

装载触发器：任务执行器一旦完成装载（也就是说装载时间结束），临时实体移到任务执行器之前，此触发器被触发。

卸载触发器：任务执行器一旦完成卸载（也就是说卸载时间结束），临时实体移动到目标位置之前，此触发器被触发。

访问变量：

item：将被装载或者卸载的临时实体。

current：当前实体。

7）消息触发器

使用场景：

当使用 sendmessage 或 senddelayedmessage 命令将一条消息发送给实体时，执行此函数。每个命令可以访问三个用户自定义的参数。

传递变量：

current：当前实体。

msgsendingobject：发送消息的实体。

msgparam(1)：消息的第一个参数。

msgparam(2)：消息的第二个参数。

msgparam(3)：消息的第三个参数。

8）进入节点触发器（继续/到达触发器）

使用场景：

当一个行进物从任意方向进入该节点时，执行此函数。当有行进物到达此节点时，就触发到达触发器。当行进物继续向下一路径行进时，就触发继续触发器。

传递变量：

current：当前实体。

traveler：涉及的刚进入的行进物 edgenum；行进物通过的路径侧边编号。

9）变化触发器

使用场景：

每当监视列表中的变量发生变化时，执行此函数。模型中每创建一个事件，它都将检查变量，及时捕捉变量的变化。

访问变量：

current：当前实体。

changedobject：变量发生变化的实体。

changeditem：发生变化的变量（节点）。

changedvalue：变量变化后的值。

oldval：变量变化前的值。

10）覆盖与解除覆盖触发器

使用场景：

光电传感器状态改变时执行这个触发器。

访问变量：

current：当前实体。

item:光电传感器前的临时实体。

photoeye:光电传感器的序号(表中的行号)。

covermode:对于覆盖触发器来说,1表示绿到黄的转变,2表示黄到红转变;对于解除覆盖触发器来说,1表示黄到绿转变,2表示红到绿转变。

11)绘图触发器(用户绘图代码)

使用场景:

在实体的OnDraw事件发生之前执行这个函数。用来执行用户定义的绘图命令和动画。如果此函数返回1,就不调用标准的OnDraw函数。如果返回0,OnDraw事件就正常发生。可以使用FlexScript、C++以及/或OpenGL代码来定义要绘制的图形。

常用命令:

drawtext(view,text,xloc,yloc,zloc,xsize,ysize,zsize,xrot,yrot,zrot,red,green,blue)

drawtomodelscale(object)

drawtoobjectscale(object)

drawtriangle(view,x1,y1,z1,x2,y2,z2,x3,y3,z3,red,green,blue)

spacerotate(x,y,z)

spacescale(x,y,z)

spacetranslate(x,y,z)

访问变量:

current:当前实体。

view:绘制实体的视图。

12)为空和为满触发器

使用场景:

空触发器和满触发应用于流体实体。当流体实体的容量为0时,或者当它达到最大容量时调用这两个触发器。经常使用它们打开或关闭端口,向模型中的其他实体发送消息。

访问变量:

current:当前的实体。

13)进入请求触发器

使用场景:

当另外一个实体发送了进入请求的时候,交通控制器就会调用这个触发器。

访问变量:

current:当前实体。

traveler:请求进入的实体。

14)接收任务序列触发器

使用场景:

任何分配器实体(包括所有的任务执行器)都可以调用这个触发器。每当实体接收到一个任务序列时,都会触发此触发器。这个触发器可以覆盖默认的任务序列分配逻辑,对分配对象可以进行更多的控制。

访问变量：

current：当前实体。

15）资源可用触发器

使用场景：

用于分配器或者任务执行器。它在不同实体中的使用方式有所不同。就分配器而言，每当下游的任务执行器变为可用时，触发此触发器。对于任务执行器，每当任务执行器结束一个任务序列时，触发触发器。如果任务执行器也担当任务分配器，也就是说，它可以将任务分配给一个团队去执行，那么此触发器在两种情况发生时都会被触发。

如果函数返回0，分配器/任务执行器将执行自己的分配逻辑。如果函数返回1，分配器/任务执行器将不进行任何操作，并默认触发器已经使用 movetasksequence( ) 和 dispatchtasksequence( ) 命令完成了分配逻辑。

访问变量：

current：当前实体。

port：就分配器而言，它指的是分配器的输出端口；对于刚完成任务序列的执行器而言，返回0。

resource：就分配器而言，它指的是变为可用的下游资源。对于任务执行器而言，代表任务执行器本身（与当前相同）。

nextts：任务序列队列中的下一个任务序列。

lastts：就分配器而言，此值永远是 NULL；对于任务执行器而言，此值为任务执行器变为可用之前刚刚完成的任务序列。

16）加工结束触发器

使用场景：

当临时实体完成处理时间时，就执行此代码。

访问变量：

current：当前实体。

item：完成处理时间的临时实体。

17）重置触发器

使用场景：

当模型重置时执行这个函数。

访问变量：

current：当前实体。

6.4.2 运动学

本节我们将学习如何给固定资源类实体添加运动学；如何通过运动学实现实体的移动。通过运动学，一个实体可以同时做几个动作。Crane（起重机）实体的移动方式很好地体现了这一点。

1）模型概况

在这个模型中，我们把处理器设置成一台离心机，在处理临时实体的过程中，快速旋转。

2)分步建模

创建运动学模型:

点击工具栏中的 ![icon], 开始一个新模型。点击模型单位窗口上的确定按钮, 我们将使用默认的单位。

(1) 基础运动学。

第一步:创建实体。

①按照图 6-60 所示的布局, 向 3D 建模区中拖拽实体。

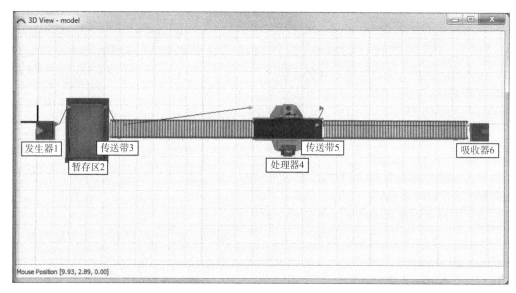

图 6-60 实体布局图

②将发生器 1 连接到暂存区 2, 连接到处理器 4, 连接到传送带 3, 连接到传送带 5, 连接到吸收器 6。

第二步:添加 Kinematics(运动学)标签。

运动学需要有一个用来储存信息的节点。最简单的方式就是创建一个专用于运动学的文本标签。

另外一种方式就是给实体的 variables 节点添加一个节点, 使用 getvarnode 命令替换所有的标签命令。

①打开处理器的属性窗口。

②打开标签选项卡。

③点击 Add Text Label(添加文本标签)并重命名为"kin"来添加一个文本标签(图 6-61)。

第三步:添加自定义绘图代码(Custome Draw Code)。

①随着模型运行, kinematics 会不断更新。

②点击触发器选项卡。

③点击自定义绘图代码触发器旁边的 ![icon] 按钮。

④输入以下代码:updatekinematics(label(current,"kin"),current)如图 6-62 所示。

⑤点击确定, 关闭代码编辑窗口。

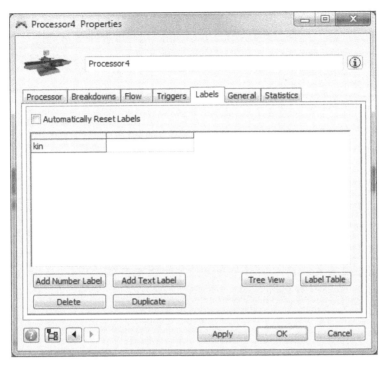

图 6-61 添加标签设置

图 6-62 代码设置图

第四步:当加工结束时更新 Kinematics。

在完成加工时,我们将最终更新 kinematics。这能确保在不考虑 3D 视图的 framerate(用于决定 CustomDrawTrigger 触发的频率)的情况下,或者不管是否有 3D 视图打开,kinematic 都会更新到它的最终位置/旋转角度。

①在触发器选项卡上,点击加工结束触发器旁边的 按钮。

②复制自定义绘图触发器中的 updatekinematics 命令:updatekinematics(label(current,"kin"),current)。

③点击确定,应用并关闭代码编辑窗口。

第五步:添加 OnReset(重置)代码。

当重置模型的时候,你希望实体返回到最初位置。

①在触发器选项卡上,点击重置触发器旁边的代码编辑按钮。

②使用 initkinematics 命令,其中的节点参数就是刚才创建的文本标签。然后,切换到属性窗口的常规选项卡,查看实体在 x,y,z 轴的坐标值和旋转角度。把相应的值输入到 initkinematics 命令中(处理器的旋转值默认为0)。

③把最后两个参数设置为0(图6-63)。

```
1 /**Custom Code*/
2 treenode current = ownerobject(c);
3
4 initkinematics(label(current, "kin"), 12, 1, 0,0,0,0,0,0);
```

图6-63　参数设置

④点击确定,应用并关闭代码编辑窗口。

注意:最后的两个参数分别代表旋转管理(rotation management)和本地坐标(local coordinates)。当把旋转管理设置成1时,它的"头"(对准正 x 轴方向)将向行走的方向旋转。如果 local coordinates 设置成1,那么它将使用当前实体上级实体的坐标,而不是模型坐标。

第六步:预置结束时更新 Kinematics。

你希望在 kinematic 开始时,实体返回它的原始状态。我们现在将添加 kinematic 信息,用来移动实体。

①在触发器选项卡上,点击预置结束触发器旁边的代码编辑按钮。

②复制 initkinematics 命令,它的参数和预置触发器中的相同。

③输入下面的代码(图6-64)。

addkinematic(label(current,"kin"),0,0,3240,360,90,180,0,0,time( ),2);

```
1 /**Custom Code*/
2 treenode item = parnode(1);
3 treenode current = ownerobject(c);
4
5 initkinematics(label(current, "kin"), 12, 1, 0,0,0,0,0,0);
6 addkinematic(label(current, "kin"), 0, 0, 3240,360, 90, 180, 0, 0, time(), 2);
```

图6-64　initkinematics 命令代码

在 addkinematic 命令中,把 x,y,z 参数分别设置成 0,0 和 3240。这个旋转动作将沿着 z 轴旋转 3240°(9圈)。目标速度(最大速度)为 360°/s,加速度为 90°/s²,减速度为 180°/s²。起始速度和结束速度为 0。开始时间是调用此命令的时间,所以我们使用 time( ) 命令。因为是旋转的动作,所以把最后一个参数设置为 2 或者 KINEMATIC_ROTATE(对于移动操作,我们设置为 1 或者 KINEMATIC_TRAVEL)。

④点击确定,应用并关闭属性窗口。

⑤重置并运行模型,应该看到处理器加速、旋转、减速、停止。可能会注意到如果在 kienmatics 结束之前,开始对下一个临时实体进行加工,那么实体会马上按照 Initikinematics 参数重置自己的位置。下一步中,我们将把加工时间和 kinematic 的时间进行匹配。

第七步:查看 Kinematic 信息。

关于 kinematic 的重要信息都存储在"kin"标签中。

①运行模型,当一个临时实体进入处理器后停止模型。不要重置。

②右键单击处理器,点击树浏览按钮 。

③展开处理器树,然后展开树中的"labels"节点。点击"kin"标签,你将看到像图 6-57 所示的有关 kinematic 的信息(图 6-65)。

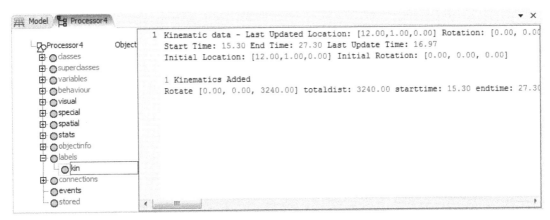

图 6-65 kinematic 信息图

④向右边滑动,直到你看见 starttime 和 endtime。这两个的差就是 kinematic 执行完毕所需的时间。应该看到是 12s。

⑤打开处理器的属性窗口。

⑥在处理器选项卡上,把 Process Time 改为 12。

⑦可选:添加 1s 或 2s 的预置时间(Setup Time),可以在处理器再次开始旋转之前,把临时实体移出处理器。

当你现在运行模型过程中,处理器结束旋转时,也就结束了加工作业。可以通过 kinematics,从设备速度、加速度和可视化方面设置仿真。

使用 kinematics,可以让一个实体同时做几种移动。尝试在 OnSetupFinish 触发器中添加更多的 addkinematics 命令。

(2)动态更新 kinematics。

这一部分,我们将让处理器根据不同的临时实体类型,以不同的速度进行旋转。

第八步:创建多个临时实体类型。

①打开 Source 的属性窗口。

②打开处理器选项卡。

③点击 按钮。

④选择 Set Itemtype and Color(设置临时实体类型和颜色)下拉选项(图 6-66)。

⑤保持默认值。

⑥点击确定,应用并关闭属性窗口。

第九步:以不同方式加工每种类型。

因为要按照不同的速度加工每种类型的临时实体,所以要求设置不同的加工时间。由于要随着模型运行做动态修改,因此我们将创建一个数值标签,用来记录信息。

①打开处理器的属性窗口。

图 6-66 设置临时实体类型和颜色

②打开标签选项卡。

③点击 Add Number Label 并重命名为"proctime"(图 6-67)。

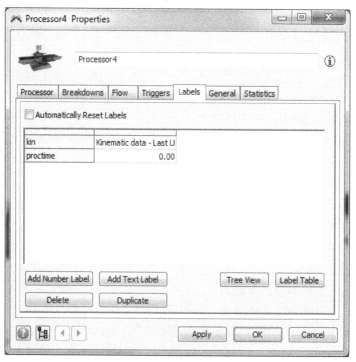

图 6-67 Add Number Label 设置

④点击处理器选项卡。
⑤在加工时间框内,输入下面的代码:getlabelnum(current,"proctime")。
第十步:创建动态的 kinematics。
我们将自定义 kinematics 使他随着类型的变化而变化。
①打开触发器选项卡。
②点击 OnSetupFinish 按钮。
③输入图 6-68 所示代码。

```
1 /**Custom Code*/
2 treenode  item = parnode(1);
3 treenode  current = ownerobject(c);
4
5 initkinematics(label(current, "kin"), 13, 1, 0, 0, 0, 0, 0, 0);
6
7 int z;
8 int speed;
9
10 int type = getitemtype(item);
11
12 switch (type)
13 {
14     case 1:
15     z = 1080;
16     speed = 360;
17     break;
18
19     case 2:
20     z = 3240;
21     speed = 360;
22     break;
23
24     case 3:
25     z = 3240;
26     speed = 180;
27     break;
28 }
29
30 addkinematic(label(current, "kin"), 0, 0, z, speed, 90, 180, 0, 0, time(), 2);
```

图 6-68　代码设置图

Initkinematics 命令应该和第一部分中的相同。把 Addkinematics 命令放在 if 条件句中,这个条件句用来在预置结束时检查每个临时实体的类型。可以尝试通过调整处理器的 z 轴旋转角度、最大速度、加速度、减速度的值,来查看效果。

第十一步:更新加工时间。
我们现在将从实体上获取 kinematic 信息,使用它修改处理器的加工时间。
(1)在 OnSetupFinish 触发器的代码框中,继续输入以下代码:
double endtime = getkinematics(label(current,"kin"),KINEMATIC_ENDTIME);
double starttime = getkinematics(label(current,"kin"),KINEMATIC_STARTTIME);
double proctime = endtime-starttime;
setlabelnum(current,"proctime",proctime);
getkinematics 命令用于获取 kinematic 上次更新的信息。
如果在同一时间执行多个 kinematic,你可以设置要获取哪个 kinematic 的信息,以及在执行 kinematic 过程中的某个特定距离或者某个特定时间获取信息。

(2)点击确定,应用修改并关闭代码编辑窗口。
(3)点击确定,应用修改并关闭属性窗口。重置并运行模型。

6.4.3　标签

使用 Flexsim 建模时,标签是一个重要概念。标签是建模人员用来存放临时数据的。一个标签有两部分:名称和标签值。名称可以任意命名,标签值可以是数字或文本(包含文字和数字的字符串)。

使用标签需要注意以下几点:

(1)建模人员需定义每一个标签的名称。
(2)标签可在实体或者临时实体上定义,如:发生器、暂存区或者处理器。
(3)用户可以在一个实体上定义多个标签。
(4)标签可以存储数值、字符串,甚至可以存储一个表格。
(5)用户必须通过属性框将标签添加到实体上。
(6)在临时实体箱中向临时实体添加标签时,标签只会应用于那个类型的临时实体。如果你在托盘上添加了一个标签,那么只有创建托盘时,才会出现那个标签。

1)标签值

对于 Flowitems,指定的标签值将会成为所有临时实体的默认值,在它们穿过模型的过程中,可以对单个临时实体的标签值进行修改。对于 Flexsim 实体的标签,标签值将保持不变,除非实体中有修改标签值的逻辑。

标签值本身不会自动重置,除非选中标签选项卡上的"自动重置标签"按钮。或者,可以在实体的重置触发器中添加用于重置标签值的代码。重置模型时,两种方式都可以将标签值返回到它的初始值。

2)标签的使用

给临时实体添加标签,首先打开临时实体箱,选择发生器要创建的临时实体类型,并点击属性按钮。打开标签选项卡,可以添加字符串或数值标签。

可以通过快捷属性窗口编辑标签或者双击打开实体的属性框,在标签选项卡上设置。在行表头列中设置每个标签的名字,在名字右侧设置标签值。

3)标签示例

在邮局,客户来办理邮寄包裹业务或者是复印业务。每位来到邮局办理复印业务的客户均需要复制特定数量的资料,客户的服务时间依赖于需要复制的数量。复印 1000 份资料的客户所需的服务时间比复印一份资料的客户长。假设寄包裹客户与复印客户占据的比例分别为 60%、40%。将寄包裹客户的类型值设置为 1,复印客户的类型值设置为 2,现在针对"复印"客户,我们需要添加一个标签,表示他需要复印的份数。再次在临时实体箱中添加标签,方法是:选择一个临时实体类型,点击属性,打开标签选项卡。添加一个数值标签,命名为"nrofcopies"(复印份数)。保持默认值 0,在发生器的离开触发器中设置这个标签的值。

在临时实体箱中添加了标签之后,我们可在临时实体离开发生器时设置它的标签值。此例中,"复印"客户需要复印的材料数为 1~1000 的随机值。要设置这样的标签值,需要将发生器的离开触发器设置为:

setitemtype(item,bernoulli(60,1,2));
if(getitemt ype(item)==2);
setlabelnum(item,"nrofcopies",duniform(1,1000));

setitemtype命令按照60/40的比例将临时实体的类型设置为1和2。添加一个if语句，意思是：如果当前临时实体的类型为2（它是"复印"客户），那么将nrofcopies标签的值设置为1~1000的随机值。setlabelnum用于设置标签值，它包含3个参数。第一个参数是标签的载体（item）。第二个参数是标签名（"nrofcopies"）。此参数需要使用引号括起，因为它是字符串。

第三个参数是设置的标签值（duniform(1,1000)）。duniform返回一个离散均匀分布的值。它包括2个参数，最小值和最大值，并且返回这两个值之间的一个随机值。均匀分布的意思是在最小值和最大值之间，返回每个值的概率相同。"duniform"意思是此命令将返回1,2,3,而uniform()则可能返回诸如1.5或者2.5这样的数值。因为永远不会出现需要复印1.5份的客户，所以我们使用duniform()命令。

注意：在临时实体箱中添加"nrofcopies"标签之后，创建的所有临时实体都拥有"nrofcopies"标签。甚至"包裹"用户也会有，但是，我们的逻辑不涉及"包裹"客户，所以也就没有设置它的标签值。

我们已经设置了标签及其初始值，现在可以根据标签值定义逻辑以便作出决策。例如，我们可以根据客户需要复印的份数，定义服务时间。对于每位复印客户，服务时间以5min为起点，每增加一份需要增加5s。要实现这个步骤，需要再次确认处理器的加工时间，将逻辑关系修改为：

if(getitemtype(item)==1);
return 3;
else return 5 +(getlabelnum(item,"orofcopies")*(5.0/60.0));

正如上文，我们使用一个if语句，给类型为1（"包裹"客户）的临时实体定义3min的服务时间。其他（复印客户）返回表达式为：

5 +(getlabelnum(item,"nrofcopies")*(5.0/60.0))

意思是5min的基本服务时间加上客户需要的复印数（getlabelnum(item,"nrofcopies")）与5s(5.0/60.0)相乘的结果。

注意：我们已经将模型的时间单位设置为min，所以如果一个Flexsim时间单位等于min，那么5s等于5/60min。

思考题

1.简述不同任务序列的特点与应用场景。
2.简述全局表的功能和优缺点。
3.在建模时,标量的作用是什么？

第7章 模型校核与验证

完成模型构建后,就需要进行模型校核与验证了。首先介绍模型校核的方法,其次介绍模型验证,最后介绍 Flexsim 中模型校核需要用到的调试工具和调试技术。

7.1 模型校核

在模型开发过程中以及完成了工作模型以后,都需要对模型加以校核,并随后予以验证。模型校核(verificatio)就是考查模型是否按照预先设想的情况运行,是否按照设计的概念模型运行,通俗地讲就是找出模型中的各种语法及逻辑错误。以下列出一些常用的校核方法。

(1)每建立模型的一个部分,就立刻检验该部分的运行是否正常,以减少以后模型变得过大时校验的复杂性;

(2)用常量替换随机性的模型数据,消除模型中的不确定因素,然后运行模型考查其运行和输出是否符合预期,因为对确定性模型,能够更容易地预测系统行为;

(3)输出详细的报告或追踪记录,检查是否符合预期;

(4)每次只让一种类型的实体进入系统,然后跟踪它,以确定模型的逻辑和数据是否正确;

(5)将资源数目减少为1或0,看会发生什么;

(6)生成极少的实体或极多的实体,测试极端条件下模型运行和输出是否正常;

(7)生成动画,并观察动画运行是否正常。

7.2 模型验证

一旦模型通过校核,就需要对其进行验证了。模型验证(validation)是考查模型的行为是否与真实系统运行一致。

模型的验证需要用户的参与,验证模型的一般方法是收集实际系统的数据输入模型,然后将模型运行的结果和实际系统的结果进行对比,看是否相符;如果有动画,用户也会通过动画进行部分验证工作。

但是如果实际系统尚不存在,验证就很困难。即使系统已经存在,将模型结果与实际结果进行比较也是一项很艰巨的任务,很少有机构会对实际系统过去的运行情况保存全面而完整的记录,即使有记录,这些记录也可能不够全面,甚至是不准确的。因此,目前模型验证还没有完全完美的方法。虽然我们把校核和验证看作是两个不同的主题或任务,但它们之间的差异其实并不明显。

7.3 Flexsim 调试工具和技术

许多模型校核活动需要用到仿真软件提供的调试(debug)工具对模型或程序进行调试,调试即寻找程序逻辑和语法错误的过程。本节介绍 Flexsim 提供的调试工具以及一些常用的调试技术。

7.3.1 调试要点

调试需要一个有组织、有逻辑的方法,遵循以下的方法将会显著提高调试效率。

(1) 重现 Bug(错误或问题)。通过固定随机数流,即每次运行都从同一随机数流的开始重复产生随机数,可以使得 Bug 在同一时刻以同样的方式出现,便于发现错误。在 Flexsim 中可以通过选择菜单命令 Statistics→Repeat Random Streams 固定随机数流,该菜单项是个开关,再次选择会取消固定随机数流。

(2) 描述 Bug。定义正确的模型行为与观察到的行为间的区别,这有助于判断 Bug 的来源。

(3) 分解解决。确定有 Bug 的区域和没有 Bug 的区域。创建一个有相同 Bug 的简单的模型进行研究和调试,这样模型运行更快,并且在调试过程中考虑更少的变量。

(4) 创造性的思维。Bug 不一定都来自你所认为的区域,因此,头脑不能僵化,有时还要考查模型的其他区域,也许 Bug 来自那里。

(5) 利用调试工具。Flexsim 自带来了多种用于调试仿真模型的工具和功能,在 Debug 菜单下列出了几个工具,如事件日志 Event Log、事件列表 Event List 等,此外还可用代码单步执行功能、设置代码执行断点等方式进行调试。

(6) 学习和共享。通过互联网和其他的建模者学习、分享调试经验。

(7) 利用动画调试。在 3D 动画模式下运行模型有助于调试模型。如果动画运行速度对于调试来说过快的话,可使用 Flexsim 工具栏的速度调节滑块调节动画运行速度。

7.3.2 使用模型单步执行功能和代码单步执行功能

在 Flexsim 工具栏上单击 Step 按钮,可以单步执行模型。每单击 Step 一次,模型向前运行一个事件,通过这种方式可以仔细观察模型运行状况,若同时打开事件列表查看器,就更加容易发现错误。

如果想单步执行程序代码,可以在 Flexsim 的代码编辑器中,在代码行号的左侧空白处单击,向当前的代码行添加一个断点,断点显示为红色椭圆形(再次单击红色断点可将其删除)。运行模型,当带有断点的代码行被执行时,Flexsim 将进入单步调试模式,这时用户可单步执行程序进行调试。

另外,Flexsim 的 Debug 菜单下还有一些工具能够帮助调试模型。

7.3.3 查找对象

如果模型过于庞大,通过肉眼可能很难查找建模对象,选择菜单命令 View→Find

Objects,就可以通过对象名称快速找到相关对象。如果要在模型树中搜索文本或数据,可以调出树视图,然后在快速属性窗体执行搜索。

 思考题

1. 什么是模型校核?有哪些常用校核方法?
2. 什么是模型验证?怎样进行模型验证?

第8章 基于 Flexsim 的物流系统仿真应用

8.1 生产物流建模与仿真

生产物流建模仿真包括流程仿真、生产节拍仿真、生产计划优化仿真、生产能力仿真、物料搬运系统仿真、工厂布局仿真等。

单品种流水线又称不变流水线,指流水线上只固定生产一种制品。要求制品的数量足够大,以保证流水线上的设备有足够的负荷,该系统仿真称为离散单一产品流水作业系统仿真。本项目以离散单一产品流水作业系统仿真为例,以生产计划优化仿真为目标,具体内容如下。

8.1.1 建模背景

某制造车间有 5 台不同的机器,加工一种产品。该种产品都要求完成 7 道工序,而每道工序必须在指定的机器上按事先规定好的工艺顺序进行。加工工序见表 8-1,加工概念模型如图 8-1 所示。

加工工序 表 8-1

工序	机器名称	平均加工时间(min)	加工批量(个)
1	Waterclean	7	5
2	DSDcoat	14	5
3	Greenfire	5	5
4	DSDcoat	15	5
5	TCPprintfire	30	10
6	Laping	20	10
7	Waterclean	10	5

假定在保持车间逐日连续工作的条件下,仿真在多品种标准化中生产,采用不同投产计划的工作情况。在不同投产计划组合中选出高生产效率、低流动库存方案,来减少占用资金。找出最优的产品计划投产批量方案和产品的计划投产间隔。优化目标是成品数最多,而使用的库存最少。

如果一项作业在特定时间到达车间,发现该组机器全都忙着,该作业就在该组机器处排入一个 FIFO(先入先出)规则的队列,如果有前一天没有完成的任务,则第二天继续加工。

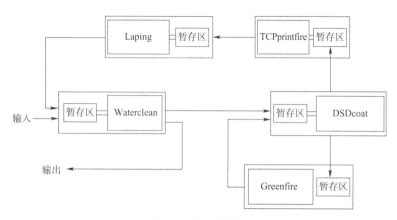

图 8-1 概念模型图

产品的计划投产批量方案有 10 个、20 个、30 个;产品的计划投产间隔为 10min,20min,30min,40min,50min,60min;仿真时间:1 天(即 $24 \times 60 = 1440$ min)。

8.1.2 建模步骤

1) 创建布局及端口连接

图 8-2 为生产产品流水作业系统仿真布局。

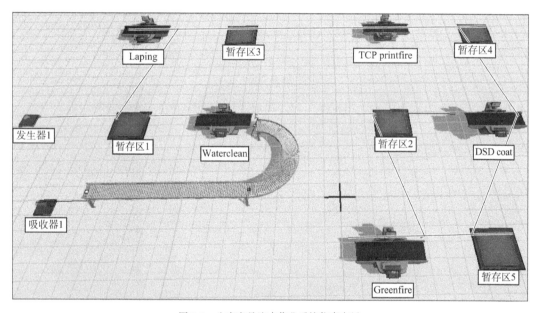

图 8-2 生产产品流水作业系统仿真布局

2) 设置发生器到达时间表

将 Arrivals 设为 2,每 10min 需投产 10 个产品,勾选重复时间/序列表;为了和后面的经过处理器 13 处理后的产品区分开来(因为经处理器 Greenfire 加工后的产品再送往处理器 DSDcoat 加工,时间是不一样的),在触发器的创建触发中选择数据设置→设置标签,显示设置→设置实体颜色,具体设置如图 8-3、图 8-4 所示。

第 8 章 基于 Flexsim 的物流系统仿真应用

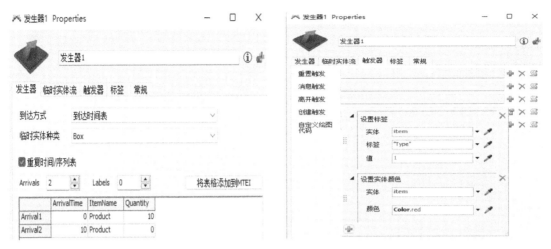

图 8-3 发生器 1 到达方式设置　　图 8-4 发生器 1 设置产品类型与颜色

3) 设置暂存区容量

为了研究各个暂存区的库存,我们需假定各个暂存区的容量都足够大,比如把各暂存区的容量均改成 10 万。

4) 设置处理器 Greenfire 参数

处理器 Greenfire 加工时间为 5min,加工批量为 5 件,产品类型 1 经加工后变为产品类型 2,在触发器的加工结束触发中选择设置临时实体类型和颜色。为了从视觉效果上区分 2 种不同加工工序的产品,把类型 2 产品设置成绿色。如图 8-5、图 8-6 所示。

图 8-5 处理器加工时间和最大容量设置　　图 8-6 处理器加工产品类型与颜色设置

5) 设置处理器 Waterclean 参数

处理器 Waterclean 加工时间:类型 1 产品为 7min,类型 2 产品为 10min,加工批量为 5 件(图 8-7)。

接下来设定不同类型的产品加工完后送到不同的出口(图 8-8)。

图 8-7　处理器加工时间设置　　　　图 8-8　处理器端口设置

6）设置处理器 DSDcoat

处理器 DSDcoat 加工时间：类型 1 产品为 14min，类型 2 产品为 15min，加工批量为 5 件（图 8-9）。

接下来设定不同类型的产品加工完后送到不同的出口（图 8-10）。

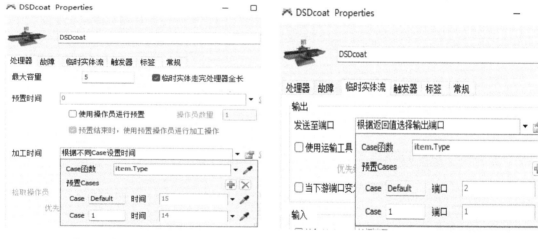

图 8-9　处理器加工时间设置　　　　图 8-10　处理器端口设置

7）设置处理器 Laping、TCPprintfire

处理器 Laping 加工时间为 30min，加工批量为 10 件。处理器 TCPprintfire 加工时间为 20min，加工批量为 10 件（图 8-11）。

8）设定实验器参数

在实验运行页将运行时间改为 1440min，如图 8-12 所示。

在方案页点击 ➕ 旁边的 ▼，从树中选择，选择 2 个变量的路径（图 8-13）。

用鼠标左键单击发生器 1 的 ▷，用鼠标左键单击 variables 前面的 ⊞，打开 variables 栏下的具体属性，然后依次点击 schedule 前的 ⊞，以及 Arrival1 前的 ⊞，选中 Quantity 出现黄色高

第8章 基于Flexsim的物流系统仿真应用

亮框,如图8-14所示。

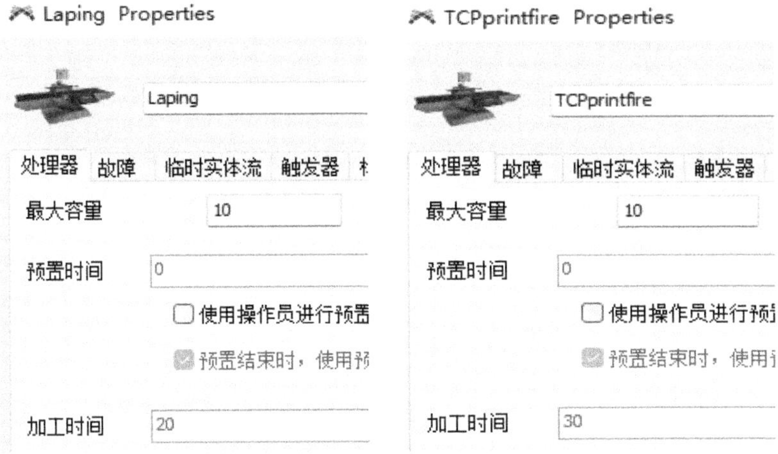

图8-11 处理器加工时间和最大容量设置

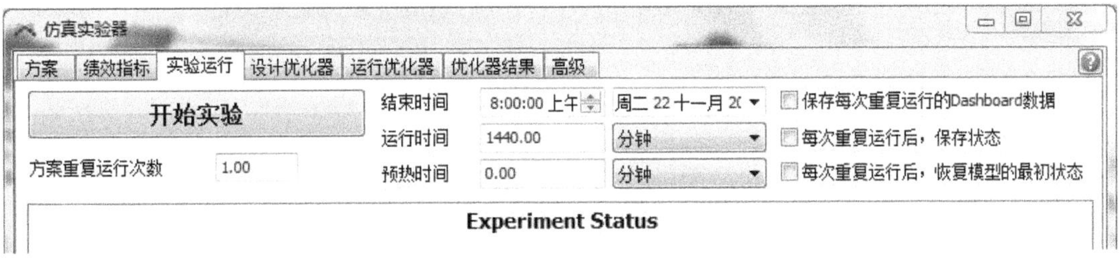

图8-12 实验运行时间设置

图8-13 变量路径设置

选择Quantity,点击选中按钮完成对变量1的路径选择。只需要填写变量1那一列的数值,就可以让各个场景按照变量1不同的数值进行仿真。

对于变量2,进行同样的操作,选中Arrival2的第一项后出现黄色高亮框,然后点击选中按钮完成对变量2的路径选择,如图8-15所示。

点击方案旁边的 ,设置方案数量为18,并写出18个方案下变量的取值(图8-16)。

接着设定不同方案所需要对比的数据。这里只研究发生器的输出产品数,即投产数,和吸收器的输入产品数,即成品数。点击绩效指标栏,点击两次 ,增加两个变量。两个变量名称分别为投入和产出,绩效指标选择统计单个实体,投入选择发生器的output,产出选择吸收器的input(图8-17)。

211

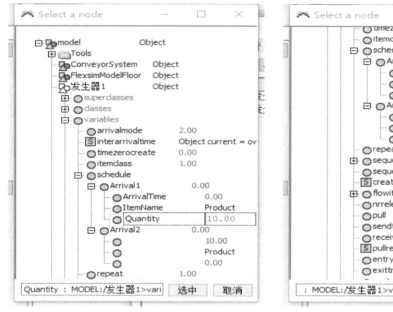
图 8-14 变量 1 选择

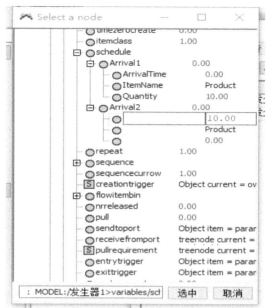
图 8-15 变量 2 选择

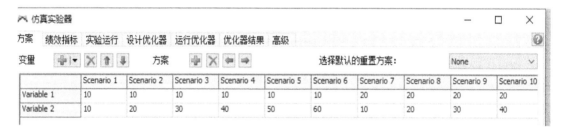
图 8-16 方案数据设置

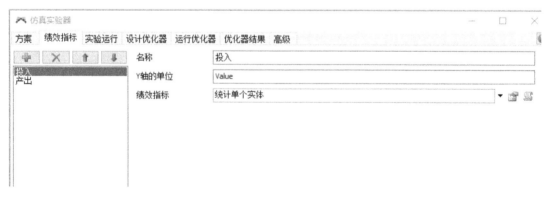
图 8-17 绩效指标设置

9) 运行实验

点击实验器的实验运行→开始实验,运行结果如图 8-18 所示。如需重新运行实验,可点击重置实验。

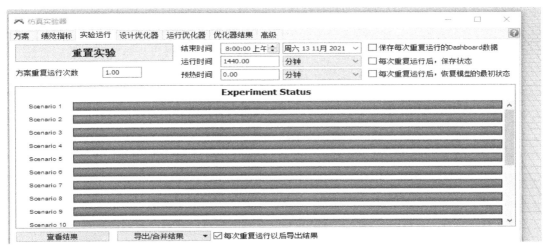

图 8-18 运行实验设置

10）数据分析

实验结束后，如图 8-18 所示，点击查看结果后，出现结果查看页面框，选择"投入"，然后选择原始数据，以表格的方式输出数据，可以观察到一天内 Input 的产品输出数量，即投产数量。

选择"产出"，然后选择原始数据，以表格的方式输出数据，可以观察到一天内 Output 的产品输入数量，即成品数目。

可把两个表格放在一起进行比较，如图 8-19 所示。

投入	Rep 1	产出	Rep 1
Scenario 1	1440	Scenario 1	85
Scenario 2	720	Scenario 2	150
Scenario 3	480	Scenario 3	185
Scenario 4	360	Scenario 4	205
Scenario 5	290	Scenario 5	220
Scenario 6	240	Scenario 6	225
Scenario 7	1955	Scenario 7	35
Scenario 8	1440	Scenario 8	85
Scenario 9	960	Scenario 9	120
Scenario 10	720	Scenario 10	150
Scenario 11	580	Scenario 11	165
Scenario 12	480	Scenario 12	180
Scenario 13	1990	Scenario 13	25
Scenario 14	1910	Scenario 14	50
Scenario 15	1440	Scenario 15	85
Scenario 16	1080	Scenario 16	110
Scenario 17	870	Scenario 17	130
Scenario 18	720	Scenario 18	150

图 8-19 表格对比窗口

8.1.3 仿真结果分析

从表 8-2 中可以看出，3 种相对来说较好的方案为方案 4、5、6。因为模型优化目标是成品数最多,而使用的库存最少,根据投入产出比(产出/投入)可以计算出18种方案各自的比例,可以得出方案 4、5、6 是相对来说较好的方案。3 种较好方案相比较而言,方案 6 为最优投产方案。因为方案 6 投入为 240,产出为 225,由此可以计算出它的投入产出比为:225/240 = 0.938,同理,以此计算方案 4、5 的投入产出比分别为 0.569 和 0.759。相比之下,方案 6 投入产出比最大。因此,使用的库存最少,而得出的成品数最多的方案是方案 6。

方案投入产出对比表　　　　　　　　　　　　　　　　表 8-2

方案	投入	产出	产出/投入
6	240	225	0.938
5	290	220	0.759
4	360	205	0.569
3	480	185	0.385
12	480	180	0.375
11	580	165	0.284
2	720	150	0.208
10	720	150	0.208
18	720	150	0.208
17	870	130	0.149
9	960	120	0.125
16	1080	110	0.102
1	1440	85	0.059
8	1440	85	0.059
15	1440	85	0.059
14	1910	50	0.026
7	1955	35	0.018
13	1990	25	0.013

8.2 配送中心建模与仿真

8.2.1 建模背景

某配送中心主要包括 5 个功能作业区:入库处理区、存储区、流通加工区、拣货区和发货区。货物到达收货区后经卸货、拆装、标示、验收等工作流程,10% 的不合格货物进入暂存区,90%的合格货物进入存储区;仓储区货物出库时,30%进入流通加工区1,70%进入拣货区;进入流通加工区1的货物经加工后再次入库出库至发货区;进入拣货区的货物(未经加工)中30%进入流通加工区2,70%的货物进入发货区。配送中心布局图如图8-20所示。

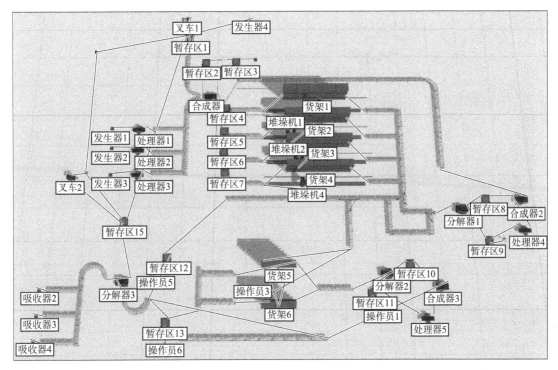

图8-20 配送中心布局图

仿真时间为10h,仿真的目的是:①对堆垛机、叉车、货架的仿真结果进行分析,判断设备配置是否合理,改进设备配置;②检验系统运行过程是否通畅,找出并消除瓶颈,从而提高整个配送中心效率;③分析340个托盘是否合适,如果不合适如何优化。

8.2.2 建模步骤

1)入库处理区模型

该区域主要负责收货、检验、整理货物装入托盘等工作,由4个发生器、1个吸收器、3个处理器、多个传送带、3个暂存区、1个合成器和1辆叉车组成,如图8-21所示。处理器代替入库加工台,弯曲传送带1为检验传送带,暂存区1为托盘存放区,暂存区2、3为不合格物品存放区。入库处理区实体参数设置见表8-3。

连线:除叉车S连接暂存区1外,其余均为A连接(注意方向)。注意:弯曲传送带2要先连合成器1,弯曲传送带1后连合成器1。弯曲传送带1要先连接合成器1(合格货物),后连暂存区2(不合格货物)。

(1)设置发生器(货物)到达时间、类型和颜色。

发生器1的到达方式、到达时间间隔设置如图8-22所示。

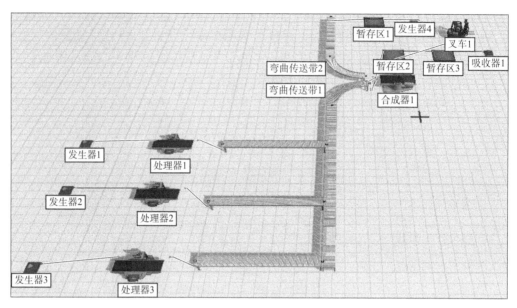

图 8-21 入库处理区模型

入库处理区实体参数设置 表 8-3

实体	参数设置
发生器1、2、3	发生器1、2、3产生产品到达时间间隔均为poisson(55,1),产生的产品类型分别为1、2、3,颜色分别为红、绿、蓝
发生器4	0s产生340个绿色Pallet
弯曲传送带1	10%的不合格货物流向暂存区2;90%的合格货物流向合成器1
暂存区1、2	暂存区1最大容量为350;暂存区2使用叉车搬运
合成器1	打包数量为4

在触发器的创建触发中选择数据设置→设置标签,显示设置→设置实体颜色,具体设置如图 8-23 所示。

图 8-22 发生器1产生货物到达参数设置

图 8-23 发生器1产生货物类型和颜色设置

发生器2、3的到达时间设置与发生器1相同,类型和颜色设置如图 8-24 所示。

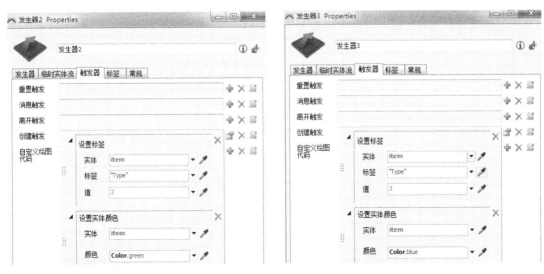

图 8-24　发生器 2、3 产生货物类型和颜色设置

(2) 设置弯曲传送带 1 (检验传送带) 的货物流向。

双击弯曲传送带 1 的离开衔接点，发送至端口选择随机→按百分比，如图 8-25 所示。10% 的不合格货物流向端口 2，即暂存区 2；90% 的合格货物流向端口 1，即合成器 1。

(3) 发生器 4 设置托盘到达方式。

临时实体种类选择 Pallet；到达方式选择到达序列，Quantity 值设为 340；在创建触发的显示设置中设置实体颜色为 green，如图 8-26、图 8-27 所示。

图 8-25　弯曲传送带 1 离开衔接点设置

图 8-26　发生器 4 产生托盘的到达参数设置　　图 8-27　发生器 4 产生托盘的颜色设置

(4) 暂存区 1、2 参数设置。

单击暂存区 1，在右边快捷属性窗口中设置最大容量为 350。单击暂存区 2，在右边快捷属性窗口中勾选使用运输工具 (图 8-28)。

(5)合成器 1 打包数量设置。

合成器 1 打包数量设置如图 8-29 所示。

图 8-28 暂存区 1、2 参数设置

图 8-29 合成器 1 打包数量设置

2)存储区模型

存储区存放出入库频率较低的商品,存储区由 4 个暂存区、多条传送带、4 个货架、4 台堆垛机组成,见表 8-4,存储区模型如图 8-30 所示。

存储区实体参数设置　　　　　　　　　表 8-4

实体	参数设置
暂存区 4~7	出口设置为随机端口
货架 1~4	货架设置最大容量为 100,放置到列为第一个可用列,放置到层为第一个可用层,最小停留时间为 poisson(7200,1);货架容量小于 20 时补货,大于或等于 80 停止补货
传送带 14、15	传送带 14:未经加工区的货物(类型为 1)要去流通加工区,经加工区加工后的货物(类型为 2)要去拣货区。 传送带 15:30% 的货物去流通加工区加工(设为类型 2),70% 的货物直接去拣货区(设为类型 1)

连线:每台堆垛机分别与左边的直线传送带 S 连接,每台堆垛机分别与上下的两台货架 S 连接,其余均为 A 连接。注意:先进行 A 连接,然后再进行 S 连接。堆垛机与传送带 S 连接时应连至传送带右侧的离开衔接点,而不是传送带本身。

(1)暂存区设置端口。

暂存区 4~7 的发送至端口均设为随机端口,如图 8-31 所示。

(2)传送带使用运输工具设置。

货架左侧的四条传送带的离开衔接点均勾选使用运输工具,如图 8-32 所示。

(3)货架参数设置。

货架 1 设置最大容量为 100,放置到列为第一个可用列,放置到层为第一个可用层,最小停留时间为 poisson(7200,1)。货架 1 在临时实体流选项卡中勾选使用运输工具。图 8-33、图 8-34 所示为货架 1 储存参数设置、端口设置。

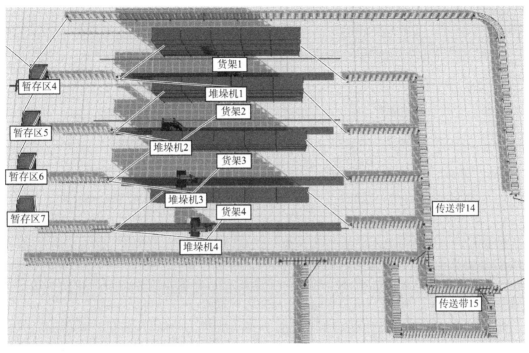

图 8-30 仓储区模型

图 8-31 暂存区 4 端口设置

图 8-32 传送带离开衔接点端口设置

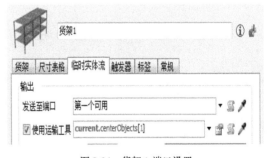

图 8-33 货架 1 储存参数设置

图 8-34 货架 1 端口设置

货架 1 设置进入触发和离开触发。进入触发选择实体控制→关闭和打开窗口,在其下拉选项中设置条件为"content(current) > =80"(数量大于或等于 80 时),进行"closeinput"(关闭端口)操作,如图 8-35 所示。离开触发的设置类似,如图 8-36 所示。

货架 2、3、4 设置同货架 1。

图 8-35　货架 1 进入触发设置

图 8-36　货架 1 离开触发设置

(4) 传送带决策点设置。

传送带 14：未经加工区的货物（类型为 1）要去流通加工区，经加工区加工后的货物（类型为 2）要去拣货区。在传送带 14 分流前和分流后分别设置三个决策点，用分流前的决策点（DP1）去连另外两个决策点（注意先连下方决策点，后连左侧决策点），并双击 DP1，设置到达触发为发送临时实体，目的地改为根据实体类型选择端口，如图 8-37 所示。

传送带 15：30% 的货物去流通加工区加工（设为类型 2），70% 的货物直接去拣货区（设为类型 1）。在分流之前的决策点到达触发选择：数据设置→根据百分比设置临时实体类型，根据下图设置；设完后点左下角加号，选择按类型发送临时实体，根据图 8-38 所示方式设置，注意条件函数要改为 item.Type。

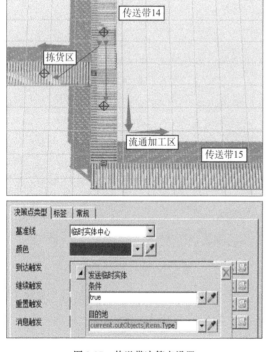

图 8-37　传送带决策点设置

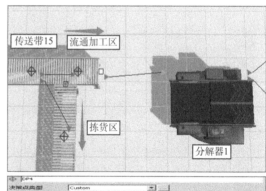

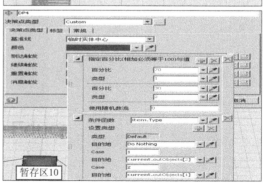

图 8-38　传送带决策点设置

3）流通加工区模型

流通加工区进行分装包装、贴标签等加工活动，由2个分解器、4个暂存区、2个操作员、2个处理器、2个合成器组成。流通加工区模型如图8-39所示。

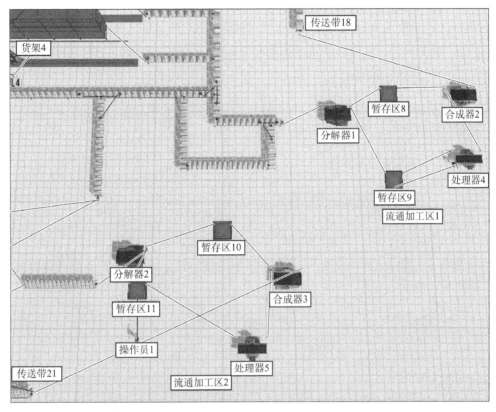

图8-39 流通加工区模型

连线：操作员2除应S连接暂存区9、操作员1应S连接暂存区11外，其余均为A连接。

加工区1：分解器1先连接连合成器的暂存区8（托盘），后连接连处理器的暂存区9（货物）。暂存区9连向处理器4，进而连向合成器2，合成器2连向存储区传送带18。加工区2的连线与加工区1类似，其中合成器3连向拣货区传送带21。

流通加工区实体参数设置见表8-5。

流通加工区实体参数设置   表8-5

实体	参数设置
暂存区8~11	货物暂存区9、11设置使用运输工具，最大容量设为100。托盘暂存区8、10最大容量均设为100
合成器2、3	合成器2、3打包数量均为4，加工时间为8；经合成器2、3打包后托盘类型均变为2，颜色变为红色
处理器4、5	处理器4、5的加工时间均设为5
操作员1、2	操作员1和2的装载时间分别设为34、46

(1)暂存区参数设置。

货物暂存区 9、11 设置使用运输工具,最大容量设为 100。托盘暂存区 8、10 最大容量均设为 100。

(2)合成器参数设置。

合成器 2 打包数量设为 4,加工时间设为 8(图 8-40)。

图 8-40　合成器 2 参数设置

在合成器 2 的触发器→离开触发中选择数据设置→设置标签,在显示设置中设置实体颜色,如图 8-41 所示。

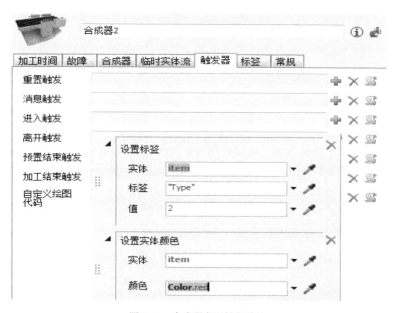

图 8-41　合成器离开触发设置

合成器 3 与合成器 2 设置相同。

(3)处理器参数设置。

处理器 4、5 的加工时间均设为 5(图 8-42)。

(4)操作员设置。

操作员 1 和 2 的装载时间分别设为 34、46(图 8-43)。

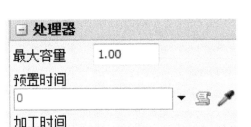
图8-42 处理器加工时间设置

图8-43 操作员装载时间设置

4)拣货区模型

如图8-44所示,拣货区包括2个货架、2个操作员、多条传送带。

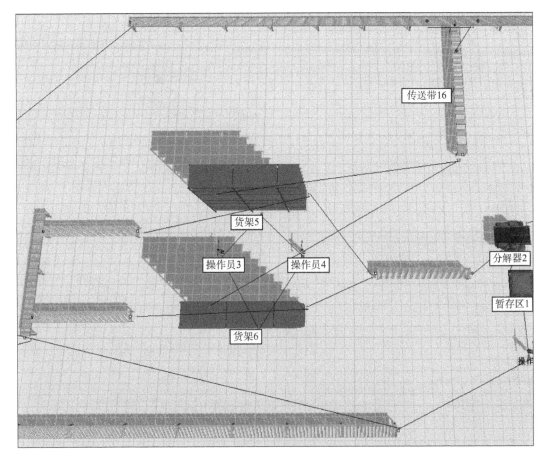
图8-44 拣货区模型

连线:除操作员3和4分别S连接两个货架外,其余为A连接。传送带16连向两个货架,两个货架先连右边传送带,后连左边两个传送带;右边传送带连向分解器。

拣货区实体参数设置见表8-6。

(1)传送带决策点设置。

未加工(类型1)的货物要去拣货区,加工过(类型2)的货物要去发货区。货架右边的传送带连向分解器2。

表8-6 拣货区实体参数设置

实体	参数设置
直线传送带16	未加工(类型1)的货物要去拣货区,加工过(类型2)的货物要去发货区;出口为随机端口
货架5、6	30%的货品通过右边传送带进入流通加工区2加工,70%的货品通过左边传送带进入发货区发货;使用两个操作员

在直线传送带16分流前和分流后分别设置三个决策点,用分流前的决策点(DP7)去连另外两个决策点(注意先连下方决策点,后连左侧决策点),并双击DP7,设置到达触发为发送临时实体,目的地改为根据实体类型选择端口,如图8-45所示。

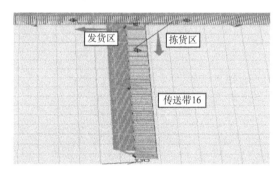 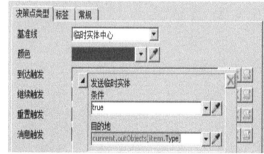

图8-45 传送带决策点设置

传送带16离开衔接点发送至端口设为随机→随机端口(图8-46)。

(2)货架设置。

30%的货品通过右边传送带进入流通加工区2加工,70%的货品通过左边传送带进入发货区发货,如图8-47所示。

图8-46 传送带离开衔接点设置　　　图8-47 货架端口设置

如图8-48~图8-50所示,设置货架5最大容量为50,放置到列为第一个可用列,放置到层为第一个可用层,最小停留时间为poisson(3600,1);设置列数为5列,点击应用基本设置;勾选使用运输工具;设置进入触发和离开触发。货架6设置同货架5。

5)发货区模型

发货区主要负责发货工作,实现库内物资的转运,由暂存区、分解器、叉车、操作员、传送带和吸收器组成。发货区模型如图 8-51 所示。暂存区 15 连向暂存区 1,并添加叉车实现搬运,设置两个网络节点使叉车沿着网络节点搬运。

图 8-48　货架 5 基本参数设置

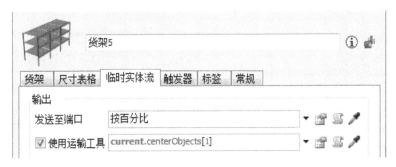

图 8-49　货架 5 使用运输工具设置

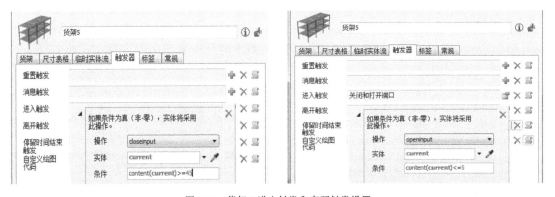

图 8-50　货架 5 进入触发和离开触发设置

连线:除暂存区 15 应 S 连接叉车 2 外,其余均为 A 连接。拣货区的传送带 17 连向暂存区 12,传送带 22 连向暂存区 13,暂存区 12、13 均连向弯曲传送带 3,传送带 21 也连向弯曲传送带 3,最后弯曲传送带 3 连向分解器;分解器先连暂存区 15(分解出托盘),后连弯曲传送带 4(分解出货物)。最后,暂存区 15 连向暂存区 1(入库处理区放置托盘的暂存区)。

发展区实体参数设置见表 8-7。

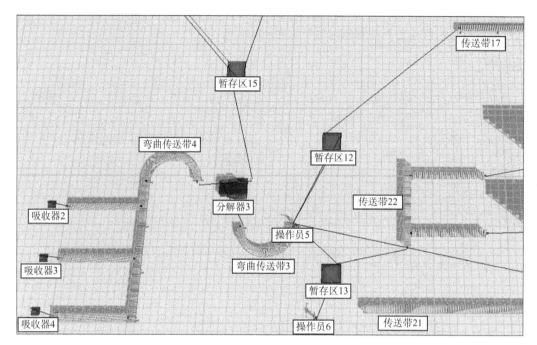

图 8-51　发货区模型

发货区实体参数设置　　　　　　　　　　　　　　　　　　　　表 8-7

实体	参数设置
暂存区 12、13	暂存区 12、13 使用运输工具；暂存区 15，最大容量设为 350，使用运输工具
传送带	设置使得不同类型产品去不同吸收器

（1）暂存区设置。

暂存区 12、13 勾选使用运输工具；暂存区 15，最大容量设为 350，勾选使用运输工具。

（2）传送带设置。

如图 8-52 所示，在传送带分流前和分流后分别设置四个决策点，用分流前的主决策点去连另外三个决策点，并双击主决策点，设置到达触发为发送临时实体→目的地改为根据实体类型选择端口。

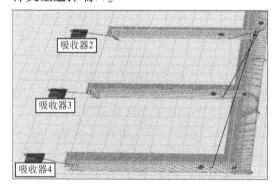 

图 8-52　传送带决策点设置

8.2.3 仿真结果分析与优化

1)模型运行结果分析

模型建立后,经编译、重置后就可以单击"运行"按钮来运行模型,仿真模拟自动化立体仓库一天真实的工作情况,即10h(36000s)。

仿真结束后,通过选择"报告与统计"输出Excel状态报表。通过Excel状态报表可以很清楚地了解模型中的实体各种状态占总时间的百分比。

堆垛机运行状况的主要评价指标包括工作时间、闲置率和利用率,将其数据整理后记录于表8-8中。

堆垛机仿真输出数据　　　　　　　　　　　　　　　　表8-8

项目	堆垛机1	堆垛机2	堆垛机3	堆垛机4
最小等待时间(min)	10.17	12.67	7.17	15.17
最大等待时间(min)	24.55	23.05	19.31	25.55
平均等待时间(min)	16.89	17.46	12.46	20.07
空闲时间百分比(%)	57.1	76.4	92.4	89.3
空载运输时间百分比(%)	20.4	11.0	3.6	4.8
装载运输时间百分比(%)	22.6	12.6	3.9	6.0

货架的主要评价指标包括最大库存量、现有库存量、输入货物总数、输出货物总数和库位利用率,主要分析存储区的货架,将仿真数据记录于表8-9中。

货架仿真输出数据　　　　　　　　　　　　　　　　表8-9

设备	当前库存量(盘)	最大库存量(盘)	平均库存量(盘)	入库总数(盘)	出库总数(盘)	平均停留时间(s)
货架1	51	63	48.45	266	215	7249.45
货架2	30	39	26.15	145	115	7243.46
货架3	18	18	11.12	65	47	7108.64
货架4	9	18	10.84	58	49	7347.62

根据表8-8和表8-9可以得出货架和堆垛机的利用率,见表8-10。

堆垛机与货架仿真数据分析结果　　　　　　　　　　　表8-10

设备	利用率(%)	设备	利用率(%)
堆垛机1	42.9	货架1	51
堆垛机2	23.6	货架2	30
堆垛机3	7.6	货架3	18
堆垛机4	10.7	货架4	9

(1)堆垛机仿真数据分析。

由表8-10可以看出,4架堆垛机的平均利用率非常低,只有21.2%,而导致堆垛机利用率低的主要原因是配送中心到达的货物数量最少、出入库频率低,如需要改善这个问题,必须在货物到达发生器上作出优化,让货物到达配送中心的数量增多。

(2)货架仿真数据分析。

由表8-10可以看出,4个货架的平均利用率只有27%,利用率很低,配送中心货架没有得到充分利用。而造成利用率低的原因主要是到达的货物数量少、货物在货架上的停留时间短。所以,为了更好地解决货架问题,应该增加货物的到达数量,增加货物停留在货架上的时间。

(3)托盘仿真数据分析。

由仿真模型可以看出,在产生托盘的暂存区1中还有141个托盘处于空闲状态,剩余的托盘数量比较多。因为托盘是循环使用的,而且货物的到达数量少,所以340个托盘数量过多。优化托盘问题主要在于适当减少托盘的生成,这样可以避免托盘过多造成的浪费。

以上就是配送中心在原始数据下进行仿真后的结果,从中可以发现系统运行过程中存在的一些问题,为进一步优化系统配置提供了重要依据。

2)模型优化

(1)堆垛机和货架利用率的优化。

根据以上分析,堆垛机和货架利用率低的原因主要是到达的货物数量少、货物在货架上停留时间短,针对这一问题,对模型作如下修改,来提高堆垛机和货架利用率。

原模型中货物的到达时间间隔服从均值为55、随机数流为1的泊松分布,要优化该因素,增加货物到达数量,可以将货物到达时间间隔改为均值为50、随机数流为1的泊松分布。延长存储区的货架上货物的最小停留时间,函数修改为均值为9000、随机数流为1的泊松分布;储存区的货架关闭输入端口的上限修改为90,参照此数据修改模型,仿真结果整理、记录于表8-11、表8-12中。

修改前后堆垛机工作效率对比表 表8-11

工作效率	1号堆垛机	2号堆垛机	3号堆垛机	4号堆垛机
修改前(%)	42.9	23.6	7.6	10.7
修改后(%)	43.1	23.7	8.7	12.9

修改前后的货架利用率对比表 表8-12

工作效率	1号货架	2号货架	3号货架	4号货架
修改前(%)	51	30	18	9
修改后(%)	79	46	16	19

通过以上表格可以看出,堆垛机工作效率有所提高。货架平均利用率为40%,比修改前提高了13%。由以上数据可以看出,修改货物的入库时间间隔和货物在货架上的停留时间,可以作为优化配送中心的因素。之后再通过多次试验仿真就能找出最优的货物入库时间间隔和货物在货架上的停留时间。

(2)托盘生成数量的优化。

在以上优化方案基础上,通过进一步分析来确定在现有资源配置下该配送中心的托盘生成数量,在提高堆垛机和货架利用率的同时避免过多托盘的浪费,使配送中心效益最大化。在托盘发生器中设置托盘的初始数量为300,运行该模型,根据仿真结果可知,托盘暂存区剩余托盘数量为36,与优化之前的141相比,大幅减少。因此,可以认为托盘的初始数量为300比340要更合适一些(节省了40个托盘的成本)。

根据仿真结果可以知道,修改托盘初始生成数量也可以作为优化配送中心的因素之一,后面再通过多次试验仿真可以找出最优的托盘数量。

(3)最终优化方案结果。

通过反复的测算和仿真运行分析,货物到达时间间隔和储存区货架货物最小停留时间均采用泊松分布,分别采用均值50、9300,使用随机数流为1,储存区的货架关闭输入端口的上限修改为90,托盘的初始生成数量为280。修改模型数据后结果见表8-13。

最终修改前后利用率对比　　　　表8-13

堆垛机	修改前利用率(%)	修改后利用率(%)	货架	修改前利用率(%)	修改后利用率(%)
1	42.9	47.8	1	51	79
2	23.6	25.9	2	30	47
3	7.6	8.2	3	18	21
4	10.7	12.9	4	9	24

通过表8-13可以看出,堆垛机的利用率有一定的提高;储存区的货架利用率有了很大提高,平均利用率由27%提高到了42.75%;暂存区托盘剩余量为5,与141相比数量极大减少,避免了托盘浪费,使配送中心的效益得到了提高。

综合以上结果,可以证明优化方案有效提高了设备利用率,达到了提高系统效率、优化投资效益的目的。

8.3　生产物流自动化立体仓库综合案例

8.3.1　自动化立体仓库方案仿真目的

立体仓库系统仿真的主要目的是:
(1)分析立体仓库各物流设备配置是否合理;
(2)评估和分析立体仓库系统整体运行效率;
(3)分析立库系统是否存在瓶颈。

8.3.2　方案设计说明

1)生产车间概述

某生产车间原材料及外协外购件采用自动化立体仓库进行存储,原材料及外协外购件在卸货缓存区完成卸货后,通过叉车转运至拆包入库区的托盘上线口,输送机将托盘输送至拆包区工位进行拆包,再由输送机输送至立库存储区进行入库。自动化立体仓库根据生产线拉动需求进行出库,通过输送机输送至出库分拣区进行分拣,再采用 AGV 运输至生产线各工位。车间为钢架结构,建议立库存储区面积为 $2448m^2$(长约 51m,宽约 48m),与外部有消防墙分隔。卸货缓存区面积为 $512m^2$(长约 32m,宽约 16m),拆包入库区面积为 $644m^2$(长约 46m,宽约 14m);出库区部分在 $768m^2$(长约 32m,宽约 24m)。

立体仓库存储单元为表 8-14 所列规格的周转箱。

立体仓库存储单元规格 表 8-14

长宽外尺寸	主要有 2 种:长 600mm × 宽 600mm 和长 800mm × 宽 600mm
高度	高度主要根据物料种类存在差异,物料加周转箱整体高度范围为 110 ~ 340mm
单箱质量	不超过 50kg(含装载零件)

2)来货托盘单元设计

供应商来货时的装载搬运采用标准塑料托盘,规格为 1200D × 1200W × 135H,田字底单面荷载四方向叉取。周转箱叠放在托盘上并用绑带固定,码放高度 ≤ 1150mm,码放质量 ≤ 1000kg;托盘精度必须满足国标要求。单元简如图 8-53 所示。

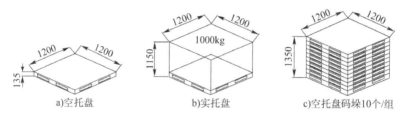

图 8-53 来货托盘单元尺寸简图(尺寸单位:mm)

3)货架设计

综合考虑原材料和外协外购件存储尺寸,方案设计两种类型货架。货架总高 13.8m,货架总长约 41.58m。

第一类:周转箱尺寸为 600mm × 600mm,存储高度兼容 ≤ 340mm 的周转箱。单巷道货位数 = 54 列 × 2 货位 × 26 层 = 2808 货位。第一类货架平面图(54 层 × 2 列)如图 8-54 所示。

图 8-54 第一类货架平面布置

第二类:周转箱尺寸为 600mm × 800mm,存储高度兼容 ≤ 340mm 的周转箱。单巷道货位数 = 54 列 × 2 货位 × 26 层 = 2808 货位。第二类货架平面图(54 层 × 2 列)如图 8-55 所示。

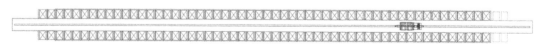

图 8-55 第二类货架平面布置

4)箱型参数设计

立库存放两种箱型,采用 1.2m×0.8m×0.13m 规格的托盘存储,其中 400mm×600mm×350mm 箱型可以装 12 箱,一层装 2×2 箱,每个托盘装 3 层;800mm×600mm×350mm 箱型可以装 6 箱,一层装 1×2 箱,每个托盘装 3 层。

8.3.3 自动化立体仓库流程说明

如图 8-56 所示,整个系统由立体货架存储区、人工拆垛作业区、出入库输送线、发货分拣区四部分构成。

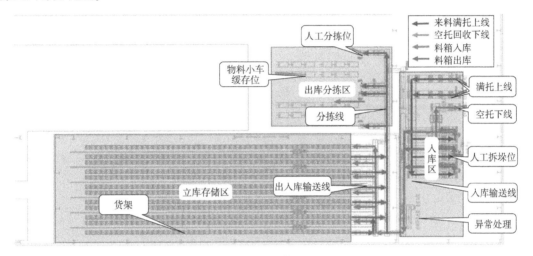

图 8-56 方案总体平面图

1)拆包入库区操作流程

拆包入库区详图如图 8-57 所示。

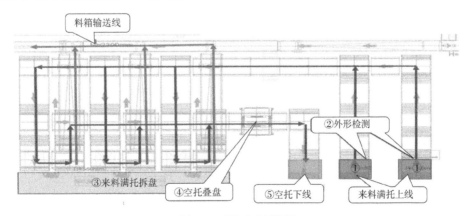

图 8-57 拆包入库区详图

流程说明:

(1)叉车从卸货缓存区将原材料和外协外购件满托物料送至来料满托上线点(位置①)。

(2)输送机检测到上线托盘后开始运行,托盘通过②位置时,系统对实托盘进行外形检测。

(3)沿着图示路径输送到③来料满托拆盘。

(4)实托盘到达人工拆垛台后,岗位工人将托盘上码放的周转箱搬到与托盘外侧对齐的工作台上。

(5)利用工作台上固定式扫码器自动扫描零件标签。

(6)自动扫描箱条码,进行信息绑定,绑定成功则由系统将绑定成功的信息显示在工位前的屏幕上;工人将信息绑定成功的周转箱放上入库输送线,由料箱输送线输送至立库存储区。

(7)岗位工人完成托盘上所有周转箱的入库后,产生空托盘。

(8)工人通过工位按钮,启动空托盘回收,托盘沿图中路径输送至④位置进行叠盘。

(9)当叠放数量达到系统设定的数量(10个/组)时,自动输送至空托盘组下线站(⑤位置),然后由叉车工人将托盘组搬运至空托盘暂存区。

2)入库作业操作流程

入库作业操作详图如图8-58所示。

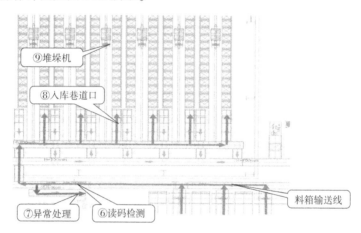

图8-58 入库作业操作详图

流程说明如下:

(1)料箱输送线输送至⑥位置,读码进行信息校验,以及重量、外形检测:①检测不通过,则沿红色箭头所示的路径,将箱子输送至异常处理工位⑦由人工处理后再推入主线,然后重复;②检测通过,则执行2。

(2)系统自动将周转箱输送至预先分配的存储巷道口(如⑧),然后由堆垛机(如⑨)自动将该周转箱搬运到预先分配的存储位。

(3)重复以上作业,直到该托盘上的周转箱全部入库。

3)出库操作流程

出库作业操作详图如图8-59所示。

流程说明:

(1)立体仓库接收MES系统的出库需求,WMS系统启动批次出库任务。

(2)WMS系统自动分配出库货位。

(3)堆垛机(如①设备)自动将待出库的周转箱搬运至巷道口的放货位(如②位置)。

(4)输送系统自动将周转箱输送至料箱输送线上,并继续输送至出库分拣区。

(5)在分拣区的环线上根据物料种类和批次进入分拣线岔道(如③位置)。

(6)进入分拣线岔道的周转箱由输送带将周转箱输送至低位(如④位置)。

(7)岗位工人搬运周转箱至物料小车(如⑤位置)。

(8)物料小车收集满整个工位需求物料时,呼叫AGV配送至生产线各工位,出库分拣任务完成。

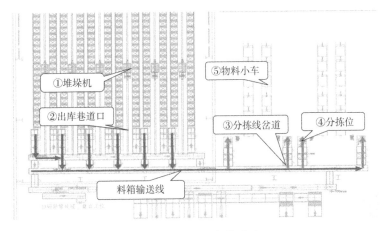

图8-59 出库作业操作详图

8.3.4 建模步骤

1)拆包入库区布局设置

(1)来货满托上线。

①发生器设置:在实体库中拖拽四个 进入模型中,需要让其循环生产两种不同类型来货、两种不同类型来货托盘,1类货物尺寸为600mm×400mm×350mm的箱型可以装12箱,一层装2×2箱,每个托盘装3层;2类货物尺寸为600mm×800mm×350mm箱型可以装6箱,一层装1×2箱,每个托盘装3层。双击托盘1发生器、托盘2发生器,依次设置到达方式为"到达时间间隔",临时实体种类为"Pallet",到达时间间隔分别为71.64、107.46,在触发器选项中点击创建触发,设置尺寸为1.2×0.8×0.13,设置结果图8-60、图8-61所示。

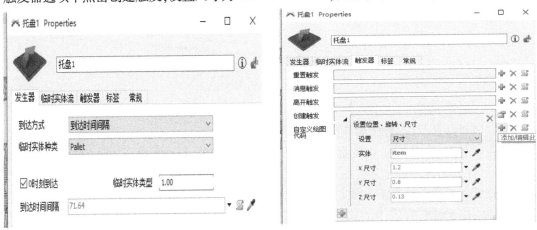

图8-60 托盘1参数设置图

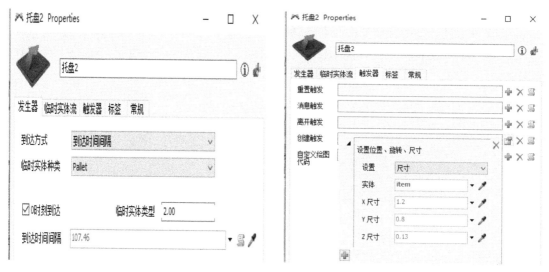

图 8-61　托盘 2 参数设置图

依次双击货物 1、货物 2 发生器,设置到达方式为"到达时间间隔",临时实体种类为"Tote",到达时间间隔分别服从"exponential(0,15,0)""exponential(0,25,0)"分布,在触发器选项中点击创建触发,设置尺寸分别为 $0.6 \times 0.4 \times 0.35$、$0.6 \times 0.8 \times 0.35$,并设置货物 1 为绿色,货物 2 为红色,货物 1 发生器设置结果如图 8-62、图 8-63 所示。

图 8-62　货物 1 到达时间设置　　　　图 8-63　货物 1 尺寸颜色设置

②合成器设置:双击合成器,设置合成器加工时间均为 10s,合成模式均为"打包",1 类货物打包数量为 12 个单位,2 类货物打包数量为 6 个单位,1 类货物合成器设置如图 8-64 所示。

根据实体流动路径连接不同实体端口:按住键盘上的"A"键,按实体流动方向依次连接各个实体。需要注意的是,托盘需在货物到达前产生,即合成器的输入端口依次为"托盘发生器"和"货物发生器"。布置完成后如图 8-65 所示。

第 8 章 基于Flexsim的物流系统仿真应用

图 8-64　1类货物合成器设置

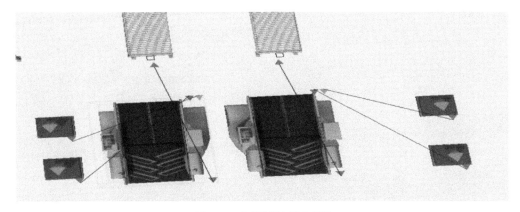

图 8-65　来货满托上线布局图

(2) 拆盘入库。

① 托盘输送机：托盘线速度为12m/min，在仿真软件实体库中拖拽 直线传送带 进入模型中，点击传送带类型后面 … 图标，对传送带类型进行设置，在操作分页符中设置速度为0.2m/s，在可视化分页符中设置输送线宽度为1.2m，支柱高度为0.55m，模型设置如图8-66所示。

② 分解器设置：人工拆除绑带和绑带回收时长共计30s，检查周转箱条码并搬运至入库输送线上，人工处理单个周转箱时间为10s，分解器处理时间共计30s，托盘内时间为周转箱数量×10s。在仿真软件实体库中拖拽 分解器 进入模型中，双击分解器，打开分解器属性窗口，在加工时间属性框内修改为 $30 + 10 \times \mathrm{content}(\mathrm{item})$。在实体库中拖拽 操作员 进入模型中，操作员与分解器之间S连接，在分解器的"临时实体流"选项中，勾选"使用运输工具"并设置条件运输，实现操作员将拆解后的箱料货物送至箱料输送机上进行入库。分解器设置如图8-67所示。

图 8-66 托盘输送机参数设置

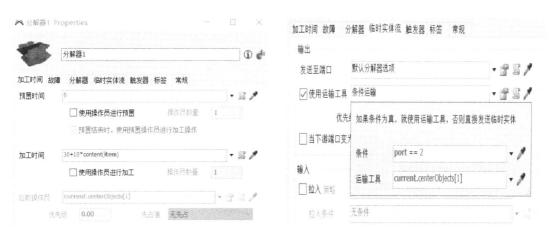

图 8-67 分解器 1 设置图

单击分解器,在右侧快捷属性框内设置分解器尺寸为(1.5,1.5,0.76),设置界面如图 8-68 所示。

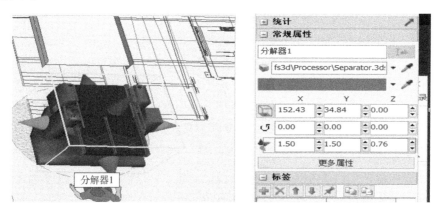

图 8-68 分解器尺寸设置

注意:在布局和设置输送线托盘输送机时,点击拆包区垂直输送机,右侧快捷属性栏中坐标位置,后端的位置要比前端位置稍微大一点,如图 8-69 所示,下端输送机 Y 轴坐标 -10.48 小于上端输送机 Y 轴坐标 -0.40。传送带位置错位图如图 8-69 所示。

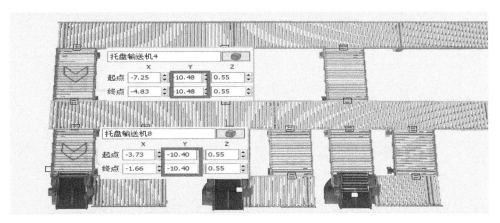

图 8-69 传送带位置错位图

③托盘码垛机:岗位工人将托盘上所有周转箱转运至箱体输送线,产生的空托盘,由工人通过工位按钮,启动空托盘回收,托盘沿路径输送至叠盘区进行叠盘,当叠放数量达到系统设定的数量(10 个/组)时,自动输送至空托盘组下线站,然后由叉车工人将托盘组搬运至空托盘暂存区。在仿真软件实体库中拖拽 合成器 进入模型中。单击合成器,在右侧快捷属性框内设置合成器尺寸为(1.5,1.5,0.76);双击合成器,打开合成器属性窗口,选择合成器分页符,在组成清单设置 Target Quantity 为 9。设置界面如图 8-70、图 8-71 所示。

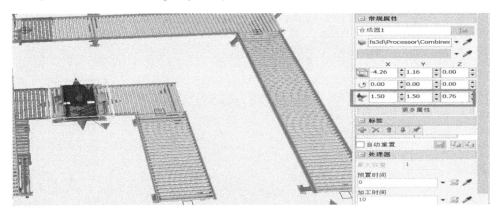

图 8-70 托盘合成器尺寸图

拆盘入库作业中实体基本参数设置完成后,可根据案例布局要求进行布置,布置完成后如图 8-72 所示。

④入库决策点设置。

由满托入库的货物经过托盘输送机输送到拆盘分解作业时,需要规划满托货物进入点,否则会出现满托货物单线行驶的情况。设置满托货物由托盘输送机输送时,根据来货数量分别依次进入三个传送带上,拖拽实体库中的 决策点 进入模型,决策点布局如图 8-73 所示。

图 8-71 托盘合成器参数设置

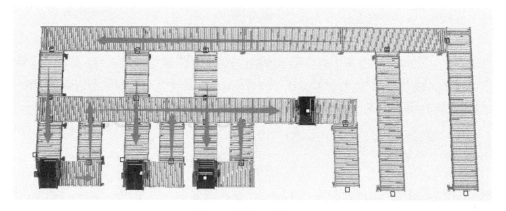

图 8-72 拆盘入库布局图

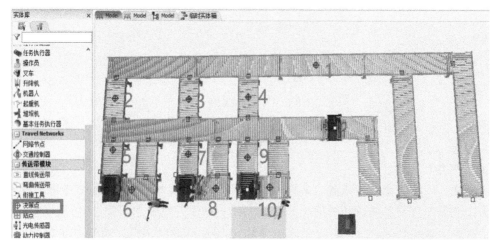

图 8-73 决策点布局图

双击决策点 1,设置到达触发为依照货物来的顺序,依次进入不同传送带,代码设置界面如图 8-74 所示。

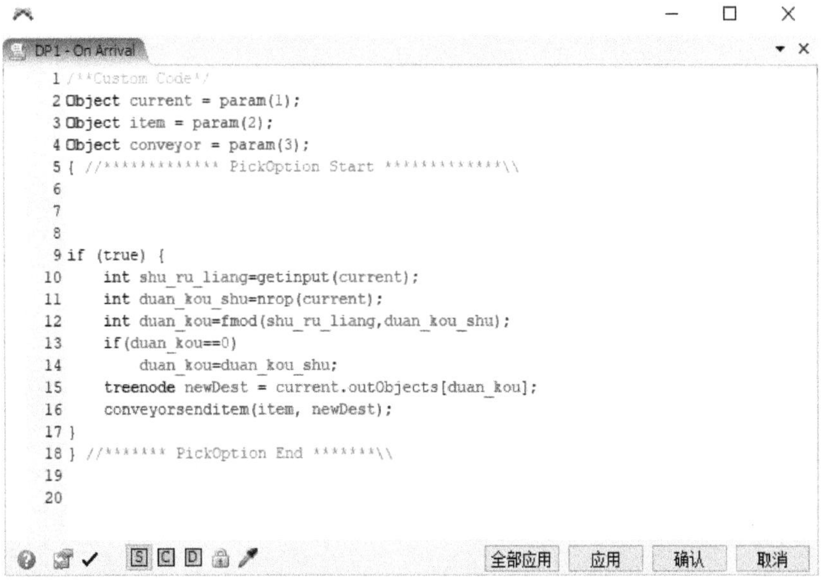

图 8-74 来货代码设置

设置决策点 2、3、4 进入下一决策点,若下一决策点暂时存在没有进行拆盘处理的满托货物时,静止进入,点击"到达触发"中的"进入限制区域",设置条件为"true",区域主控为"outobject(current,1)",最大容量为 1。设置如图 8-75 所示。

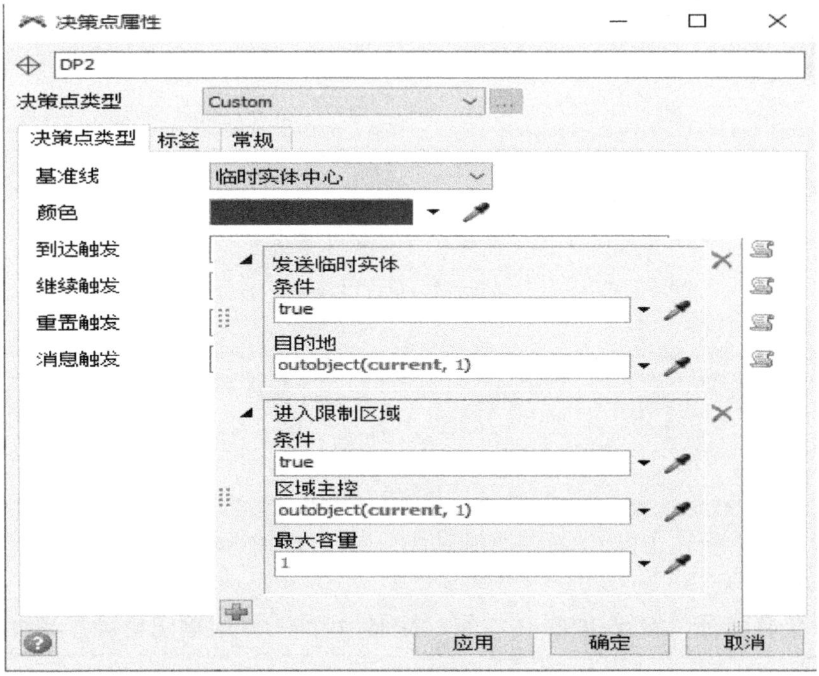

图 8-75 决策点限行设置

依次双击决策点 5、7、9,设置当前区域进行拆盘处理的等待数最大为 1,点击"到达触发"中的"进入限制区域",设置条件为"true",区域主控为"outobject(current,1)",最大容量为 1。点击"继续触发"中的"离开管制区域",设置条件为"true",如图 8-76 所示。

图 8-76　决策点 5 设置图

⑤料箱输送机。

料箱线速度为 30m/min,在仿真软件实体库中拖拽 [直线传送带] 进入模型中,点击传送带类型后面 [...] 图标,对传送带类型进行设置。设置名称为箱式输送机 0.8×2.3,在操作分页符中设置速度为 0.5m/s,在可视化分页符中设置输送线宽度为 0.8m,支柱高度为 2.3m,模型设置如图 8-77 所示。

图 8-77　箱料输送机设置

单击拆包区料箱输送机,在右侧快捷属性栏中,修改输送机起点高度为 1,重点高度为 2.3,如图 8-78 所示。

单击拆包合流区料箱输送机,在右侧快捷属性栏中,修改输送机终点高度为 0.7,如图 8-79 所示。

根据实体流动路径连接不同实体端口:按住键盘上的"A"键,按实体流动方向依次连接各个传送带实体,进入拆盘作业,传送带和分解器之间也用"A"连接;决策点之间用"A 连接",其中,决策点 1 依次 A 连接决策点 2、3、4,决策点 2、3、4 分别 A 连接决策点 5、7、9,决策点 5、7、9 分别 A 连接 6、8、10。料箱输送机基本参数设置完成后,可根据按理布局要求进行布置,布置完成后如图 8-80 所示。

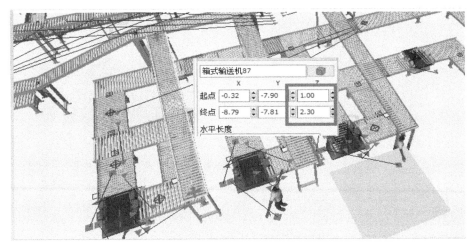

图 8-78　箱料输送机高度设置

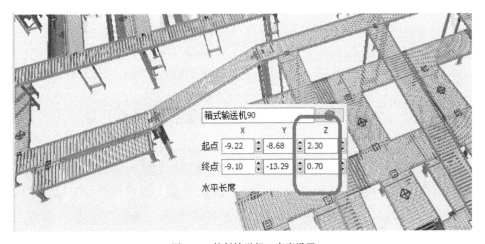

图 8-79　箱料输送机 2 高度设置

2) 料箱入库区布局设置

(1) 箱料输送机设置:料箱入库区线速度为 30m/min,在仿真软件实体库中拖拽 进入模型中,点击传送带类型后面 图标,对传送带类型进行设置。设置名称为箱式输送机 0.8×0.7,在操作分页符中设置速度为 0.5m/s,在可视化分页符中设置输送线宽度为 0.8m,支柱高度为 0.7m,模型设置如图 8-81 所示。

按照上述方式,拖拽 直线传送带 进入模型中,点击 图标,设置名称为箱式输送机 0.6×0.7,在操作分页符中设置速度为 0.5m/s,在可视化分页符中设置输送线宽度为 0.6m,支柱高度为 0.7m。

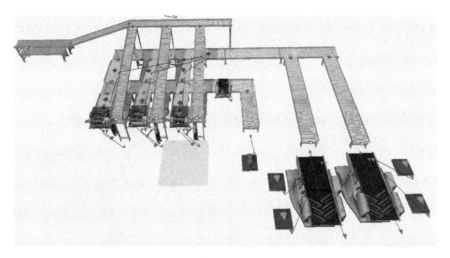

图 8-80　拆包入库区布局图

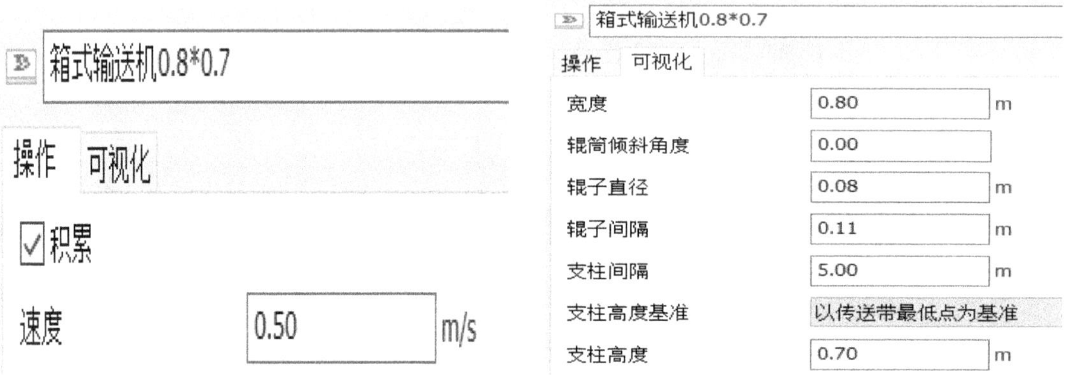

图 8-81　箱料输送机 3 设置图

（2）入库决策点设置。

箱料货物由箱料输送机送至立体仓库的过程中，需要识别箱料类型，根据类型选择进入哪类货架进行存放，在仿真模型中，设置根据来货类型，类型 1 的货物进入 1~8 号货物入库点，类型 2 的货物进入 9~12 号货物入库点。拖拽实体库中的 进入模型，各决策点之间采用 A 连接，决策点布局如图 8-82 所示。

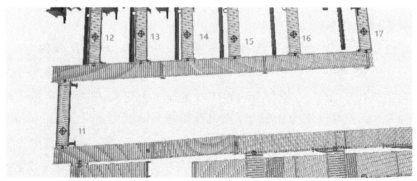

图 8-82　入库决策点布局图

双击决策点 11,设置到达触发为依照货物来的类型和顺序,依次进入不同传送带,代码设置界面如图 8-83 所示。

```
1 /**Custom Code*/
2 Object current = param(1);
3 Object item = param(2);
4 Object conveyor = param(3);
5 { //*********** PickOption Start ***********\\
6
7     int type = getitemtype(item);
8     if(type==1)
9     {
10        inc(label(current,"type1"),1);
11    }
12    else
13    {
14        inc(label(current,"type2"),1);
15    }
16    int type1_shu_ru=getlabel(current,"type1");
17    int type2_shu_ru=getlabel(current,"type2");
18    int duan_kou1=4;
19    int duan_kou2=2;
20    int duan_kou;
21    if(type==1)
22    {
23        duan_kou=fmod(type1_shu_ru,duan_kou1);
24        if(duan_kou==0)
25        duan_kou=4;
26    }
27    else
28    {
29        duan_kou=fmod(type2_shu_ru,duan_kou2)+4;
30        if(duan_kou==4)
31        duan_kou=6;
32    }
33    treenode newDest = current.outObjects[duan_kou];
34    conveyorsenditem(item, newDest);
35 } //******* PickOption End *******\\
36
```

图 8-83 决策点 11 代码图

3)存储区布局设置

(1)货架。

在仿真软件实体库中拖拽 进入模型中。双击货架,打开货架属性窗口。在货架分页符中,放置到列选择随机放置到可用列,放置到层选择随机放置到可用层,点击尺寸表格分页符,在基本设置信息框中,输入列数为 54,列宽 0.77,层数 26,层高 0.45,点击应用基本设置。在高级信息框中,设置层位置为 0.65,点击应用。货架 1 设置如图 8-84 所示。

点击常规分页符,设置 Y 轴宽度为 0.62,点击属性下方确定。货架 1 Y 轴设置如图 8-85 所示。

因货架实体设置一层层高需在属性窗口中一列一列进行设置,从下列图片中也可以看出,我们需要对 54 列货架分别点开进行设置,工作量较大,这里介绍一种快捷设置方法。右键单击货架,选择浏览树,打开树结构。

点击货架树节点,出现" > "符号,点击" > ",打开货架属性节点,点击"variables"前方" + ",点击"locationtable"右键,选择"Explore",点击"As Table",打开货架每个货架的位置数据表格,点击第一行表头,以 Ctrl + C 复制第一行数据,选择其他行数据并 Ctrl + V 粘贴至每一行,如图 8-86 所示。

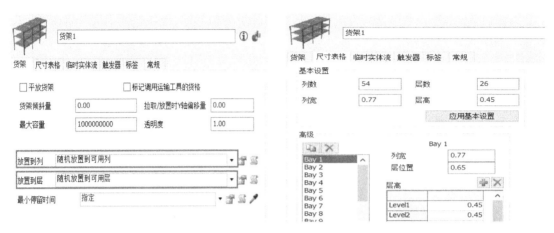

图 8-84　货架 1 设置

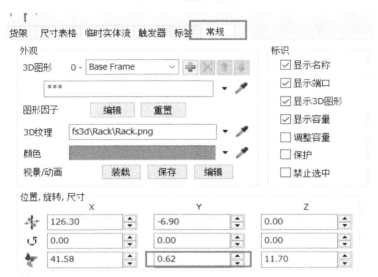

图 8-85　货架 1 Y 轴宽度设置

0.65	1.10	1.55	2.00	2.45	2.90	3.35	3.80	4.25	4.70	5.15	5.60
0.65	1.10	1.55	2.00	2.45	2.90	3.35	3.80	4.25	4.70	5.15	5.60
0.65	1.10	1.55	2.00	2.45	2.90	3.35	3.80	4.25	4.70	5.15	5.60
0.65	1.10	1.55	2.00	2.45	2.90	3.35	3.80	4.25	4.70	5.15	5.60
0.65	1.10	1.55	2.00	2.45	2.90	3.35	3.80	4.25	4.70	5.15	5.60
0.65	1.10	1.55	2.00	2.45	2.90	3.35	3.80	4.25	4.70	5.15	5.60
0.65	1.10	1.55	2.00	2.45	2.90	3.35	3.80	4.25	4.70	5.15	5.60
0.65	1.10	1.55	2.00	2.45	2.90	3.35	3.80	4.25	4.70	5.15	5.60
0.65	1.10	1.55	2.00	2.45	2.90	3.35	3.80	4.25	4.70	5.15	5.60
0.65	1.10	1.55	2.00	2.45	2.90	3.35	3.80	4.25	4.70	5.15	5.60
0.65	1.10	1.55	2.00	2.45	2.90	3.35	3.80	4.25	4.70	5.15	5.60
0.65	1.10	1.55	2.00	2.45	2.90	3.35	3.80	4.25	4.70	5.15	5.60
0.65	1.10	1.55	2.00	2.45	2.90	3.35	3.80	4.25	4.70	5.15	5.60
0.65	1.10	1.55	2.00	2.45	2.90	3.35	3.80	4.25	4.70	5.15	5.60
0.65	1.10	1.55	2.00	2.45	2.90	3.35	3.80	4.25	4.70	5.15	5.60

图 8-86　货架层高设置

关闭表格,双击货架属性,点击尺寸表格分页符,点击高级框中任意 Bay,点击确定。存储尺寸为 0.6×0.4×0.35 料箱的货架尺寸设置完成。复制设置好的货架,点击快捷属性,设置 Y 轴宽度为 0.86,存储尺寸为 0.6×0.8×0.35 料箱的货架尺寸设置完成。

(2)堆垛机。

在仿真软件实体库中拖拽 进入模型中。在堆垛机快捷属性栏中,设置宽度为 0.85,高度为 13。设置堆垛机的装载时间和卸货时间均为 2s,设置如图 8-87 所示。

图 8-87 堆垛机 1 设置图

将堆垛机放置货架边缘,点击堆垛机,选择红色小箭头进行拉伸,将堆垛机轨道拉伸至适宜长度,设置如图 8-88 所示。

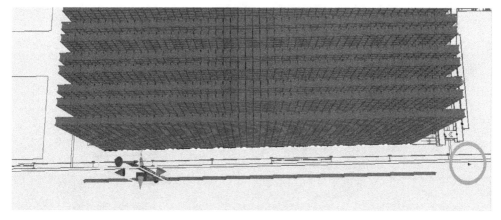

图 8-88 堆垛机位置图

将堆垛机放置到对应位置,复制堆垛机,按照布局要求进行布局。

期初库存设置:

在入库箱料还没到达时,需要有一定的期初库存来满足客户订单。依照拆包入库布局步骤,在实体库中拖拽两个 发生器 进入模型中,需要让其生产两种不同类型的货物(货物尺寸及颜色如拆包入库去操作)。设置 1 类货物到达方式为到达时间表、总量为 100 的单位,在触发器分页符中,点击创建触发后的 ➕,选择"显示设置",点击"设置位置,尺寸,旋转"。设置中,选择尺寸,设置 X 尺寸为 0.6,Y 尺寸为 0.4,Z 尺寸为 0.35。2 类货物总量为 40,按照同样方式设置。1 类货物发生器 A 连接 1~8 号货架,2 类货物发生器 A 连接 9~12 号货架,设置结果如图 8-89 所示。

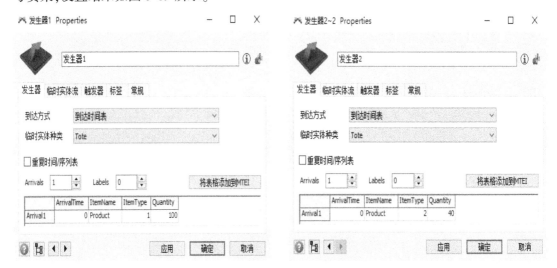

图 8-89　期初库存发生器设置

根据实体流动路径连接不同实体端口:按住键盘上的"A"键,按实体流动方向依次连接箱料输送机和货架,发生器和货架、货架与堆垛机之间使用 S 连接。布置完成后如图 8-90 所示。

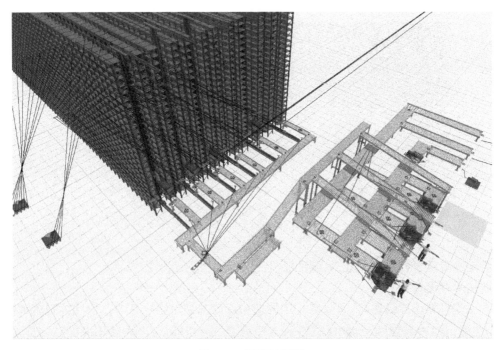

图 8-90　存储区布局图

4）料箱出库区布局设置

料箱出库传输机：料箱出库区线速度为30m/min，在仿真软件实体库中拖拽 直线传送带 进入模型中，点击传送带类型后面 图标，对传送带类型进行设置。设置名称为箱式输送机0.6×2.3，在操作分页符中设置速度为0.5m/s，在可视化分页符中设置输送线宽度为0.6m，支柱高度为2.3m，模型设置如图8-91所示。

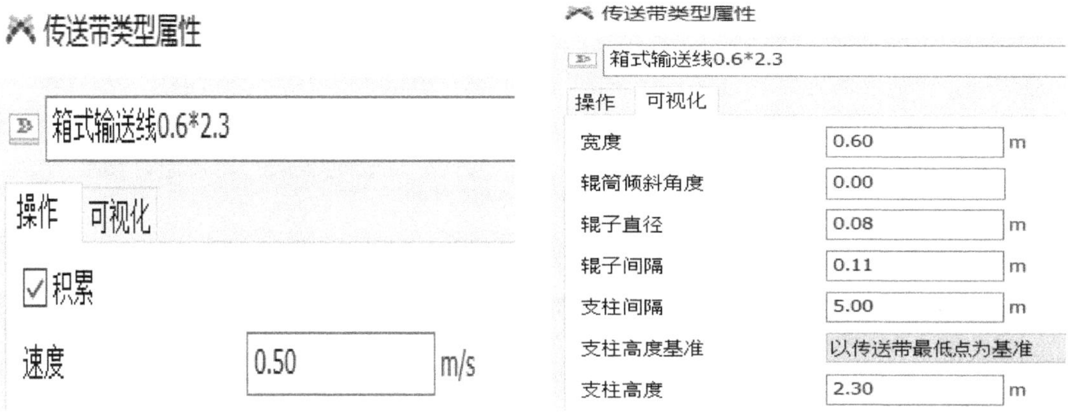

图8-91 箱料出库传送带设置图

按照上述方式，拖拽 直线传送带 进入模型中，点击 图标，设置名称为箱式输送机0.8×2.3，在操作分页符中设置速度为0.5m/s，在可视化分页符中设置输送线宽度为0.8m，支柱高度为2.3m。

单击发货缓存线第一条料箱输送机，在右侧快捷属性栏中，修改输送机起点高度为2.3，终点高度为0.7，如图8-92所示。单击发货缓存线第二条料箱输送机，在右侧快捷属性栏中，修改输送机起点和终点高度为0.7，如图8-93所示。

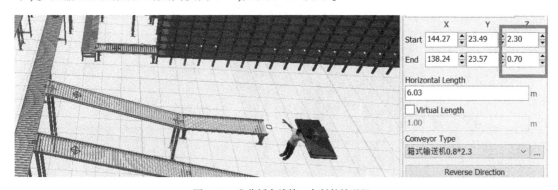

图8-92 发货缓存线第一条料箱输送机

在第二条料箱输送缓存线上，A连接吸收器，S连接操作员，注意S连接时需要选中传送带低端的小方框方可，并双击小方框勾选使用运输工具，如图8-94所示。

决策点设置：在库箱料货物由箱料输送机送至加工出库的过程中，需要根据出货类型，发送到不同出库输送线上，拖拽实体库中的 决策点 进入模型，各决策点之间采用A连接，决策点布局如图8-95所示。

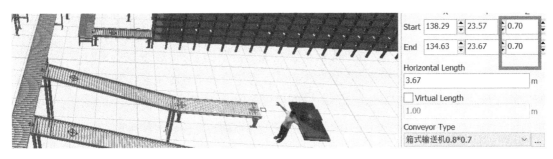

图 8-93　发货缓存线第二条料箱输送机

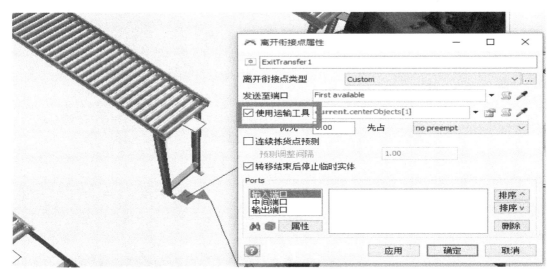

图 8-94　第二条料箱输送缓存线连接图

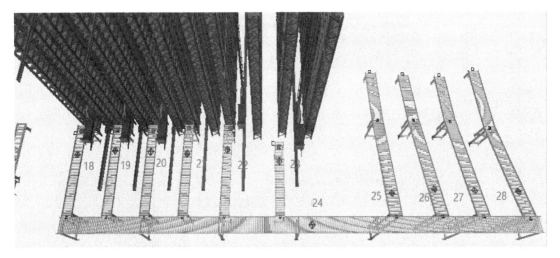

图 8-95　出库决策点布局图

决策点 18～19 设置进入出库输送线。决策点 18 的设置如图 8-96 所示。

决策点 24 的设置要根据出货情况，输送不同货物到不同的发货缓存线上，决策点 24 的设置如图 8-97 所示。

图 8-96　决策点 18 设置图

图 8-97　决策点 24 设置图

根据导入的图纸和上述发货缓存线布置方式,布置完成后如图 8-98 所示。

自动化立体仓库总布局图如图 8-99 所示。

8.3.5　仿真运行及分析

运行仿真模型,观察仿真过程,设置仿真结束事件为 36000s,仿真结果如图 8-100 所示。

可以看出,模型在运行过程中仍然存在不合理处,箱料到达立体仓库出现了拥堵情况,并且从堆垛机的效率图(图 8-101)可以看出,堆垛机 5 和堆垛机 6 的工作状态达到了 95% 以上,出现了堆垛机负重、货物进库不及时的情况。且出库操作人员的工作效率较低(图 8-102),出现了人力浪费的情况。

针对这些问题,对该作业流程进行了一些改进,并对改进后的流程进行对比分析,改进方法如下:

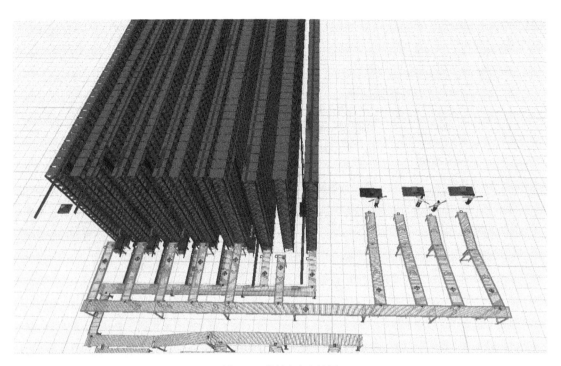

图 8-98　箱料出库布局图

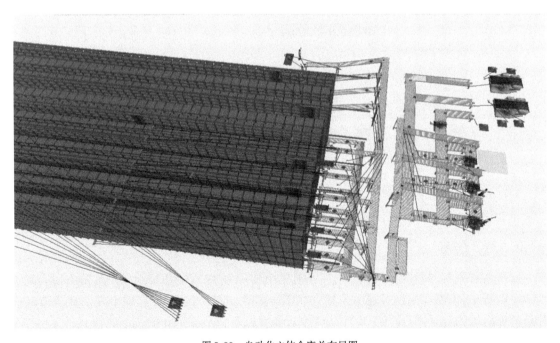

图 8-99　自动化立体仓库总布局图

第 8 章 基于Flexsim的物流系统仿真应用

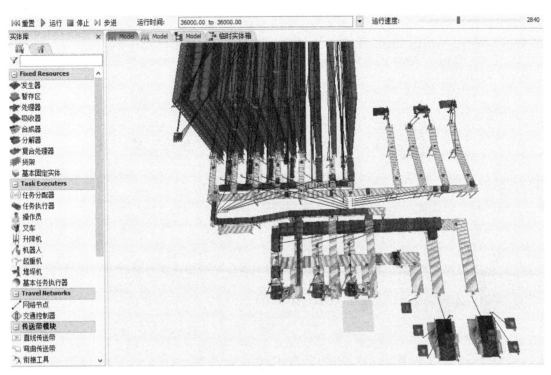

图 8-100　仿真结果图

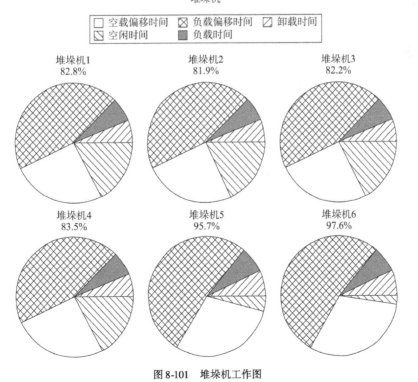

图 8-101　堆垛机工作图

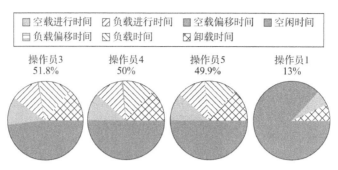

图 8-102　出库操作员工作图

（1）规划 2 类货物入库路径，防止货物拥堵在入库输送带上。

（2）增加一台堆垛机，用于帮助堆垛机 5 和堆垛机 6 进行 2 类货物入库，同时加快入库效率。

（3）出库操作人员替换为叉车，减少数量，利用两台叉车替代四个操作员。

8.3.6　模型优化及仿真

1）模型优化

规划 2 类货物入库路径，防止货物拥堵在入库输送带上。从实体库中拖拽 直线传送带 进入模型，实现货物从箱料入库传送机送至立体仓库时，2 类箱料货物从新传送带进入入库口 5 和入库口 6。优化入库布局图如图 8-103 所示。

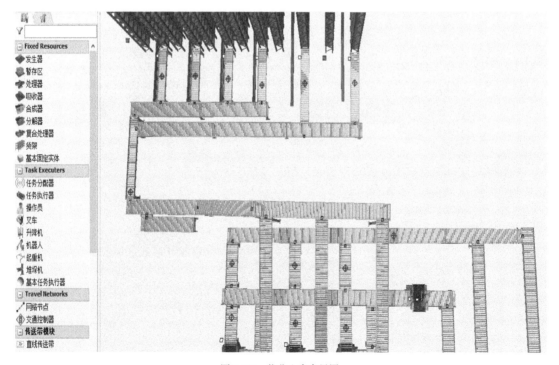

图 8-103　优化入库布局图

从仿真软件实体库中拖拽进入模型中。在堆垛机快捷属性栏中,设置宽度为 0.85,高度为 13。设置堆垛机的装载时间和卸货时间均为2s,将堆垛机放置货架边缘,点击堆垛机,选择红色小箭头进行拉伸,将堆垛机轨道拉伸至相应长度,放置在货架10和货架11之间,并 S 连接货架 10 和货架 11,S 连接入库口 5。注意断开货架 11 和堆垛机6、货架 10 和堆垛机 5 的连接,防止出现运输货物矛盾的情况。按照要求设置完成后布局如图 8-104 所示。

图 8-104　堆垛机插入图

从仿真软件实体库中拖拽　叉车　进入模型中。设置叉车的装载时间和卸货时间均为3s,发货缓存线输送机 1 和发货缓存线输送机 2 连接叉车 1,发货缓存线输送机 3 和发货缓存线输送机 4 连接叉车 2,设置图和布局图如图 8-105、图 8-106 所示。

图 8-105　叉车设置图

253

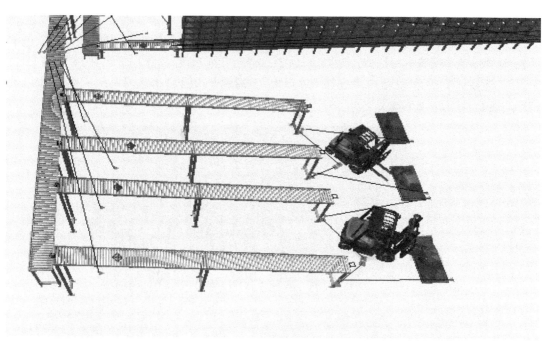

图 8-106 出库布局优化图

2）优化模型仿真

运行仿真模型，观察仿真过程，设置仿真结束事件为 36000s，仿真结果如图 8-107 所示。

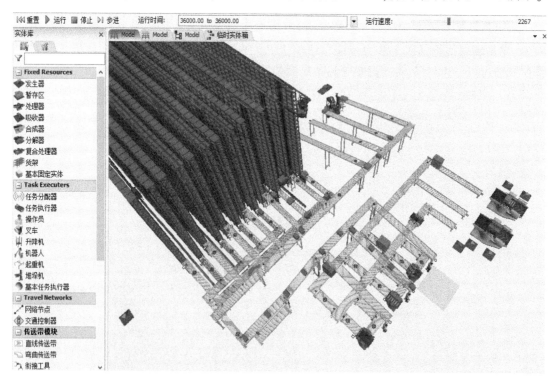

图 8-107 优化模型仿真图

可以看出,模型在运行过程中将存在瓶颈的地方进行了优化,箱料到达立体仓库的拥堵情况得到解决,并且从堆垛机的效率图(图8-108)可以看出,堆垛机5、堆垛机6和堆垛机7的工作状态达到了下降至合适状态以上,堆垛机负重、货物进库不及时的情况得到解决。且将出库操作人员改为叉车,叉车的工作效率适中(图8-109),减少了人力浪费的情况。

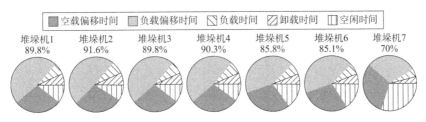

图8-108 堆垛机工作图

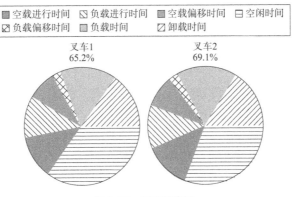

图8-109 叉车工作图

思考题

1. 总结现代物流配送中心的作业流程。
2. 总结自动化立体仓库的作业流程。
3. 针对8.3节实验案例,若在入库处增加检测货物合格工序如何实现?
4. 若入库流量增加,是否会出现拥堵情况,如何解决?

参 考 文 献

[1] 马向国,梁艳,杨惠惠.现代物流系统建模、仿真及应用:基于Flexsim[M].北京:机械工业出版社,2017.

[2] 马向国,姜旭,胡贵彦.自动化立体仓库规划设计、仿真与绩效评估[M].北京:中国财富出版社,2017.

[3] 刘同娟.系统仿真及其在物流领域中的应用[M].北京:中国发展出版社,2014.

[4] 马向国,刘昌祺.现代物流配送中心规划仿真及应用案例[M].北京:中国发展出版社,2014.

[5] 刘同娟,马向国.配送中心不同分拣策略的仿真优化[J].物流技术,2013,32(3):439-444.

[6] 戴晨.基于Flesim的生产物流系统仿真[J].物流工程与管理,2014(7):140-142.

[7] 马向国,余佳敏.Flexsim物流系统建模与仿真案例实训[M].北京:化学工业出版社,2018.

[8] 马向国,刘同娟.Flexsim现代物流系统仿真应用[M].北京:中国发展出版社,2016.

[9] 刘培德.Flexsim供应链与物流系统建模仿真及应用[M].北京:电子工业出版社,2021.

[10] 李文锋.物流系统建模与仿真[M].2版.北京:科学出版社,2017.

[11] 秦天保,周向阳.实用系统仿真建模与分析:使用Flexsim[M].北京:清华大学出版社,2016.

[12] 于绍政,陈靖.FlexSim仿真建模与分析[M].沈阳:东北大学出版社,2018.

[13] 唐连生,李思寰,张雷.物流系统优化与仿真[M].北京:中国财富出版社,2013.

[14] 王帆,王艳丽,王彬.配送中心布局仿真实训:Flexsim初级实训教程[M].北京:清华大学出版社,2015.

[15] 张灵,沈正.物流仿真[M].北京:科学出版社,2015.

[16] 尹静,马常松,周向阳.Flexsim物流仿真与系统优化[M].北京:冶金工业出版社,2018.